Projetos em R Para leigos

Para completar qualquer projeto usando o R, você trabalha com funções que são nativas dos pacotes projetados para áreas específicas. Esta folha de cola fornece algumas informações sobre tais funções.

INTERAGINDO COM USUÁRIOS USANDO FUNÇÕES R

Aqui, temos uma seleção de funções estatísticas que vêm com a instalação padrão do R. Você encontrará muitas outras mais em pacotes do R. O R fornece os pacotes `shiny` e `shinydashboard` para desenvolver aplicativos interativos. A seguir temos uma seleção de funções desses pacotes:

TENDÊNCIA CENTRAL E VARIABILIDADE

Função	O que Calcula
`mean(x)`	Média dos números no vetor x
`median(x)`	Mediana dos números no vetor x
`var(x)`	Variância estimada da população da qual os números no vetor x são amostrados
`sd(x)`	Desvio padrão estimado da população da qual os números no vetor x são amostrados
`scale(x)`	Pontuações padrão (escalas de z) para os números no vetor x

POSIÇÃO RELATIVA

Função	O que Calcula
`sort(x)`	Os números no vetor x em ordem crescente
`sort(x)[n]`	O enésimo menor número no vetor x
`rank(x)`	Classificações dos números (em ordem crescente) no vetor x
`rank(-x)`	Classificações dos números (em ordem decrescente) no vetor x
`rank(x, ties.method="average")`	Classificações dos números (em ordem crescente) no vetor x, com números empatados, dada a média das classificações que os empates teriam atingido
`rank(x, ties.method="min")`	Classificações dos números (em ordem crescente) no vetor x, com números empatados, dado o mínimo das classificações que os empates teriam atingido
`rank(x, ties.method="max")`	Classificações dos números (em ordem crescente) no vetor x, com números empatados, dado o máximo das classificações que os empates teriam atingido
`quantile(x)`	Os percentis 0, 25, 50, 75 e 100 (ou seja, os quartis) dos números no vetor x. (Isso não é um erro de impressão: quantile(x) retorna os quartis de x.)

Projetos em R Para leigos

TESTES T

Função	O que Calcula
t.test(x,mu=n, alternative = "two.sided")	Teste t bicaudal no qual a média dos números no vetor x é diferente de n
t.test(x,mu=n, alternative = "greater")	Teste t unicaudal no qual a média dos números no vetor x é maior que n
t.test(x,mu=n, alternative = "less")	Teste t unicaudal no qual a média dos números no vetor x é menor que n
t.test(x,y,mu=0, var.equal = TRUE, alternative = "two.sided")	Teste t bicaudal no qual a média dos números no vetor x é diferente da média dos números no vetor y. As variâncias nos dois vetores são consideradas iguais
t.test(x,y,mu=0, alternative = "two.sided", paired = TRUE)	Teste t bicaudal no qual a média dos números no vetor x é diferente da média dos números no vetor y. Os vetores representam amostras correspondentes

ANÁLISE DE VARIÂNCIA (ANOVA)

Função	O que Calcula
aov(y~x, data = d)	ANOVA de fator único, com números no vetor y como a variável dependente e elementos do vetor x como os níveis da variável independente. Os dados estão no quadro de dados d
aov(y~x + Error(w/x), data = d)	ANOVA de Medidas Repetidas, com números no vetor y como a variável dependente e elementos no vetor x como os níveis de uma variável independente. Error(w/x) indica que cada elemento no vetor w experimenta todos os níveis de x (isto é, x é uma medida repetida). Os dados estão no quadro de dados d
aov(y~x*z, data = d)	ANOVA de dois fatores, com números no vetor y como a variável dependente e elementos dos vetores x e z como os níveis das variáveis independentes. Os dados estão no quadro de dados d
aov(y~x*z + Error(w/z), data = d)	ANOVA mista, com números no vetor z como a variável dependente e elementos dos vetores x e y como os níveis das variáveis independentes. Error(w/z) indica que cada elemento no vetor w experimenta todos os níveis de z (isto é, z é uma medida repetida). Os dados estão no quadro de dados d

Projetos em R

para leigos

Projetos em R Para leigos

Joseph Schmuller

ALTA BOOKS
EDITORA
Rio de Janeiro, 2019

Projetos em R Para Leigos®
Copyright © 2019 da Starlin Alta Editora e Consultoria Eireli. ISBN: 978-85-508-0484-2

Translated from original R Projects For Dummies®, Copyright © 2018 by John Wiley & Sons, Inc. ISBN 978-1-1194-4618-7. This translation is published and sold by permission of John Wiley & Sons, Inc., the owner of all rights to publish and sell the same. PORTUGUESE language edition published by Starlin Alta Editora e Consultoria Eireli, Copyright © 2019 by Starlin Alta Editora e Consultoria Eireli.

Todos os direitos estão reservados e protegidos por Lei. Nenhuma parte deste livro, sem autorização prévia por escrito da editora, poderá ser reproduzida ou transmitida. A violação dos Direitos Autorais é crime estabelecido na Lei nº 9.610/98 e com punição de acordo com o artigo 184 do Código Penal.

A editora não se responsabiliza pelo conteúdo da obra, formulada exclusivamente pelo(s) autor(es).

Marcas Registradas: Todos os termos mencionados e reconhecidos como Marca Registrada e/ou Comercial são de responsabilidade de seus proprietários. A editora informa não estar associada a nenhum produto e/ou fornecedor apresentado no livro.

Impresso no Brasil — 1ª Edição, 2019 — Edição revisada conforme o Acordo Ortográfico da Língua Portuguesa de 2009.

Obra disponível para venda corporativa e/ou personalizada. Para mais informações, fale com projetos@altabooks.com.br

Produção Editorial	**Produtor Editorial**	**Marketing Editorial**	**Vendas Atacado e Varejo**	**Ouvidoria**
Editora Alta Books	Thiê Alves	marketing@altabooks.com.br	Daniele Fonseca Viviane Paiva	ouvidoria@altabooks.com.br
Gerência Editorial Anderson Vieira		**Editor de Aquisição** José Rugeri j.rugeri@altabooks.com.br	comercial@altabooks.com.br	
Equipe Editorial	Adriano Barros Bianca Teodoro Ian Verçosa	Illysabelle Trajano Juliana de Oliveira Kelry Oliveira	Paulo Gomes Rodrigo Bitencourt Thales Silva	Thauan Gomes Victor Huguet Viviane Rodrigues
Tradução Kathleen Miozzo	**Copidesque** Eveline Vieira Machado	**Revisão Gramatical** Jana Araujo Thaís Pol	**Revisão Técnica** José Guilherme Ribeiro Lopes Estatístico pela Universidade de Brasília	**Diagramação** Joyce Matos

Erratas e arquivos de apoio: No site da editora relatamos, com a devida correção, qualquer erro encontrado em nossos livros, bem como disponibilizamos arquivos de apoio se aplicáveis à obra em questão.

Acesse o site www.altabooks.com.br e procure pelo título do livro desejado para ter acesso às erratas, aos arquivos de apoio e/ou a outros conteúdos aplicáveis à obra.

Suporte Técnico: A obra é comercializada na forma em que está, sem direito a suporte técnico ou orientação pessoal/exclusiva ao leitor.

A editora não se responsabiliza pela manutenção, atualização e idioma dos sites referidos pelos autores nesta obra.

Dados Internacionais de Catalogação na Publicação (CIP) de acordo com ISBD

S356p	Schmuller, Joseph
	Projetos em R para leigos / Joseph Schmuller ; traduzido por Kathleen Miozzo. - Rio de Janeiro : Alta Books, 2018. 352 p. ; il. ; 17cm x 24cm. – (Para leigos)
	Tradução de: R Projects for Dummies Inclui índice. ISBN: 978-85-508-0484-2
	1. Ciência de dados. 2. Projetos em R. I. Miozzo, Kathleen. II. Título.
2018-1775	CDD 005.13 CDU 004.62

Elaborado por Vagner Rodolfo da Silva - CRB-8/9410

Rua Viúva Cláudio, 291 — Bairro Industrial do Jacaré
CEP: 20.970-031 — Rio de Janeiro (RJ)
Tels.: (21) 3278-8069 / 3278-8419
www.altabooks.com.br — altabooks@altabooks.com.br
www.facebook.com/altabooks — www.instagram.com/altabooks

Sobre o Autor

Joseph Schmuller é um veterano da academia e da Tecnologia da Informação corporativa. Ele é autor de vários livros sobre computação, incluindo as três edições do *Teach Yourself UML in 24 Hours*, as edições do *Análise Estatística com Excel Para Leigos* e *Análise Estatística com R Para Leigos* (ambos da Alta Books). Ele criou cursos online para o Lynda.com e escreveu inúmeros artigos sobre tecnologia avançada. Entre 1991 e 1997, foi editor-chefe da revista *PC AI*.

É antigo membro da Associação Americana de Estatística e lecionou Estatística nos níveis de graduação e pós-graduação. Possui um título de bacharel pela Brooklyn College, fez mestrado na Universidade de Missouri-Kansas City e doutorado na Universidade de Wisconsin, todos em Psicologia. Ele e sua família residem em Jacksonville, Flórida, onde atua como pesquisador acadêmico na Universidade do Norte da Flórida.

Dedicatória

Para meu incrível orientador de mestrado, Jerry Sheridan, que me ensinou algumas coisas sobre projetos há muito tempo...

Agradecimentos do Autor

Continuo escrevendo livros *Para Leigos*, e a diversão só aumenta. Me diverti muito com este aqui. Explorei algumas áreas novas, expandi meus horizontes e, o melhor de tudo, conto tudo isso a você.

Nenhum autor consegue escrever um livro sem uma equipe incrível, e a Wiley sempre oferece uma equipe assim. A editora de aquisições, Katie Mohr, começou tudo. Meu parceiro de sempre, o editor de projetos Paul Levesque, monitorou meu texto e manteve tudo em funcionamento. Coordenar todos os componentes necessários em um livro como este é bem mais difícil do que parece, e não é tão fácil quanto Paul deixa transparecer. A revisora, Becky Whitney, ajustou minha escrita e tornou-a fácil de ler. O editor técnico, Russ Mullen, garantiu que os códigos e aspectos técnicos estivessem corretos. Sou dono e único proprietário de quaisquer erros ainda aqui.

Falando de pessoas indispensáveis, meus agradecimentos a David Fugate, do Launchbooks.com, por me representar neste esforço.

Meus orientadores em Estatística na graduação e pós-graduação moldaram meu conhecimento e, dessa forma, influenciaram o livro que você está segurando: Mitch Grossberg (Brooklyn College); Al Hillix; Jerry Sheridan; os saudosos Mort Goldman e Larry Simkins (Universidade de Missouri-Kansas City); Cliff Gillman e o saudoso John Theios (Universidade de Wisconsin-Madison). Espero que meus livros sejam um tributo adequado para meus orientadores que já se foram.

Como sempre, meus agradecimentos a Kathy por sua inspiração, paciência, apoio e amor.

Sumário Resumido

Introdução 1

Parte 1: Ossos do Ofício. 5
CAPÍTULO 1: R: O que Faz e Como Faz. 7
CAPÍTULO 2: Trabalhando com Pacotes 31
CAPÍTULO 3: Em Termos Gráficos 41

Parte 2: Interagindo com um Usuário. 75
CAPÍTULO 4: Trabalhando com um Navegador 77
CAPÍTULO 5: Painéis de Controle — Que Beleza! 105

Parte 3: Aprendizado de Máquina. 141
CAPÍTULO 6: Ferramentas e Dados para Projetos de
  Aprendizado de Máquina. 143
CAPÍTULO 7: Decisões, Decisões, Decisões 165
CAPÍTULO 8: Na Floresta, de Forma Aleatória 183
CAPÍTULO 9: Suporte Seu Vetor Local 199
CAPÍTULO 10: K-Means Clustering. 219
CAPÍTULO 11: Redes Neurais 235

Parte 4: Conjuntos de Dados (Muito) Grandes 251
CAPÍTULO 12: Explorando o Marketing 253
CAPÍTULO 13: Da Cidade que Nunca Dorme 273

Parte 5: Mapas e Imagens. 289
CAPÍTULO 14: Por Toda Parte 291
CAPÍTULO 15: Diversão com Imagens. 303

Parte 6: A Parte dos Dez 317
CAPÍTULO 16: Mais de Dez Pacotes para Projetos em R 319
CAPÍTULO 17: Mais de Dez Recursos Úteis. 325

Índice 329

Sumário

INTRODUÇÃO 1
   Sobre Este Livro. 2
      Parte 1: Ossos do Ofício. 2
      Parte 2: Interagindo com um Usuário. 2
      Parte 3: Aprendizado de Máquina. 2
      Parte 4: Conjuntos de Dados (Muito) Grandes. 2
      Parte 5: Mapas e Imagens. 2
      Parte 6: A Parte dos Dez. 3
   Só de Passagem. 3
   Penso que... 3
   Ícones Usados Neste Livro 3
   Além Deste Livro 4
   De Lá para Cá, Daqui para Lá 4

PARTE 1: OSSOS DO OFÍCIO 5

   CAPÍTULO 1: R: O que Faz e Como Faz. 7
   Adquirindo R. 7
   Adquirindo o RStudio 8
   Uma Sessão com R 11
      Diretório de trabalho 11
      Começando 12
   Funções de R 15
   Funções Definidas pelo Usuário. 16
   Comentários. 18
   Estruturas de R 18
      Vetores 18
      Vetores numéricos 19
      Matrizes 21
      Listas 24
      Quadros de dados 25
   Loops for e Instruções if 28

   CAPÍTULO 2: Trabalhando com Pacotes. 31
   Instalando Pacotes 31
   Examinando os Dados 33
      Head e tail 33
      Dados ausentes. 33
      Subconjuntos. 34
   Fórmulas de R 34
   Mais Pacotes 36
   Explorando o tidyverse. 37

CAPÍTULO 3: Em Termos Gráficos 41
    Esclarecendo 42
        Histogramas. 42
        Gráficos de densidade 44
        Gráficos de barra 45
        Agrupando as barras 48
        Projeto Rápido Sugerido 50
        Gráficos de pizza. 51
        Gráficos de dispersão 51
        Matriz do gráfico de dispersão. 53
        Diagramas de caixas. 54
    Evoluindo para ggplot2. 55
        Como funciona 56
        Histogramas. 57
        Gráficos de barras. 59
        Gráficos de barras agrupadas 60
        Agrupando mais uma vez 62
        Gráficos de dispersão 65
        A coisa se complica… 66
        Matriz do gráfico de dispersão. 69
        Diagramas de caixas. 71

PARTE 2: INTERAGINDO COM UM USUÁRIO 75

CAPÍTULO 4: Trabalhando com um Navegador 77
    Trabalhando com o Shiny 77
    Criando Seu Primeiro Projeto shiny. 78
        Interface do usuário 81
        Servidor. 82
        Etapas finais 84
        Reagindo. 84
    Trabalhando com ggplot 88
        Mudando de servidor. 89
        Mais algumas mudanças 90
        Reagindo com ggplot 92
    Outro Projeto shiny. 94
        Versão básica de R 95
        Versão de ggplot 102
    Projeto Sugerido 104

CAPÍTULO 5: Painéis de Controle — Que Beleza! 105
    Pacote shinydashboard 105
    Explorando os Layouts do Painel 106
        Começando com a interface do usuário. 107
        Construindo a interface do usuário: Caixas, caixas, caixas. . . .108
        Alinhando em colunas 115
        Um bom truque: Usando abas. 118
        Projeto Sugerido: Adicione estatísticas. 122
        Projeto Sugerido: Coloque valueBoxes em tabPanels 123

Trabalhando com a Barra Lateral............................123
    Interface do usuário.................................125
    Servidor...128
    Projeto Sugerido: Realoque a barra deslizante............130
Interagindo com Gráficos....................................132
    Clicar, clicar duas vezes e arrastar — Minha nossa!........132
    Por que se preocupar com tudo isso?.....................135
    Projeto Sugerido: Experimente airquality..................138

PARTE 3: APRENDIZADO DE MÁQUINA 141

CAPÍTULO 6: Ferramentas e Dados para Projetos de Aprendizado de Máquina 143

Repositório AM da UCI (Universidade da Califórnia Irvine).......144
    Baixando um conjunto de dados da UCI 144
    Limpando os dados 146
    Explorando os dados 148
    Explorando as relações nos dados 150
Apresentando o Pacote Rattle 155
Usando Rattle com iris 157
    Obtendo e explorando (mais) os dados 157
    Encontrando clusters nos dados 160

CAPÍTULO 7: Decisões, Decisões, Decisões 165

Componentes da Árvore de Decisão............................165
    Raízes e folhas......................................166
    Construção da árvore.................................167
Árvores de Decisão em R....................................167
    Desenvolvendo a árvore em R 168
    Desenhando a árvore em R 169
Árvores de Decisão no Rattle.................................171
    Criando a árvore 172
    Desenhando a árvore.................................174
    Avaliando a árvore 174
Projeto: Uma Árvore de Decisão Mais Complexa 175
    Dados: Avaliação do carro.............................175
    Exploração de dados 177
    Construindo e desenhando a árvore 178
    Avaliando a árvore 179
    Projeto Rápido Sugerido: Compreendendo o parâmetro de complexidade 179
    Projeto Sugerido: Titanic..............................180

CAPÍTULO 8: Na Floresta, de Forma Aleatória 183

Criando uma Floresta Aleatória 184
Florestas Aleatórias em R....................................185
    Construindo a floresta 185
    Avaliando a floresta 187

	Mais de perto..188
	Erro de plotagem 189
	Importância do gráfico....................................191
	Projeto: Identificando Vidro...................................192
	Os dados..192
	Colocando os dados em Rattle.......................193
	Explorando os dados 194
	Criando a floresta aleatória...........................196
	Visualizando os resultados 196
	Projeto Sugerido: Identificando Cogumelos.........198

CAPÍTULO 9: Suporte Seu Vetor Local.....................199

Alguns Dados com os Quais Trabalhar 199
    Usando um subconjunto................................201
    Definindo um limite 201
    Compreendendo os vetores de suporte 202
Separabilidade: É Geralmente Não Linear 203
Máquinas de Vetores de Suporte em R 206
    Trabalhando com e1071................................206
    Trabalhando com kernlab..............................211
Projeto: Partidos 213
    Lendo os dados...214
    Explorando os dados 215
    Criando a SVM 217
    Avaliando a SVM 218
Projeto Sugerido: Titanic Novamente 218

CAPÍTULO 10: K-Means Clustering............................219

Como Funciona 219
K-Means Clustering em R..221
    Configurando e analisando os dados 221
    Compreendendo a saída...............................222
    Visualizando os clusters................................223
    Encontrando o número ideal de clusters.....224
    Projeto Rápido Sugerido: Adicionando as sépalas 227
Projeto: Clusters de Vidro 229
    Os dados...229
    Iniciando Rattle e explorando os dados 230
    Preparando o cluster 231
    Fazendo o clustering.....................................232
    Indo além de Rattle.......................................232
Projeto Sugerido: Rapidinho....................................233
    Visualizando pontos de dados e clusters.....233
    O número ideal de clusters...........................234
    Adicionando variáveis....................................234

CAPÍTULO 11: Redes Neurais......................................235

Redes no Sistema Nervoso 235
Redes Neurais Artificiais..236

  Visão geral 236
  Camadas de entrada e oculta. 237
  Camada de saída. 238
  Como tudo funciona. 238
 Redes Neurais em R 239
  Construindo uma rede neural para o
   quadro de dados iris 239
  Plotando a rede. 241
  Avaliando a rede 242
  Projeto Rápido Sugerido: Sépalas 243
 Projeto: Cédulas. 243
  Os dados. 243
  Dando uma olhadinha à frente 244
  Configurando o Rattle 245
  Avaliando a rede 246
  Indo além do Rattle: Visualizando a rede 247
 Projetos Sugeridos: Mexendo com Rattle. 248

PARTE 4: CONJUNTOS DE DADOS (MUITO) GRANDES 251

CAPÍTULO 12: **Explorando o Marketing** 253

 Projeto: Analisando Dados do Varejo 253
  Os dados. 254
  RFM em R 255
 Vamos ao Aprendizado de Máquina 263
  K-means clustering 263
  Trabalhando com Rattle. 265
  Aprofundando-se nos clusters 266
  Clusters e classes 268
  Projeto Rápido Sugerido 269
 Projeto Sugerido: Outro Conjunto de Dados 270

CAPÍTULO 13: **Da Cidade que Nunca Dorme** 273

 Examinando o Conjunto de Dados 273
 Aquecendo 274
  Olhando rapidamente e visualizando 274
  Conectando, filtrando e agrupando. 275
  Visualizando. 277
  Juntando 278
  Projeto Rápido Sugerido: Nomes das companhias aéreas 280
 Projeto: Atrasos na Partida 281
  Adicionando uma variável: Dia da semana. 281
  Projeto Rápido Sugerido: Analise as diferenças
   do dia da semana. 282
  Atraso, dia de semana e aeroporto. 282
  Atraso e duração do voo 286
 Projeto Sugerido: Atraso e Clima 288

PARTE 5: MAPAS E IMAGENS 289

CAPÍTULO 14: Por Toda Parte 291
Projeto: Os Aeroportos de Wisconsin 291
   Dispensando as preliminares 291
   Obtendo os dados geográficos do estado 292
   Obtendo os dados geográficos do aeroporto 293
   Plotando os aeroportos no mapa estadual 296
   Projeto Rápido Sugerido: Outra fonte de informações geográficas do aeroporto 297
Projeto Sugerido 1: Mapeie Outros Estados 297
Projeto Sugerido 2: Mapeie o País 297
   Plotando as capitais do estado 299
   Plotando os aeroportos 301

CAPÍTULO 15: Diversão com Imagens 303
Dando Acabamento a uma Imagem: É magick! 303
   Lendo a imagem 304
   Girando, virando e mexendo 305
   Adicionando notas 306
   Combinando transformações 307
   Projeto Rápido Sugerido: Três modos 307
   Combinando imagens 308
   Animando 309
   Fazendo suas próprias transformações 310
Projeto: Duas Lendas em Busca de uma Legenda 311
   Pegando o Gordo e o Magro 311
   Combinando os rapazes com o fundo 312
   Explicando image_apply() 312
   Voltando para a animação 314
Projeto Sugerido: Combinando uma Animação com um Gráfico ..314

PARTE 6: A PARTE DOS DEZ 317

CAPÍTULO 16: Mais de Dez Pacotes para Projetos em R 319
Aprendizado de Máquina 319
Bases de Dados 320
Mapas 320
Processamento de Imagens 322
Análise de Texto 322

CAPÍTULO 17: Mais de Dez Recursos Úteis 325
Interagindo com Usuários 325
Aprendizado de Máquina 326
Bases de Dados 326
Mapas e Imagens 327

ÍNDICE 329

Introdução

Se você for como eu, acha que a melhor maneira de aprender algo é fazendo. Não se limite a ler sobre algo; pratique! Se quer ser um construtor, construa. Se quer ser um escritor, escreva. Se quer ser carpinteiro, trabalhe.

Baseei este livro na filosofia do aprendizado pela ação. Meu objetivo é expandir seu conjunto de habilidades em R usando o R para concluir projetos em diversas áreas e aprender alguma coisa sobre essas áreas também.

Mesmo com nobres intenções, um livro como este pode cair em uma armadilha. Pode facilmente virar um livro de instruções: use este pacote, use estas funções, crie um gráfico; e pronto, terminou o projeto e pode seguir em frente.

Não quis escrever um livro assim. Em vez disso, começando na Parte 2 (que é onde os projetos iniciam), cada capítulo faz mais do que apenas guiá-lo em um projeto. Primeiro, mostro um material de apoio sobre a área de estudo, em seguida (na maioria dos capítulos), você trabalha com um projeto reduzido nessa área para testar a prática e, então, conclui um projeto maior.

Mas um capítulo não termina aí. No final de cada um, você encontrará um Projeto Sugerido, que o desafia a aplicar suas habilidades recém-adquiridas. Para cada um, forneço apenas informações suficientes para você começar. (Sempre que necessário, incluo dicas sobre potenciais armadilhas.)

Ao longo do caminho, você também encontrará Projetos Rápidos Sugeridos. Eles são baseados em ajustes nos projetos que você já concluiu e apresentam desafios adicionais ao seu crescente conjunto de habilidades.

Mais uma coisa: cada área de assunto pode ser a base para um livro inteiro, então eu posso apenas pincelar cada um. O Capítulo 17 direciona você para recursos que fornecem mais informações.

Sobre Este Livro

Organizei este livro em seis partes.

Parte 1: Ossos do Ofício

A Parte 1 é sobre o R e o RStudio. Analiso funções, estruturas e pacotes em R, e mostro como criar vários gráficos.

Parte 2: Interagindo com um Usuário

Os projetos começam na Parte 2, na qual você aprende a criar aplicativos que respondem aos usuários. Analiso o pacote `shiny` para trabalhar com navegadores da web e o pacote `shinydashboard` para criar painéis.

Parte 3: Aprendizado de Máquina

Esta é a parte mais longa do livro. Começo falando sobre o Repositório de Aprendizado de Máquina da Universidade da Califórnia—Irvine, que fornece os conjuntos de dados para os projetos. Também analiso o pacote `rattle` para criar aplicativos de aprendizado de máquina. Os projetos abrangem árvores de decisão, florestas aleatórias, máquinas de vetores de suporte, k-means cluster e redes neurais.

Parte 4: Conjuntos de Dados (Muito) Grandes

Os dois projetos na Parte 4 lidam com conjuntos de dados maiores do que você encontra anteriormente no livro. O primeiro projeto é uma análise de segmentação de clientes com mais de 300.000 clientes de um varejista online. Uma análise complementar aplica o aprendizado de máquina. O segundo projeto analisa um conjunto de dados com mais de 500.000 voos de companhias aéreas.

Parte 5: Mapas e Imagens

Temos dois projetos na Parte 5. O primeiro é para plotar a localização (juntamente com outras informações) dos aeroportos em um dos estados norte-americanos. O segundo mostra como combinar uma imagem animada com uma estática.

Parte 6: A Parte dos Dez

O primeiro capítulo da Parte 6 fornece informações sobre pacotes úteis que podem ajudá-lo em projetos futuros. O segundo informa onde aprender mais sobre as áreas de estudo deste livro.

Só de Passagem

Qualquer livro de referência traz muita informação, e este não é uma exceção. Minha intenção era que tudo fosse útil, mas não foquei tudo no mesmo nível. Então, se você não estiver profundamente envolvido no assunto, poderá evitar os parágrafos marcados com o ícone Papo de Especialista e também poderá ignorar as seções complementares.

Penso que...

Estou supondo que você:

» Sabe trabalhar com o Windows ou o Mac. Não explico os detalhes de apontar, clicar, selecionar e outras ações.

» Pode instalar o R e o RStudio (mostro como no Capítulo 1) e acompanhar os exemplos. Eu uso a versão para Windows do RStudio, mas você não deve ter problemas se estiver trabalhando em um Mac.

Ícones Usados Neste Livro

Você encontrará ícones em todos os livros *Para Leigos* e este não é uma exceção. Cada um é uma pequena imagem na margem que permite saber algo especial sobre o parágrafo que fica ao lado.

Este ícone é uma dica ou um atalho que ajuda em seu trabalho e melhora tudo para você.

Este aponta a sabedoria atemporal para levar com você no caminho do esclarecimento.

 Preste atenção neste ícone. É um lembrete para evitar algo que pode atrapalhar seus trabalhos.

 Como mencionei na seção anterior, "Só de Passagem", este ícone indica o material que você poderá ignorar se for muito técnico. (Eu mantive o mínimo de informação.)

Além Deste Livro

Além do material que você lê agora, este livro vem com uma Folha de Cola gratuita que apresenta uma lista de funções R e descreve o que elas fazem. Você pode acessar a Folha de Cola Online no site da editora Alta Books (www.altabooks.com.br). Procure pelo título do livro ou ISBN. Faça o download da Folha de Cola completa, bem como de erratas e possíveis arquivos de apoio. As imagens do livro em alta resolução também foram disponibilizadas no mesmo local.

De Lá para Cá, Daqui para Lá

Você pode começar o livro em qualquer parte, mas aqui vão algumas dicas. Quer conhecer o R e os pacotes? Você encontrará as informações nos Capítulos 1 e 2. Quer começar com gráficos? Vá para o Capítulo 3. Para qualquer outra coisa, busque no Sumário ou no Índice e vá fundo.

Se você for daqueles que gostam de ler o livro todo, vire a página...

1 Ossos do Ofício

NESTA PARTE . . .

Aprenda sobre R e RStudio.

Entenda as funções e estruturas de R.

Crie suas próprias funções de R.

Examine dados.

Use gráficos de base R.

Evolua para gráficos `ggplot2`.

> **NESTE CAPÍTULO**
>
> » Colocando R e RStudio no computador
> » Mergulhando em uma sessão com R
> » Trabalhando com funções de R
> » Trabalhando com estruturas de R

Capítulo **1**

R: O que Faz e Como Faz

Então você está pronto para viajar pelo maravilhoso mundo de R! Projetado por e para estatísticos e cientistas de dados, R tem uma história curta, mas gloriosa.

Na década de 1990, Ross Ihaka e Robert Gentleman desenvolveram R na Universidade de Auckland, Nova Zelândia. A Foundation for Statistical Computing dá suporte a R, que está ficando mais popular a cada dia.

Adquirindo R

Se você ainda não tem R no computador, a primeira coisa a fazer é baixá-lo e instalá-lo.

Você encontrará o devido software no site CRAN (Comprehensive R Archive Network). Em seu navegador, digite este endereço se você trabalha no Windows:

```
cran.r-project.org/bin/windows/base
```

Digite este se trabalha no Mac:

```
cran.r-project.org/bin/macosx
```

Clique no link para fazer o download de R. Isso colocará um arquivo `win.exe` em seu computador Windows ou um arquivo `pkg` no Mac. Em ambos os casos, siga os procedimentos normais de instalação. Quando a instalação for concluída, os usuários do Windows verão dois ícones R na área de trabalho, um para os processadores de 32 bits e outro para os de 64 bits (escolha o que for certo para você). Os usuários Mac verão um ícone R na pasta `Aplicativos`.

Ambos os endereços fornecem links úteis para as Perguntas Frequentes. O relacionado ao Windows também possui o link Installation and Other Instructions.

Adquirindo o RStudio

Trabalhar com R será muito mais fácil através de um aplicativo chamado RStudio. Figurões de computação referem-se ao RStudio como um IDE (*Integrated Development Environment*). Pense nele como uma ferramenta que o ajuda a escrever, editar, executar e controlar seu código R, e como um ambiente que conecta você a um mundo de dicas úteis sobre R.

Este é o endereço da web para essa ferramenta incrível:

```
www.rstudio.com/products/rstudio/download
```

Clique no link do instalador do sistema operacional do seu computador (Windows, Mac ou Linux) e siga os procedimentos normais de instalação.

Neste livro, trabalho com o R versão 3.4.0 e o RStudio versão 1.0.143. Quando você ler isto, versões mais recentes de ambos poderão estar disponíveis.

Depois de concluir a instalação de R e do RStudio, clique no novo ícone do RStudio para abrir a janela mostrada na Figura 1-1.

O grande painel Console, à esquerda, executa o código R. Uma maneira de executar o código R é digitá-lo diretamente no painel Console. Em outro momento mostrarei como fazer.

Os outros dois painéis fornecem informações úteis quando você trabalha com R. O painel Environment/History está no canto superior direito. A aba Environment controla as coisas que você cria (o que R chama de objetos) à medida que trabalha com R. A aba History rastreia o código R inserido.

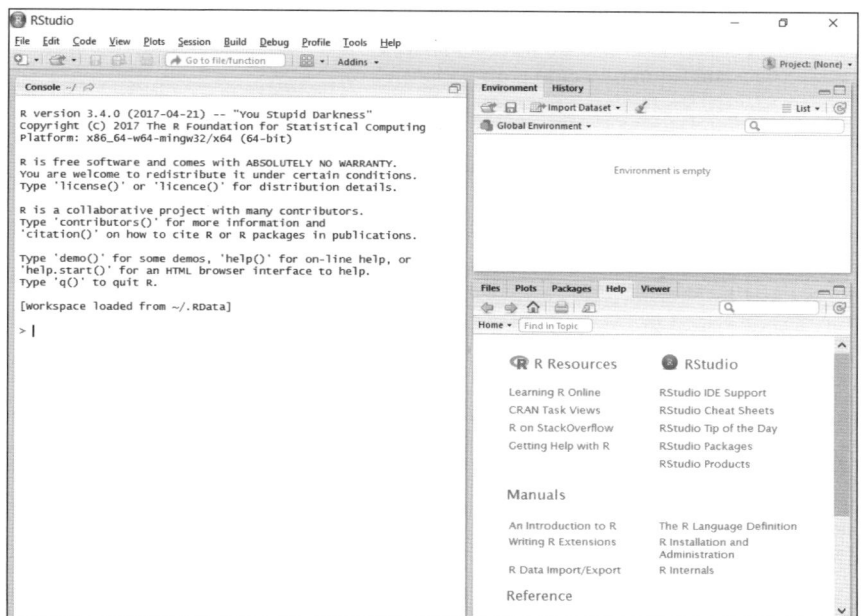

FIGURA 1-1:
O RStudio, imediatamente após instalá-lo e clicar no ícone.

DICA

Acostume-se com a palavra *objeto*. Tudo em R é um objeto. O painel Files/Plots/Packages/Help fica no canto inferior direito. A aba Files mostra os arquivos criados. A aba Plots contém os gráficos criados a partir dos dados. A aba Packages mostra os complementos (chamados de *pacotes*) que foram baixados com R. Lembre-se que *baixado* não significa estar "pronto para uso". Para usar os recursos de um pacote, é necessário mais um passo, e, confie em mim, você vai querer usar os pacotes.

A Figura 1-2 mostra a aba Packages. Falo sobre os pacotes mais adiante neste capítulo.

A aba Help, mostrada na Figura 1-3, conecta você a uma grande variedade de informações sobre R e o RStudio.

Para aproveitar todo o potencial do RStudio como um IDE, clique no ícone no canto superior direito do painel Console. Isso muda a aparência do RStudio para que fique parecido com a Figura 1-4.

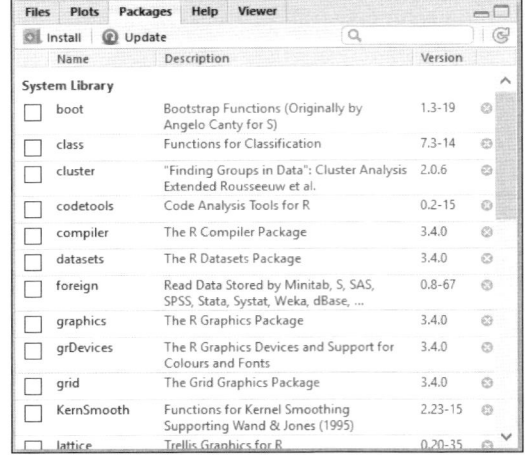

FIGURA 1-2:
Aba Packages, do RStudio.

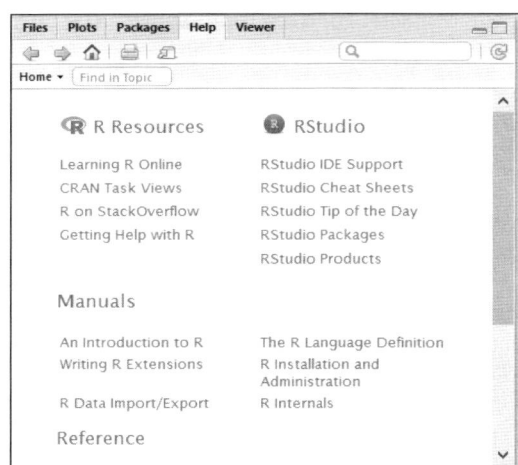

FIGURA 1-3:
Aba Help, do RStudio.

O painel Console é realocado à esquerda inferior. O novo painel à esquerda superior é o Scripts. Você digita e edita o código no painel Scripts pressionando Ctrl+Enter (Command+Enter no Mac); em seguida, o código é executado no painel Console.

DICA

Você também pode destacar linhas de código no painel Scripts e selecionar Code➪ Run Selected Line(s) no menu principal do RStudio.

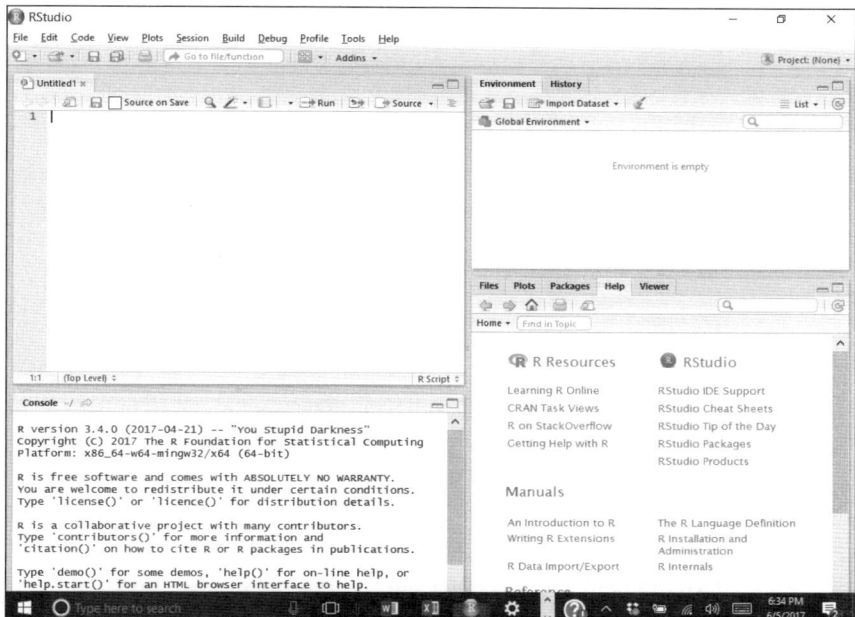

FIGURA 1-4: O RStudio depois de clicar no ícone à direita superior do painel Console.

Uma Sessão com R

Antes de começar a trabalhar, selecione File➪ Save As no menu principal e salve seu arquivo de trabalho como Minha Primeira Sessão R. Isso rotula novamente a aba no painel Scripts com o nome do arquivo e adiciona a extensão .R. Isso também faz com que o nome do arquivo (junto com a extensão .R) apareça na aba Files.

Diretório de trabalho

O que exatamente R salva e onde ele salva? O que R salva é chamado de *espaço de trabalho (workspace)*, que é o ambiente no qual você trabalha. R salva o espaço de trabalho no *diretório de trabalho (working directory)*. No Windows, o diretório de trabalho padrão é:

```
C:\Usuários\<Nome Usuário>\Documentos
```

Em um Mac, fica

```
/Usuários/<Nome Usuário>
```

Se você esquecer o caminho para o diretório de trabalho, digite

```
> getwd()
```

no painel Console e R retornará o caminho na tela.

No painel Console, você não deve digitar a seta apontando para a direita no início da linha. Isso é um prompt.

Meu diretório de trabalho fica assim:

```
> getwd()
[1] "C:/Usuários/Joseph Schmuller/Documentos
```

Observe a direção em que as barras estão inclinadas. É oposto ao que você normalmente vê nos caminhos de arquivos do Windows. Isso acontece porque R usa \ como um *caractere de escape*; o que quer que venha após \ significa algo diferente do que geralmente significa. Por exemplo, \t em R significa a tecla *Tab*.

Você também pode escrever um caminho de arquivo do Windows em R como

```
C:\\Usuários\\<Nome Usuário>\\Documentos
```

Se quiser, poderá mudar o diretório de trabalho:

```
> setwd(<caminho do arquivo>)
```

Outra maneira de mudar o diretório de trabalho é selecionar Session ⇨ Set Working Directory ⇨ Choose Directory no menu principal.

Começando

Vamos começar a trabalhar e escrever o código de R. No painel Scripts, digite

```
x <- c(5,10,15,20,25,30,35,40)
```

então pressione Ctrl+Enter.

Isso coloca esta linha no painel Console:

```
> x <- c(5,10,15,20,25,30,35,40)
```

Como eu disse em um parágrafo de Dica anterior, a seta apontando para a direita (o sinal maior que) é um prompt que R coloca no painel Console. Você não a vê no painel Scripts.

LEMBRE-SE

Veja o que R acabou de fazer: a seta informa que x é atribuído ao que estiver à direita. Pense na seta como o *operador de atribuição* de R. Então o conjunto de números 5, 10, 15, 20 ... 40 agora é atribuído a x.

Na linguagem R, um conjunto de números como esse é um *vetor*. Falo mais sobre esse conceito na seção posterior, "Estruturas de R".

Você pode ler essa linha de código como "x obtém o vetor 5, 10, 15, 20".

Digite **x** no painel Scripts, pressione Ctrl+Enter e isto é o que você verá no painel Console:

```
> x
[1]  5 10 15 20 25 30 35 40
```

O 1 entre colchetes é o rótulo da primeira linha de saída. Então isso significa que 5 é o primeiro valor.

Aqui você tem apenas uma linha, claro. O que acontece quando R produz muitos valores em muitas linhas? Cada linha recebe um rótulo numérico entre colchetes e o número corresponde ao primeiro valor na linha. Por exemplo, se a saída consistir de 23 valores e o 18° valor for o primeiro na segunda linha, a segunda linha começará com [18].

Criar o vetor x faz com que a aba Environment seja semelhante à Figura 1-5.

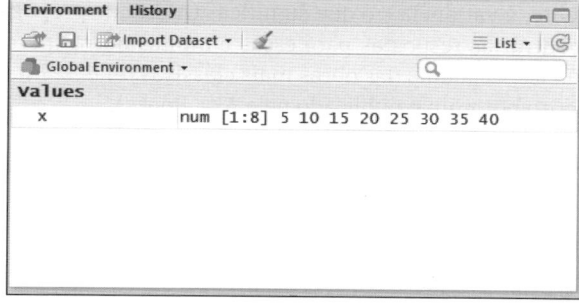

FIGURA 1-5: Aba Environment do RStudio depois de criar o vetor x.

DICA

Outra forma de ver os objetos no ambiente é digitar **ls()** no painel Scripts e pressionar Ctrl+Enter. Ou você pode digitar **> ls()** diretamente no painel Console e pressionar Enter. De qualquer forma, o resultado no painel Console será

```
[1] "x"
```

Agora você pode trabalhar com x. Primeiro, some todos os números no vetor. Digitar **sum(x)** no painel Scripts (pressione Ctrl+Enter em seguida) executa a seguinte linha no painel Console:

```
> sum(x)
[1] 180
```

E a média dos números no vetor x?

Isso envolveria digitar **mean(x)** no painel Scripts, que (quando seguido de Ctrl +Enter) executa

```
> mean(x)
[1] 22,5
```

no painel Console.

Ao digitar no painel Scripts ou no painel Console, você vê que informações úteis são exibidas. Conforme ganha experiência com o RStudio, aprende a usar melhor essas informações.

Variância é uma medida de quanto um conjunto de números difere de sua média. Veja como usar o R para calcular a variância:

```
> var(x)
[1] 150
```

O que, exatamente, é variância e o que significa? (Alerta de propaganda descarada.) Para encontrar as respostas para essas e muitas outras perguntas sobre Estatística e Análise, veja uma das obras mais clássicas: *Análise Estatística com R Para Leigos* (escrito por mim e publicado pela Alta Books).

Depois que R executar todos esses comandos, a aba History se parecerá com a Figura 1-6.

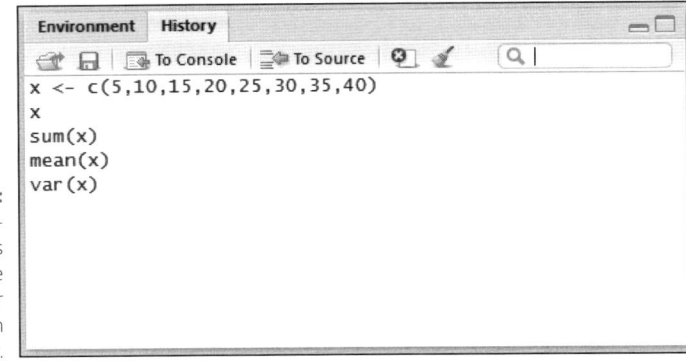

FIGURA 1-6: A aba History, depois de criar e trabalhar com um vetor.

Para encerrar uma sessão, selecione File➪Quit Session no menu principal ou pressione Ctrl+Q. Como mostra a Figura 1-7, uma caixa de diálogo é aberta e pergunta o que você deseja salvar da sessão. Salvar as seleções permite que você reabra a sessão de onde parou na próxima vez que abrir o RStudio (embora o painel Console não salve seu trabalho).

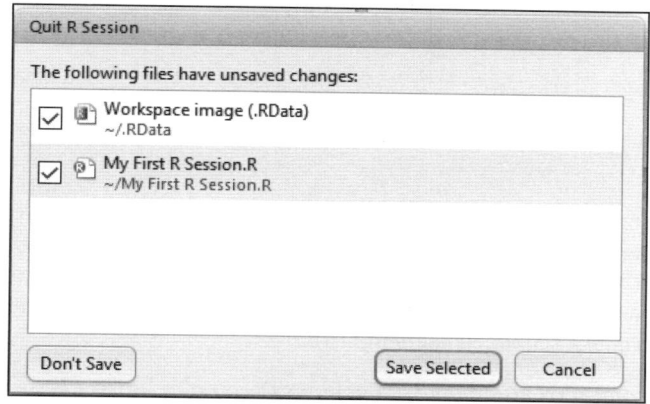

FIGURA 1-7: Caixa de diálogo Quit R Session.

LEMBRE-SE

Mais à frente, na maioria das vezes, não informarei "Digite este código no painel Scripts e pressione Ctrl+Enter" sempre que der um exemplo. Apenas mostrarei o código e sua saída, como no exemplo `var()`.

LEMBRE-SE

Além disso, às vezes mostro um código com o prompt > e outras, sem. Geralmente, mostro o prompt quando quero que você veja o código de R e seus resultados. Não mostro o prompt quando quero apenas que veja o código de R que criei no painel Scripts.

Funções de R

Os exemplos na seção anterior usam `c()`, `sum()` e `var()`. São as três *funções* nativas de R. Cada uma consiste de um nome de função imediatamente seguido por parênteses. Entre parênteses estão os *argumentos*. No contexto de uma função, *argumento* não significa "raciocínio", "indício" ou qualquer coisa assim. É o nome matemático para qualquer coisa na qual a função opera.

LEMBRE-SE

Às vezes, uma função não usa argumentos (como é o caso de `ls()`). Você inclui parênteses de qualquer modo.

As funções nos exemplos que mostrei são bem simples: forneça um argumento e cada um lhe dará um resultado. Algumas funções de R, no entanto, precisam de mais de um argumento.

R tem algumas maneiras para você lidar com funções de vários argumentos. Uma forma é listar os argumentos na ordem em que aparecem na definição da função. R chama isso de *mapeamento posicional*.

Aqui temos um exemplo. Lembra de quando criei o vetor x?

```
x <- c(5,10,15,20,25,30,35,40)
```

Outra maneira de criar um vetor desses números é com a função `seq()`:

```
> y <- seq(5,40,5)
> y
[1]  5 10 15 20 25 30 35 40
```

Considere `seq()` como a criação de uma "sequência". O primeiro argumento para `seq()` é o número *a partir* do qual se inicia a sequência (5). O segundo argumento é o número que termina a sequência, ou seja, o número *até* o qual a sequência vai (40). O terceiro argumento é o aumento da sequência ou a quantidade *na qual* a sequência aumenta (5).

Se você *nomear* os argumentos, não importa como os ordenará:

```
> z <- seq(to=40,by=5,from=5)
> z
[1]  5 10 15 20 25 30 35 40
```

Assim, quando você usa uma função, pode colocar seus argumentos fora de ordem, contanto que os nomeie. R chama isso de *correspondência de palavras-chave*. Isso é útil ao usar uma função R que possui muitos argumentos. Se não conseguir lembrar a ordem, use seus nomes e a função funcionará.

DICA

Para obter ajuda sobre uma função em particular, `seq()`, por exemplo, digite **?seq**. Quando você executar esse código, informações úteis aparecerão na aba Help e elas serão exibidas em uma pequena janela ao lado de onde você está digitando.

Funções Definidas pelo Usuário

R permite que você crie suas próprias funções, e aqui seguem os fundamentos de como fazê-lo.

A forma de uma função R é

```
myfunction <- function(argument1, argument2, ...){
  statements
  return(object)
}
```

Aqui temos uma função para lidar com triângulos retângulos. Lembra deles? Um triângulo retângulo tem dois lados que formam um ângulo reto e um terceiro lado chamado *hipotenusa*. Você também pode lembrar que um cara chamado Pitágoras mostrou que, se um lado tem comprimento *a* e o outro lado tem comprimento *b*, o comprimento da hipotenusa, *c*, é

$$c = \sqrt{a^2 + b^2}$$

Então aqui está uma função simples chamada `hypotenuse()`, que obtém dois números `a` e `b` (os comprimentos dos dois lados de um triângulo retângulo) e retorna `c`, o comprimento da hipotenusa:

```
hypotenuse <- function(a,b){
  hyp <- sqrt(a^2+b^2)
  return(hyp)
}
```

Digite o fragmento de código no painel Scripts e destaque-o. Em seguida, pressione Ctrl+Enter. Isso é o que aparecerá no painel Console:

```
> hypotenuse <- function(a,b){
+   hyp <- sqrt(a^2+b^2)
+   return(hyp)
+ }
```

Cada sinal de mais é um *prompt de continuação*. Indica apenas que uma linha continua a partir da linha anterior.

Veja como usar a função:

```
> hypotenuse(3,4)
[1] 5
```

DICA: Escrever funções de R pode incluir *muito* mais do que mostro aqui. Para saber mais, sugiro que dê uma olhada em *R For Dummies*, de Andrie de Vries e Joris Meys.

Comentários

Comentário é uma forma de anotar o código. Comece um comentário com o símbolo #, que, como todos sabem, é chamado de *cerquilha*. (Espere aí. O quê? "Hashtag?" Sem chance!) Esse símbolo informa ao R para ignorar tudo à direita.

Os comentários ajudam quem precisa ler o código que você escreveu. Por exemplo:

```
hypotenuse <- function(a,b){ # list the arguments
  hyp <- sqrt(a^2+b^2) # perform the computation
  return(hyp) # return the value
}
```

Aqui vai um alerta: em geral, não adiciono comentários às linhas de código neste livro. Em vez disso, forneço descrições detalhadas. Em um livro como este, acho que é a melhor forma de passar a mensagem.

Estruturas de R

Como mencionei na seção "Funções de R", anteriormente neste capítulo, uma função de R pode ter muitos argumentos. Tal função também pode ter muitas saídas. Para entender as possíveis entradas e saídas, você deve entender as estruturas com as quais R trabalha.

Vetores

O *vetor* é a estrutura fundamental em R. Mostrei isso em exemplos anteriores. É uma matriz de elementos do mesmo tipo. Os elementos de dados em um vetor são chamados de *componentes*.

Para criar um vetor, use a função c(), como faço no exemplo anterior:

```
x <- c(5,10,15,20,25,30,35,40)
```

No vetor x, claro, os componentes são números.

Em um *vetor de caractere*, os componentes são strings de texto entre aspas:

```
> beatles <- c("john","paul","george","ringo")
```

Também é possível ter um *vetor lógico*, cujos componentes são TRUE e FALSE, ou as abreviações T e F:

```
> w <- c(T,F,F,T,T,F)
```

Para se referir a um componente específico de um vetor, siga o nome do vetor com um número entre colchetes:

```
> beatles[2]
[1] "paul"
```

Entre parênteses, você pode usar dois pontos (:) para se referir a dois componentes consecutivos:

```
> beatles[2:3]
[1] "paul"    "george"
```

Quer se referir a componentes não consecutivos? Isso é um pouco mais complicado, mas possível com c():

```
> beatles[c(2,4)]
[1] "paul"  "ringo"
```

Vetores numéricos

Além de c(), R fornece duas funções de atalho para criar vetores numéricos. Uma é seq(), que mostrei anteriormente:

```
> y <- seq(5,40,5)
> y
[1]  5 10 15 20 25 30 35 40
```

Sem o terceiro argumento, a sequência aumenta em 1:

```
> y <- seq(5,40)
> y
 [1]  5  6  7  8  9 10 11 12 13 14 15 16 17 18 19 20 21 22 23
[20] 24 25 26 27 28 29 30 31 32 33 34 35 36 37 38 39 40
```

LEMBRE-SE Na minha tela, e provavelmente na sua também, todos os elementos em y aparecem em uma linha. A página impressa, no entanto, não é tão ampla quanto o painel Console. De acordo com isso, separei a saída em duas linhas e adicionei o número [20] entre colchetes no estilo de R ao início da segunda linha.

DICA

R tem uma sintaxe especial para criar um vetor numérico cujos elementos aumentam em 1:

```
> y <- 5:40
> y
 [1]  5  6  7  8  9 10 11 12 13 14 15 16 17 18 19 20 21 22 23
[20] 24 25 26 27 28 29 30 31 32 33 34 35 36 37 38 39 40
```

Outra função, `rep()`, cria um vetor de valores repetidos:

```
> quadrifecta <- c(7,8,4,3)
> repeated_quadrifecta <- rep(quadrifecta,3)
> repeated_quadrifecta
 [1] 7 8 4 3 7 8 4 3 7 8 4 3
```

Você também pode fornecer um vetor como o segundo argumento:

```
> rep_vector <-c(1,2,3,4)
> repeated_quadrifecta <- rep(quadrifecta,rep_vector)
```

O vetor especifica o número de repetições para cada elemento. É isso que acontece:

```
> repeated_quadrifecta
 [1] 7 8 8 4 4 4 3 3 3 3
```

O primeiro elemento é repetido uma vez; o segundo, duas vezes; o terceiro, três vezes; e o quarto, quatro vezes.

Você pode usar `append()` para adicionar um item no final de um vetor:

```
> xx <- c(3,4,5)
> xx
[1] 3 4 5
> xx <- append(xx,6)
> xx
[1] 3 4 5 6
```

e você usar `prepend()` para adicionar um item no começo de um vetor:

```
> xx <- prepend(xx,2)
> xx
[1] 2 3 4 5 6
```

Quantos itens existem em um vetor? Temos

```
> length(xx)
[1] 5
```

Matrizes

Matriz é um conjunto bidimensional de elementos de dados do mesmo tipo. Você pode ter uma matriz de números:

5	30	55	80
10	35	60	85
15	40	65	90
20	45	70	95
25	50	75	100

ou uma matriz de strings de caracteres:

"john"	"paul"	"george"	"ringo"
"groucho"	"harpo"	"chico"	"zeppo"
"levi"	"duke"	"larry"	"obie"

Os números são uma matriz de 5 (linhas) X 4 (colunas). A matriz de strings de caracteres é 3 X 4.

Para criar essa matriz numérica 5 X 4 em particular, primeiro crie o vetor de números de 5 a 100 em etapas de 5:

```
> num_matrix <- seq(5,100,5)
```

Então, use a função `dim()` de R para transformar o vetor em uma matriz bidimensional:

```
> dim(num_matrix) <- c(5,4)
> num_matrix
     [,1] [,2] [,3] [,4]
[1,]    5   30   55   80
[2,]   10   35   60   85
[3,]   15   40   65   90
[4,]   20   45   70   95
[5,]   25   50   75  100
```

Observe como R exibe os números das linhas entre colchetes na lateral e os números das colunas entre colchetes na parte superior.

A *transposição* de uma matriz troca as linhas pelas colunas. A função `t()` cuida disso:

```
> t(num_matrix)
     [,1] [,2] [,3] [,4] [,5]
[1,]    5   10   15   20   25
[2,]   30   35   40   45   50
[3,]   55   60   65   70   75
[4,]   80   85   90   95  100
```

A função `matrix()` fornece outra maneira de criar matrizes:

```
> num_matrix <- matrix(seq(5,100,5),nrow=5)
> num_matrix
     [,1] [,2] [,3] [,4]
[1,]    5   30   55   80
[2,]   10   35   60   85
[3,]   15   40   65   90
[4,]   20   45   70   95
[5,]   25   50   75  100
```

Se você adicionar o argumento `byrow=T`, R preencherá a matriz por linhas, assim:

```
> num_matrix <- matrix(seq(5,100,5),nrow=5,byrow=T)
> num_matrix
     [,1] [,2] [,3] [,4]
[1,]    5   10   15   20
[2,]   25   30   35   40
[3,]   45   50   55   60
[4,]   65   70   75   80
[5,]   85   90   95  100
```

Como você se refere a um componente de matriz específico? Digita o nome da matriz e, entre colchetes, o número da linha, uma vírgula e o número da coluna:

```
> num_matrix[5,4]
[1] 100
```

Para se referir a uma linha inteira (como a terceira):

```
> num_matrix[3,]
[1] 45 50 55 60
```

e a uma coluna inteira (como a segunda):

```
> num_matrix[,2]
[1] 10 30 50 70 90
```

Embora seja uma coluna, R a exibe como uma linha no painel Console.

MAS LEMBRE-SE...

Como já mencionei, uma matriz é um conjunto bidimensional. Em R, no entanto, um conjunto pode ter mais de duas dimensões. Um conjunto bem conhecido de dados (que uso como exemplo no Capítulo 3) possui três dimensões: Cor do Cabelo (Preto, Castanho, Ruivo, Loiro), Cor dos Olhos (Castanho, Azul, Mel, Verde) e Gênero (Masculino, Feminino). Portanto, esse conjunto específico é 4 X 4 X 2. Chama-se `HairEyeColor`:

```
> HairEyeColor
, , Sex = Male

       Eye
Hair  Brown Blue Hazel Green
  Black    32   11    10     3
  Brown    53   50    25    15
  Red      10   10     7     7
  Blond     3   30     5     8

, , Sex = Female

       Eye
Hair  Brown Blue Hazel Green
  Black    36    9     5     2
  Brown    66   34    29    14
  Red      16    7     7     7
  Blond     4   64     5     8
```

Cada número representa o número de pessoas nesse grupo que têm uma combinação específica de cor de cabelo, cor dos olhos e gênero; 16 mulheres de olhos castanhos e cabelos ruivos, por exemplo. (Por que escolhi mulheres de olhos castanhos e cabelos ruivos? Porque tenho o prazer de ver uma linda representante todos os dias!)

Como me referiria a todas as mulheres? Temos

```
HairEyeColor[,,2]
```

Listas

Em R, uma *lista* é uma coleção de objetos que não são necessariamente do mesmo tipo. Suponha que você esteja reunindo algumas informações sobre os Beatles:

```
> beatles <- c("john","paul","george","ringo")
```

Uma informação importante pode ser a idade de cada Beatle quando entrou no grupo. John e Paul começaram a cantar juntos quando tinham 17 e 15 anos, respectivamente, e George, aos 14 anos, se juntou a eles logo depois. Ringo, uma adição tardia, tornou-se um Beatle quando tinha 22 anos. Então

```
> ages <- c(17,15,14,22)
```

Para combinar as informações em uma lista, use a função `list()`:

```
> beatles_info <-list(names=beatles,age_joined=ages)
```

Nomear cada argumento (`names`, `age_joined`) faz com que R use esses nomes como os nomes dos componentes da lista.

A lista é assim:

```
> beatles_info
$names
[1] "john"    "paul"    "george" "ringo"

$age_joined
[1] 17 15 14 22
```

O R usa o cifrão ($) para indicar cada componente da lista. Se você quiser se referir a um componente da lista, digite o nome da lista, o cifrão e o nome do componente:

```
> beatles_info$names
[1] "john"    "paul"    "george" "ringo"
```

E para se concentrar em um Beatle em particular, como o quarto? É possível descobrir que é

```
> beatles_info$names[4]
[1] "ringo"
```

R também permite que você use critérios entre colchetes. Por exemplo, para se referir aos membros do Quarteto Fantástico que tinham mais de 16 anos quando entraram:

```
> beatles_info$names[beatles_info$age_joined > 16]
[1] "john"   "ringo"
```

Quadros de dados

Uma lista é uma boa forma de coletar dados. Um *quadro de dados* é ainda melhor. Por quê? Quando você pensa em dados para um grupo de pessoas, normalmente pensa em termos de linhas que representam os indivíduos e colunas que representam as variáveis de dados. E isso é um quadro de dados. Se os termos *conjunto de dados* ou *matriz de dados* vierem à mente, você entendeu.

Aqui temos um exemplo. Suponha que eu tenha um conjunto de seis pessoas:

> name <- c("al","barbara","charles","donna","ellen","fred") e tenha a altura (polegadas) e peso (libras) de cada uma:

```
> height <- c(72,64,73,65,66,71)
> weight <- c(195,117,205,122,125,199)
```

Também coloquei em tabela o gênero de cada pessoa.

```
> gender <- c("M","F","M","F","F","M")
```

Antes de mostrar como combinar todos esses vetores em um quadro de dados, preciso mostrar mais uma coisa. Os componentes do vetor `gender` são strings de caracteres. Para fins de resumo e análise de dados, é uma boa ideia transformá-los em categorias: as categorias Masculino e Feminino. Para fazer isso, uso a função `factor()`:

```
> factor_gender <-factor(gender)
> factor_gender
[1] M F M F F M
Levels: F M
```

Na última linha de saída, `Levels` é o termo que R usa para "categorias".

A função `data.frame()` trabalha com vetores para criar um quadro de dados:

```
> d <- data.frame(name,factor_gender,height,weight)
> d
    name factor_gender height weight
```

```
1      al       M   72   195
2  barbara     F   64   117
3 charles     M   73   205
4   donna     F   65   122
5   ellen     F   66   125
6    fred     M   71   199
```

Quer saber a altura da terceira pessoa?

```
> d[3,3]
[1] 73
```

E que tal todas as informações da quinta pessoa?

```
> d[5,]
    name factor_gender height weight
5  ellen             F     66    125
```

Como as listas, os quadros de dados usam o cifrão. Nesse contexto, o cifrão identifica uma coluna:

```
> d$height
[1] 72 64 73 65 66 71
```

Você pode calcular estatísticas, como a altura média:

```
> mean(d$height)
[1] 68,5
```

Como as listas, é possível colocar critérios entre colchetes. Isso geralmente é feito com quadros de dados para resumir e analisar os dados em categorias. Para encontrar a altura média das mulheres:

```
> mean(d$height[d$factor_gender == "F"])
[1] 65
```

O sinal de igual duplo (==) entre colchetes é um *operador lógico*. Pense nisso como "se d$factor_gender é igual a "F".

LEMBRE-SE

O sinal de igual duplo (a == b) distingue o operador lógico ("se a é igual a b") do operador de atribuição (a=b; "defina a para ser igual a b").

DICA Sim, eu sei — dei uma explicação complicada sobre `factor()` e como é melhor ter categorias (níveis) do que strings de caracteres, e então tive que colocar aspas ao redor de F entre colchetes. O R é cheio de manias.

DICA Se você quiser eliminar os sinais de $ do código R, poderá usar a função `with()`. Coloque seu código entre parênteses depois do primeiro argumento, que são os dados que está usando.

Por exemplo,

```
> with(d,mean(height[factor_gender == "F"]))
```

é equivalente a

```
> mean(d$height[d$factor_gender == "F"])
```

Quantas linhas existem em um quadro de dados?

```
> nrow(d)
[1] 6
```

E quantas colunas?

```
> ncol(d)
[1] 4
```

Para adicionar uma coluna a um quadro de dados, uso `cbind()`. Comece com um vetor de pontuações:

```
> aptitude <- c(35,20,32,22,18,15)
```

Em seguida, adicione esse vetor como uma coluna:

```
> d.apt <- cbind(d,aptitude)
> d.apt
    name factor_gender height weight aptitude
1     al             M     72    195       35
2 barbara            F     64    117       20
3 charles            M     73    205       32
4   donna            F     65    122       22
5   ellen            F     66    125       18
6    fred            M     71    199       15
```

CAPÍTULO 1 **R: O que Faz e Como Faz** 27

Loops for e Instruções if

Como muitas linguagens de programação, R fornece uma forma de iterar as estruturas para fazer coisas. R usa o chamado *loop for*. E, como em muitas linguagens humanas, ele oferece uma maneira de testar um critério: a instrução *if*.

O formato geral de um loop `for` é

```
for counter in start:end{
            statement 1



statement n
}
```

Como se pode imaginar, `counter` controla as iterações.

O formato geral mais simples de uma instrução `if` é

```
if(test){statement to execute if test is TRUE}
else{statement to execute if test is FALSE}
```

Veja um exemplo que incorpora ambos. Eu tenho um vetor `xx`:

```
> xx
[1] 2 3 4 5 6
```

E outro vetor `yy` sem nada no momento:

```
> yy <-NULL
```

Quero que os componentes de `yy` reflitam os componentes de `xx`: se um número em `xx` for ímpar, quero que o componente correspondente de `yy` seja "ODD" (ímpar) e se o número `xx` for par, quero que o componente `yy` seja "EVEN"(par).

Como testo um número para saber se ele é ímpar ou par? Os matemáticos desenvolveram a *aritmética modular*, que se trata do resto de uma operação de divisão. Se você divide *a* por *b* e o resultado tem um resto *r*, os matemáticos dizem que "a *módulo* b é r". Então, 10 dividido por 3 deixa um resto 1, e 10 módulo 3 é 1. Normalmente, o *módulo* é abreviado como *mod*, de modo que seria "10 mod 3 = 1".

A maioria das linguagens de computação escreve 10 mod 3 como `mod (10,3)`. (Na verdade, o Excel faz isso.) R tem uma forma diferente: ele usa o sinal de porcentagem duplo (`%%`) como seu operador *mod*:

```
> 10 %% 3
[1] 1
> 5 %% 2
[1] 1
> 4 %% 2
[1] 0
```

Acho que você está entendendo: `if xx[i] %% 2 == 0`, então `xx[i]` é par. Caso contrário, é ímpar.

Veja o loop de `for` e a instrução `if`:

```
for(i in 1:length(xx)){
if(xx[i] %% 2 == 0){yy[i]<- "EVEN"}
else{yy[i] <- "ODD"}
}

> yy
[1] "EVEN" "ODD"  "EVEN" "ODD"  "EVEN"
```

> **NESTE CAPÍTULO**
>
> » Instalando pacotes
> » Examinando dados
> » Explorando um pequeno universo

Capítulo 2
Trabalhando com Pacotes

Pacote é uma coleção de funções e dados que ampliam R. Se você estiver procurando dados para trabalhar, encontrará muitos quadros de dados nos pacotes R. Se estiver procurando uma função especializada que não está na instalação básica de R, provavelmente poderá encontrá-la em um pacote.

Instalando Pacotes

Como mostra a aba Packages (no painel Files/Plots/Packages/Help/Viewer do RStudio), muitos pacotes vêm com a instalação básica do R, mas se você quiser trabalhar com eles, será necessário instalá-los. Isso significa colocá-los em um diretório chamado *biblioteca* (library). Para colocar um desses pacotes básicos de R na biblioteca, clique na aba Packages. A Figura 2-1 mostra essa aba.

Role para baixo até encontrar o pacote que está procurando. Para este exemplo, trabalho com o pacote `datasets`.

Clico na caixa de seleção ao lado de datasets e esta linha aparece no painel Console:

```
> library("datasets", lib.loc="C:/Arquivos de Programa/R/R-3.4.0/
    biblioteca")
```

Isso informa que o pacote datasets está instalado. Para obter informações sobre o conteúdo do pacote, clique em datasets, na aba Packages. (Você pode fazer isso antes ou depois da instalação.) As informações sobre o pacote aparecem na aba Help, como mostra a Figura 2-2.

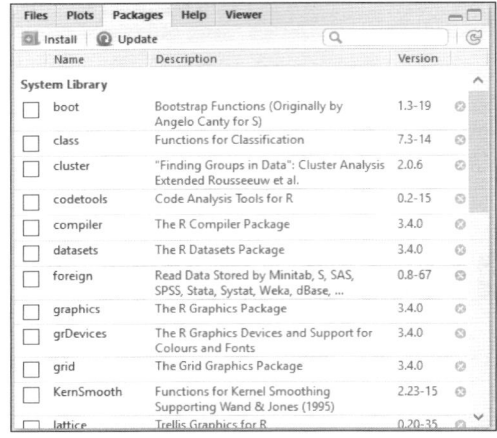

FIGURA 2-1: Aba Packages no RStudio.

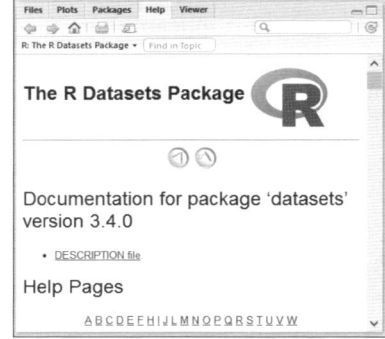

FIGURA 2-2: Aba Help, após clicar em da- tasets, na aba Packages.

Se você tiver um pacote baixado, mas não instalado, poderá usar library() para colocá-lo na biblioteca:

```
> library(MASS)
```

Isso também é chamado de *anexar* o pacote e é equivalente a marcar a caixa de seleção na aba Packages.

Examinando os Dados

Vamos dar uma olhada em um dos quadros de dados em `datasets`. O quadro de dados `airquality` fornece medições de quatro aspectos da qualidade do ar (ozônio, radiação solar, temperatura e velocidade) em Nova York durante os 153 dias entre 1º de maio de 1973 e 30 de setembro de 1973.

Head e tail

Para ter uma ideia de como são os dados, posso usar a função `head()` para mostrar as primeiras seis linhas do quadro de dados:

```
> head(airquality)
  Ozone Solar.R Wind Temp Month Day
1    41     190  7.4   67     5   1
2    36     118  8.0   72     5   2
3    12     149 12.6   74     5   3
4    18     313 11.5   62     5   4
5    NA      NA 14.3   56     5   5
6    28      NA 14.9   66     5   6
```

e `tail()` para mostrar as seis últimas:

```
> tail(airquality)
    Ozone Solar.R Wind Temp Month Day
148    14      20 16.6   63     9  25
149    30     193  6.9   70     9  26
150    NA     145 13.2   77     9  27
151    14     191 14.3   75     9  28
152    18     131  8.0   76     9  29
153    20     223 11.5   68     9  30
```

Dados ausentes

Observe o `NA` em cada saída. Isso significa que uma entrada de dados específica está ausente, uma ocorrência comum nos quadros de dados. Se você tentar encontrar a média de, por exemplo, Ozônio, veja o que acontece:

```
> mean(airquality$Ozone)
[1] NA
```

É preciso remover os `NA`s antes de calcular, e isso se faz adicionando um argumento a `mean()`:

```
> mean(airquality$Ozone, na.rm=TRUE)
[1] 42,12931
```

O `rm` em `na.rm` significa "remova" e `=TRUE` significa "resolva".

Subconjuntos

Às vezes você está interessado em parte de um quadro de dados. Por exemplo, em `airquality`, você pode querer trabalhar apenas com `Month`, `Day` e `Ozone`. Para separar essas colunas em um quadro de dados, use `subset()`:

```
> Month.Day.Ozone <- subset(airquality,
                 select = c(Month,Day,Ozone))
> head(Month.Day.Ozone)
  Month Day Ozone
1     5   1    41
2     5   2    36
3     5   3    12
4     5   4    18
5     5   5    NA
6     5   6    28
```

O segundo argumento, `select`, é o vetor das colunas com as quais deseja trabalhar. Você precisa nomear esse argumento porque ele não é o segundo argumento na definição de `subset()`.

A função `subset()` também permite selecionar linhas. Para trabalhar com os dados de agosto sobre ozônio, adicione como segundo argumento o critério para selecionar as linhas:

```
> August.Ozone <- subset(airquality, Month == 8, select =
   c(Month,Day,Ozone))
> head(August.Ozone)
   Month Day Ozone
93     8   1    39
94     8   2     9
95     8   3    16
96     8   4    78
97     8   5    35
98     8   6    66
```

Fórmulas de R

Suponha que eu esteja interessado em saber como a temperatura varia dentro do mês. Tendo vivido por muitos períodos de maio a setembro em minha cidade natal, meu palpite é que a temperatura geralmente aumenta nesse quadro de dados de mês para mês. Seria esse o caso?

Isso entra na área da análise estatística, em um nível bastante complexo. Este livro, falando de forma estrita, não é sobre estatística, então vou apenas tocar no básico aqui para mostrar a você outro recurso de R: a *fórmula*.

Neste exemplo, diríamos que a Temperatura depende do Mês. Outra maneira de dizer isso é que a Temperatura é a *variável dependente* e Mês é a *variável independente*.

Uma fórmula de R incorpora esses conceitos e serve de base para muitas funções estatísticas e funções gráficas de R. Esta é a estrutura básica de uma fórmula de R:

```
function(dependent_var ~ independent_var, data = data.frame)
```

Leia o operador til (~) como "depende".

Veja como abordo a relação entre `Temp` e `Month`:

```
> analysis <- lm(Temp ~ Month, data=airquality)
```

O nome da função `lm()` é uma abreviação de *l*inear *m*odel (modelo linear). Isso significa que espero que a temperatura aumente de forma linear (a uma taxa constante) de mês para mês. Para ver os resultados da análise, uso `summary()`:

```
> summary(analysis)

Call:
lm(formula = Temp ~ Month, data = airquality)

Residuals:
     Min       1Q   Median       3Q      Max
-20.5263  -6.2752   0.9121   6.2865  17.9121

Coefficients:
            Estimate Std. Error t value Pr(>|t|)
(Intercept)  58.2112     3.5191  16.541  < 2e-16 ***
Month         2.8128     0.4933   5.703 6.03e-08 ***
---
Signif. codes:  0 '***' 0.001 '**' 0.01 '*' 0.05 '.' 0.1 ' ' 1

Residual standard error: 8.614 on 151 degrees of freedom
Multiple R-squared:  0.1772, Adjusted R-squared:  0,1717
F-statistic: 32.52 on 1 and 151 DF,  p-value: 6.026e-08
```

Uau! O que tudo isso significa? Para obter a resposta completa, veja o livro descaradamente promovido no Capítulo 1. Agora, vou apenas dizer que `Estimate` para `Month` indica que a temperatura aumenta a uma taxa de 2,8128 graus por mês entre maio e setembro. Juntamente com `Estimate` para `(Intercept)`, posso resumir a relação entre `Temp` e `Month` como

$$Temp = 58.2112 + (2.8128 \times Month)$$

na qual Month é um número de 5 a 9.

É possível lembrar da aula de álgebra na qual você faz um gráfico desse tipo de equação e obtém uma linha reta; daí o termo *modelo linear*. Seria o modelo linear uma boa maneira de resumir esses dados? Os números na linha inferior da saída informam que é, mas não vou entrar em detalhes.

LEMBRE-SE

O resultado de `summary()` (e outras funções estatísticas em R) é uma lista. (Veja o Capítulo 1.) Então, se você quisesse se referir a `Estimate` para `Month`, seria

```
> s <- summary(analysis)
> s$coefficients[2,1]
[1] 2.812789
```

Mais Pacotes

Os membros da comunidade R criam e contribuem com novos pacotes úteis para a CRAN (Comprehensive R Archive Network) o tempo todo. Portanto, você não encontrará todos os pacotes de R na aba Packages do RStudio.

Quando você descobre um pacote que pode ser útil, é fácil instalá-lo em sua biblioteca. Exemplifico instalando `tidyverse`, um pacote (formado por outros pacotes!) criado pela estrela de R, Hadley Wickham, para ajudá-lo a gerenciar seus dados.

Uma maneira de instalá-lo é por meio da aba Packages (consulte a Figura 2-1.). Clique no ícone Install no canto superior esquerdo da aba. Isso abre a caixa de diálogo Install Packages, mostrada na Figura 2-3.

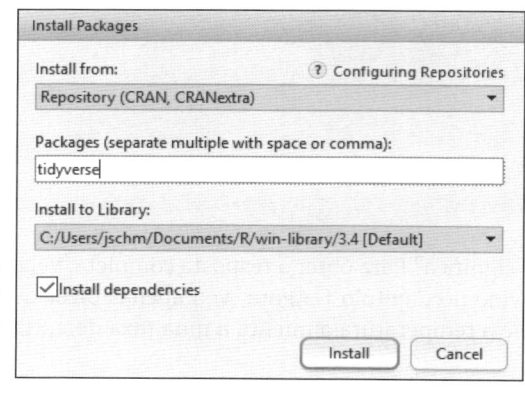

FIGURA 2-3: Caixa de diálogo Install Packages.

No campo Packages, digitei `tidyverse`. Clique em Install e a seguinte linha aparecerá no painel Console:

```
> install.packages("tidyverse")
```

É difícil ver essa linha porque muitas outras coisas acontecem imediatamente no painel Console e nas barras de status na tela. O processo pode parecer parado temporariamente, mas tenha paciência.

Quando o download estiver concluído, o `tidyverse` e vários outros pacotes aparecerão na aba Packages. Clique na caixa de seleção ao lado de `tidyverse` e o R instalará a maioria deles na biblioteca.

Explorando o tidyverse

Vamos dar uma olhada em algumas das maravilhas do `tidyverse`. Um dos pacotes de componentes é o `tidyr`. Uma de suas funções extremamente úteis é chamada de `drop_na()`. O nome informa que ele exclui as linhas do quadro de dados que possuem dados ausentes.

Como mostra aqui:

```
> aq.no.missing <-drop_na(airquality)
> head(aq.no.missing)
  Ozone Solar.R Wind Temp Month Day
1    41     190  7.4   67     5   1
2    36     118  8.0   72     5   2
3    12     149 12.6   74     5   3
4    18     313 11.5   62     5   4
7    23     299  8.6   65     5   7
8    19      99 13.8   59     5   8
```

Compare isso com

```
> head(airquality)
  Ozone Solar.R Wind Temp Month Day
1    41     190  7.4   67     5   1
2    36     118  8.0   72     5   2
3    12     149 12.6   74     5   3
4    18     313 11.5   62     5   4
5    NA      NA 14.3   56     5   5
6    28      NA 14.9   66     5   6
```

Outro pacote do `tidyverse` é o `tibble`. Ele tem funções que ajudam a modificar os quadros de dados. Por exemplo, tenho um quadro de dados que mostra a receita em milhões de dólares de cinco indústrias ligadas ao espaço sideral. Os dados são dos anos 1990–1994:

```
> space.revenues
                              1990 1991 1992 1993 1994
Commercial Satellites Delivered 1000 1300 1300 1100 1400
Satellite Services             800 1200 1500 1850 2330
Satellite Ground Equipment     860 1300 1400 1600 1970
Commercial Launches            570  380  450  465  580
Remote Sensing Data            155  190  210  250  300
```

A primeira coluna tem nomes (em vez de números) como os identificadores das linhas. Você pode fazer algo assim:

```
> space.revenues["Satellite Services",2]
[1] 1200
```

que é equivalente a:

```
> space.revenues[2,2]
[1] 1200
```

Mas é mais produtivo (para análise e representação gráfica) transformar esses identificadores em uma coluna nomeada. A função `rownames_to_column()` de `tibble` faz exatamente isso:

```
> revenues.industry <- rownames_to_column(space.revenues,
    var="Industry")
```

Agora eu tenho uma coluna chamada `Industry`:

```
> revenues.industry
                       Industry 1990 1991 1992 1993 1994
1 Commercial Satellites Delivered 1000 1300 1300 1100 1400
2              Satellite Services  800 1200 1500 1850 2330
3      Satellite Ground Equipment  860 1300 1400 1600 1970
4             Commercial Launches  570  380  450  465  580
5             Remote Sensing Data  155  190  210  250  300
```

Por que fiz isso? Que bom que perguntou. Esse pequeno truque me permite *reformular* os dados.

É isso que quero dizer. O quadro de dados `revenue.industry` está em um *formato largo* (horizontal). As receitas estão em várias colunas. Muitas funções de análise e gráficos de R preferem analisar os dados em *formato longo* (vertical), em que todas as receitas são empilhadas em uma coluna.

Pense na receita como uma variável dependente. Se os valores de receita estiverem empilhados em uma coluna, será fácil ver como cada valor depende da combinação das outras variáveis (Industry e Year) em sua linha. O formato longo fica assim:

```
> long.revenues
                        Industry Year Million_Dollars
1  Commercial Satellites Delivered 1990            1000
2               Satellite Services 1990             800
3        Satellite Ground Equipment 1990             860
4               Commercial Launches 1990             570
5              Remote Sensing Data 1990             155
6  Commercial Satellites Delivered 1991            1300
7               Satellite Services 1991            1200
8        Satellite Ground Equipment 1991            1300
9               Commercial Launches 1991             380
10             Remote Sensing Data 1991             190
11 Commercial Satellites Delivered 1992            1300
12              Satellite Services 1992            1500
13       Satellite Ground Equipment 1992            1400
14              Commercial Launches 1992             450
15             Remote Sensing Data 1992             210
16 Commercial Satellites Delivered 1993            1100
17              Satellite Services 1993            1850
18       Satellite Ground Equipment 1993            1600
19              Commercial Launches 1993             465
20             Remote Sensing Data 1993             250
21 Commercial Satellites Delivered 1994            1400
22              Satellite Services 1994            2330
23       Satellite Ground Equipment 1994            1970
24              Commercial Launches 1994             580
25             Remote Sensing Data 1994             300
```

Como faço essa alteração de formato? Uma função de `tidyr` chamada `gather()` faz a mágica. Veja como transformar `revenue.industry` em `long.revenues`:

```
long.revenues <- gather(revenues.industry, Year, Million_Dollars, 2:6)
```

O primeiro argumento para `gather()` é o quadro de dados a ser remodelado, o segundo é o nome da nova coluna para *reunir* as colunas existentes, o terceiro é o novo nome da variável dependente e o quarto é a sequência de colunas a partir das quais reunir.

Se eu não tivesse usado `rownames_to_column()` antes, isso teria sido bem difícil de fazer.

Se for necessário seguir na direção oposta (do formato longo para o formato largo), a função `spread()` de `tidyr` cuidará disso:

```
> spread(long.revenues,Year,Million_Dollars)
                        Industry 1990 1991 1992 1993 1994
1              Commercial Launches  570  380  450  465  580
2 Commercial Satellites Delivered 1000 1300 1300 1100 1400
3              Remote Sensing Data  155  190  210  250  300
4         Satellite Ground Equipment 860 1300 1400 1600 1970
5                Satellite Services  800 1200 1500 1850 2330
```

Outro pacote importante no `tidyverse` é chamado de `dplyr`. Também é para a manipulação de dados. Uma de suas funções, `filter()`, resulta em linhas que atendem a uma condição ou um conjunto de condições. Por exemplo, se eu quiser apenas as linhas em `long.revenue` que contêm informações para Satellite Services, escreverei:

```
> filter(long.revenues,Industry == "Satellite Services")
            Industry Year Million_Dollars
1 Satellite Services 1990             800
2 Satellite Services 1991            1200
3 Satellite Services 1992            1500
4 Satellite Services 1993            1850
5 Satellite Services 1994            2330
```

Suponhamos que eu queira os dados do primeiro dia de cada mês no quadro de dados `airquality`:

```
  Ozone Solar.R Wind Temp Month Day
1    41     190  7.4   67     5   1
2    NA     286  8.6   78     6   1
3   135     269  4.1   84     7   1
4    39      83  6.9   81     8   1
5    96     167  6.9   91     9   1
```

Como eu faria isso?

Foi apenas um gostinho do `tidyverse`. É possível que o pacote mais usado do `tidyverse` seja o `ggplot2`, e falo sobre ele no Capítulo 3.

DICA Para procurar pacotes e funções R que possam atender às suas necessidades, visite www.rdocumentation.org (conteúdo em inglês). Quantos pacotes estão disponíveis? Enquanto escrevo isto, mais de 14.000! Quando você ler este livro, esse número certamente será maior.

NESTE CAPÍTULO

» Gráficos básicos de R

» Subindo um degrau com ggplot2

Capítulo **3**

Em Termos Gráficos

Desde o início, R tem se dedicado tanto à visualização quanto à análise de dados. É porque um bom gráfico permite que um analista identifique tendências e faça previsões. Os gráficos também ajudam você a apresentar suas ideias para outras pessoas. E como poderá ver, os gráficos são a força vital dos projetos deste livro.

A comunidade R desenvolveu um considerável número de pacotes gráficos. Neste capítulo, apresento os dois mais utilizados: o pacote gráfico básico, que vem com a instalação do R, e o `ggplot2`, que faz parte do pacote `tidyverse`, analisado no Capítulo 2. Quando entrarmos nos projetos, usarei outros pacotes conforme necessário.

Esclarecendo

O R básico permite desenvolver vários gráficos. Seu formato geral para criar (a maioria dos) gráficos é

```
graphics_function(data, argument1, argument2, ...)
```

Isso é tudo!

DICA

Depois de criar um gráfico no RStudio, clique no ícone Zoom na aba Plots para abrir o gráfico em uma janela maior. O gráfico fica mais claro na janela Zoom do que na aba Plots.

Histogramas

Uma maneira de encontrar tendências nos dados é examinar as frequências dos valores. Um *histograma*, ou seja, um gráfico que mostra valores de uma variável e quantas vezes cada uma ocorre em um quadro de dados, é uma maneira rápida e fácil de fazer isso. Por exemplo, uma das variáveis (colunas) no quadro de dados `airquality` no pacote `datasets` (veja o Capítulo 2) apresenta as temperaturas diárias de 1º de maio a 30 de setembro de 1973 na cidade de Nova York.

```
> library(datasets)
> head(airquality)
  Ozone Solar.R Wind Temp Month Day
1    41     190  7.4   67     5   1
2    36     118  8.0   72     5   2
3    12     149 12.6   74     5   3
4    18     313 11.5   62     5   4
5    NA      NA 14.3   56     5   5
6    28      NA 14.9   66     5   6
```

Crio um histograma para mostrar as frequências das temperaturas. Para tanto, uso a função `hist()`:

```
> hist(airquality$Temp)
```

O resultado é o gráfico na Figura 3-1.

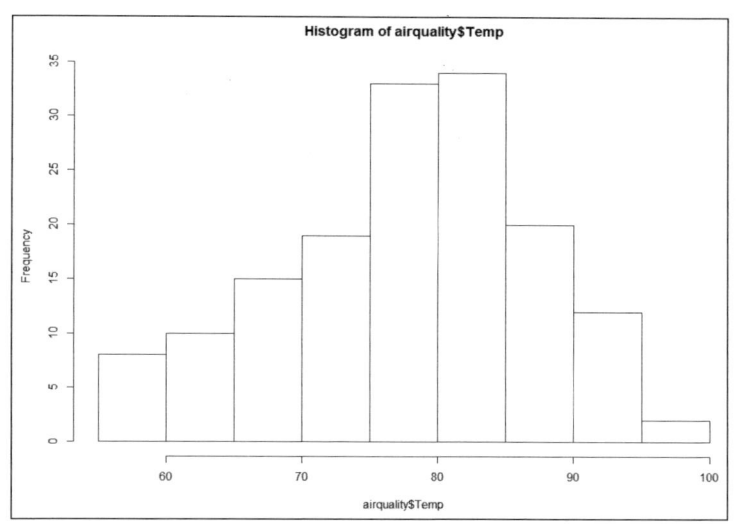

FIGURA 3-1:
Histograma de temperaturas no quadro de dados `airquality`.

Posso tornar o gráfico um pouco mais fácil de visualizar ao mudar o eixo x para "Temperature (Degrees Fahrenheit)" e o título para "Temperatures in New York City May 1 – September 30, 1973". Para tal feito, adiciono argumentos a `hist()`. Para alterar o eixo x, adiciono o argumento `xlab`; para mudar o título, adiciono o argumento `main`:

```
> hist(airquality$Temp,xlab="Temperature (Degrees
  Fahrenheit)",main="Temperatures in New York City May 1 - September
  30, 1973")
```

Isso produz a Figura 3-2.

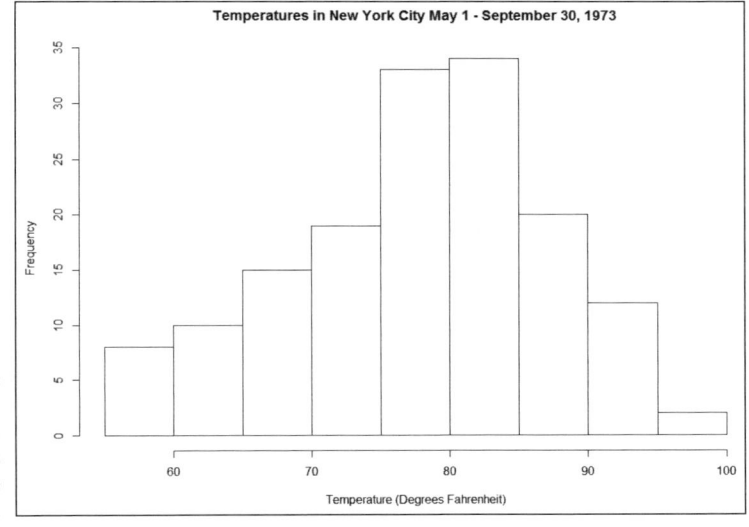

FIGURA 3-2:
Histograma, com um título mais amigável e um eixo x.

CAPÍTULO 3 **Em Termos Gráficos** 43

> **DICA** Ao criar um histograma, R calcula o número ideal de colunas para conferir uma aparência agradável. Neste exemplo, R decidiu que 9 é um bom número. Você pode variar o número de colunas adicionando um argumento chamado `breaks` e definindo seu valor. R nem sempre fornece o valor que você definiu. Em vez disso, produz algo próximo a ele e tenta manter uma boa aparência. Adicione esse argumento, defina seu valor (`breaks = 4`, por exemplo) e você entenderá tudo.

Gráficos de densidade

Outra maneira de mostrar as informações do histograma é pensar em termos de probabilidades, em vez de frequências. Portanto, em vez da frequência de temperaturas entre 60 e 70 graus Fahrenheit, você registra a probabilidade de que uma temperatura selecionada dos dados esteja nesse intervalo. Para que isso aconteça, adicione

```
probability = TRUE
```

aos argumentos. Agora, o código R fica assim:

```
> hist(airquality$Temp,xlab="Temperature (Degrees
    Fahrenheit)",main="Temperatures in New York City May 1 - September
    30, 1973", probability = TRUE)
```

O resultado aparece na Figura 3-3. O eixo y mostra *Density* (um conceito relacionado à probabilidade) e o gráfico é chamado de *gráfico de densidade*. Pense na densidade como a altura de um retângulo cuja área representa a probabilidade.

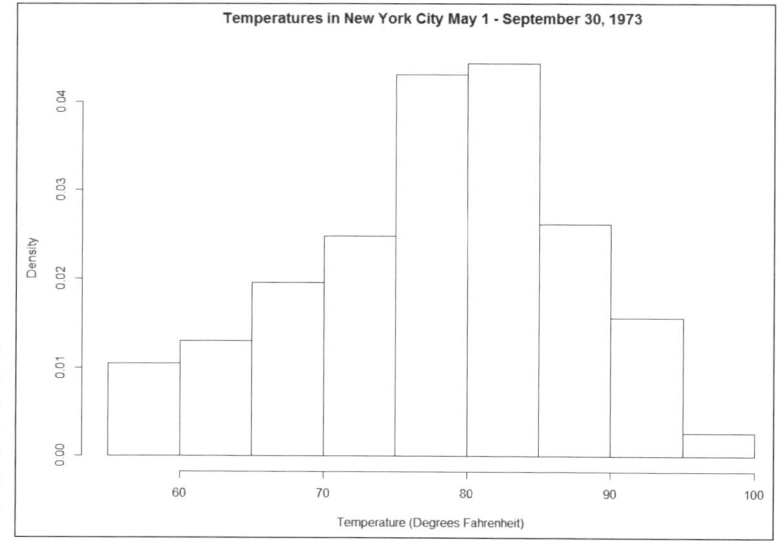

FIGURA 3-3: Gráfico de densidade das temperaturas no quadro de dados `airquality`.

Depois de criar o gráfico, você pode usar outra função chamada `lines()` para adicionar uma linha ao gráfico de densidade:

```
> lines(density(airquality$Temp))
```

O gráfico agora se parece com a Figura 3-4. (Adicionar uma linha é uma ótima maneira de resumir informações e possivelmente detectar tendências.)

Nos gráficos básicos de R, você pode criar um gráfico e começar a adicionar a ele depois de ver como é o gráfico inicial. Se você já assistiu ao clássico programa de TV *The Joy of Painting* (exibido nos Estados Unidos), lembrará de que Bob Ross pintava a imagem de um lago e aí começava a adicionar árvores e montanhas. É mais ou menos assim.

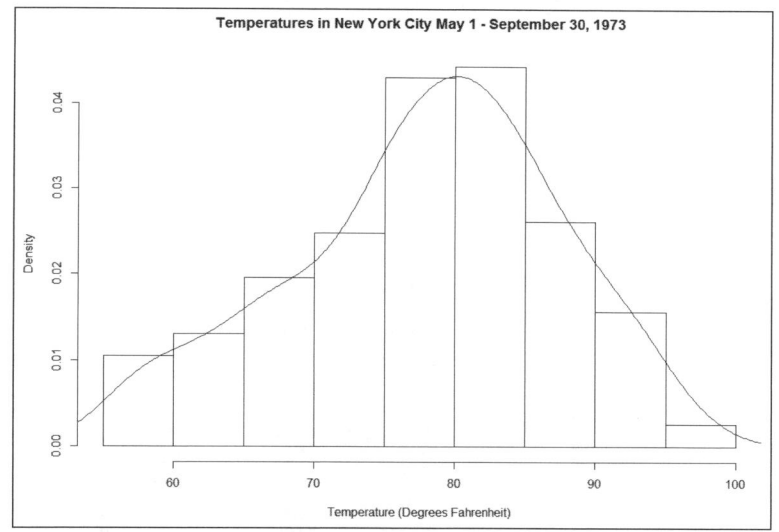

FIGURA 3-4: Gráfico de densidade com uma linha adicionada.

Gráficos de barra

Um histograma mostra frequências quando a variável no eixo x é numérica (como a temperatura). Quando as entradas no eixo x são categorias, a maneira apropriada de apresentar as frequências é chamada de *gráfico de barras*.

Os dados ilustrativos vêm de `Cars93`, um quadro de dados no pacote `MASS` apresentando dados sobre 93 modelos de carros de 1993. Tem 27 colunas. Não mostrarei todos os dados, mas aqui temos as três primeiras colunas nas primeiras seis linhas:

```
> library(MASS)
> head(Cars93[1:3])
```

CAPÍTULO 3 **Em Termos Gráficos** 45

```
  Manufacturer    Model     Type
1        Acura  Integra    Small
2        Acura   Legend  Midsize
3         Audi       90  Compact
4         Audi      100  Midsize
5          BMW     535i  Midsize
6        Buick  Century  Midsize
```

Para mostrar a frequência de cada Type (tipo), crio um gráfico de barras. Primeiro preciso criar uma tabela das frequências. A função `table()` faz isso:

```
> table(Cars93$Type)

Compact   Large Midsize   Small  Sporty     Van
     16      11      22      21      14       9
```

A função `barplot()` desenha o gráfico

```
> barplot(table(Cars93$Type))
```

que você vê na Figura 3-5.

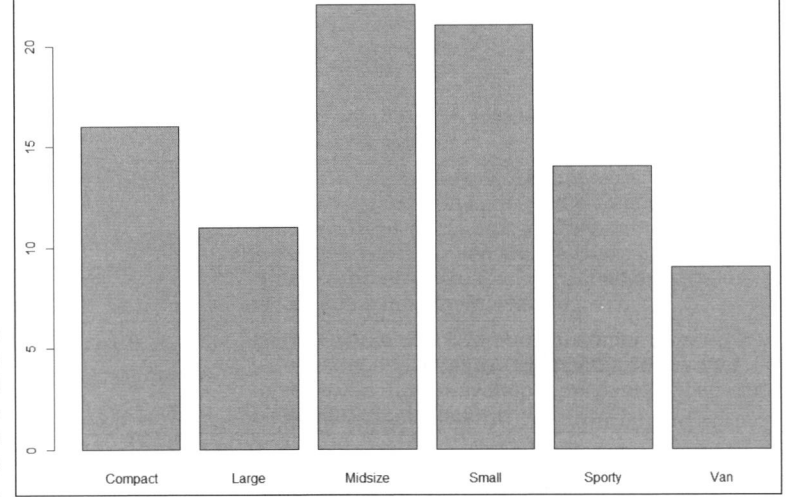

FIGURA 3-5: Gráfico de barras inicial de Type no quadro de dados Cars93.

Posso adicionar alguns argumentos a `barplot()` para aumentar o gráfico. Observe que a barra para Midsize vai além do limite superior do eixo y (20). Para corrigir isso, adiciono este argumento:

```
ylim = c(0,25)
```

E para adicionar rótulos aos eixos, acrescente

```
xlab = "Type"
ylab = "Frequency"
```

Em gráficos como esse, prefiro um eixo x sólido. Para desenhar um, o argumento é

```
axis.lty = "solid"
```

Finalmente, posso aumentar o espaçamento entre as barras adicionando

```
space = .5
```

Então a função

```
> barplot(table(Cars93$Type),ylim=c(0,25),xlab="Type",
    ylab="Frequency", axis.lty="solid",space=.5)
```

produz o gráfico na Figura 3-6.

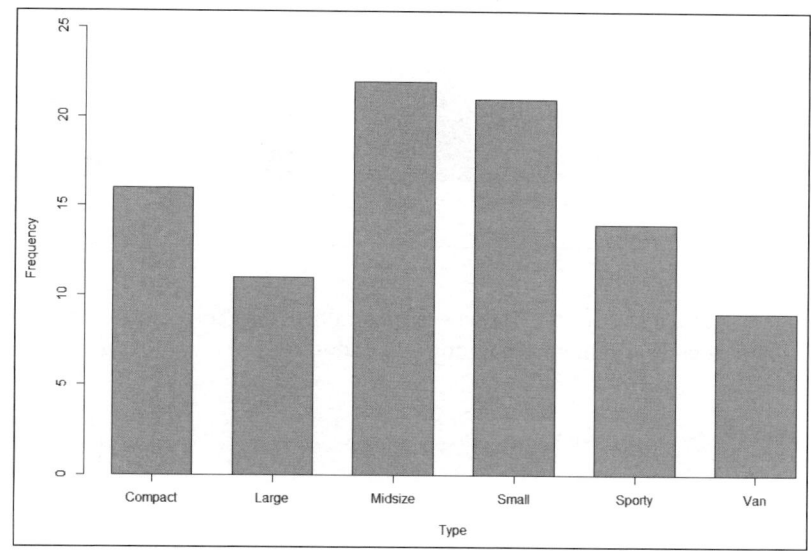

FIGURA 3-6: Gráfico de barras ampliado de Type no quadro de dados Cars93.

Como exercício, crie um gráfico de barras que mostre esses dados para carros fabricados nos EUA. Comece com a função `filter()`, que descrevo no Capítulo 2:

```
> library(dplyr)
> USA.Cars93 <- filter(Cars93,Origin == "USA")
```

Em seguida, crie um gráfico de barras. Depois, conclua as mesmas etapas para os carros de fora dos EUA e compare. Você também pode tentar criar alguns gráficos de barras para Cylinders.

Agrupando as barras

Você provavelmente já viu gráficos de barras em que cada ponto no eixo x tem mais de uma barra. A Figura 3-7 mostra um exemplo. O gráfico de barras mostra a frequência da cor dos olhos para quatro cores de cabelo em 313 estudantes do sexo feminino. Os dados são do conjunto de dados `HairEyeColor` que mencionei no box no Capítulo 1. Esse tipo de gráfico é chamado de *gráfico de barras agrupadas*.

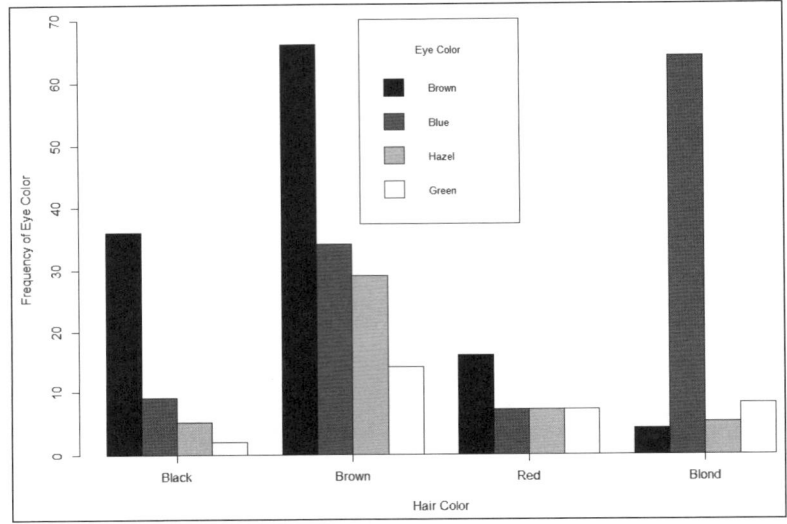

FIGURA 3-7: Gráfico de barras agrupadas da Cor dos Olhos e Cor do Cabelo em 313 estudantes do sexo feminino.

Como o pacote de gráficos básicos do R lida com isso? Começo isolando os dados femininos no conjunto de dados `HairEyeColor`, que é nativo do pacote `datasets`:

```
> library(datasets)
> females <- HairEyeColor[,,2]
> females
        Eye
Hair     Brown Blue Hazel Green
  Black     36    9     5     2
  Brown     66   34    29    14
  Red       16    7     7     7
  Blond      4   64     5     8
```

Para começar a produzir a Figura 3-7, preciso especificar as cores nas barras e na legenda:

```
> color.names = c("black","grey40","grey80","white")
```

Falando um pouco sobre esses nomes: você pode combinar `grey` com qualquer número de 0 a 100 para criar uma cor: `"grey0"` é equivalente a `"black"` e `"grey100"` é equivalente a `"white"`.

Agora volto mais uma vez para a função `barplot()`. Curiosamente, se eu usar `females` como o primeiro argumento para `barplot()`, R desenhará um gráfico com a cor dos olhos no eixo x (em vez da cor do cabelo, como na Figura 3-7). Para inverter isso, uso `t()` para trocar (ou seja, *transpor*) as linhas e as colunas (veja o Capítulo 1):

```
> t(females)
       Hair
Eye     Black Brown Red Blond
  Brown    36    66  16     4
  Blue      9    34   7    64
  Hazel     5    29   7     5
  Green     2    14   7     8
```

A função que produz o gráfico de barras é

```
> barplot(t(females),beside=T,ylim=c(0,70),xlab="Hair Color",
    ylab="Frequency of Eye Color", col=color.names,axis.lty="solid")
```

`beside=T` instrui R a plotar as barras lado a lado. (Experimente sem esse argumento e veja o que acontece.) `ylim` assegura que nenhuma barra passará do valor mais alto no eixo y. `col=color.names` fornece as cores nomeadas no vetor.

O gráfico não está completo sem a legenda (a caixa que indica quais cores do gráfico correspondem a quais cores dos olhos):

```
> legend("top",rownames(t(females)),cex =0.8,fill=color.
    names,title="Eye Color")
```

O primeiro argumento coloca a legenda no topo do gráfico e o segundo fornece os nomes. O terceiro argumento especifica o tamanho dos caracteres na legenda, ou seja, 0.8 significa "80% do tamanho normal". O quarto argumento fornece as cores para as amostras de cores e o quinto, claro, dá o título.

Projeto Rápido Sugerido

Acha que entendeu? Tente concluir as mesmas etapas para os dados `Males`.

CORES DA LEGENDA

Eu uso tons de cinza para as cores porque o livro que você está segurando é impresso em preto e branco. Seria bacana se as cores no gráfico e a legenda combinassem (pelo menos um pouco) com as cores dos olhos reais.

Tente fazer isso. Configure um vetor com os nomes dessas cores.

Atenção: Por mais maravilhosos que sejam os olhos cor de mel (e sei disso, porque tenho um par deles), "mel" não corresponde a um nome de cor em R. Você provavelmente terá que usar um tom de verde em seu lugar. Você pode examinar todos os 657 nomes de cor em R:

```
> colors()
```

Ou pode facilitar as coisas usando a função de pesquisa `grep()` para encontrar apenas as cores com *green* em seus nomes:

```
> colors()[grep("green",colors())]
```

PROJETO RÁPIDO SUGERIDO: REVENDO O AGRUPAMENTO

No final da seção anterior, sugiro que você veja o quadro de dados `Cars93` e crie um gráfico de barras para o tipo de carros dos EUA com `Type`, outro para os carros que não são americanos, e compare os dois.

Essa comparação é natural para um gráfico de barras agrupadas. Então aqui temos outro Projeto Rápido Sugerido para você. Não será preciso o quadro de dados `Cars93` completo, portanto use `subset()` para criar um quadro de dados que consista apenas de `Type` e `Origin`. (Para revisar `subset()`, veja o Capítulo 2.) O quadro de dados do subconjunto (chamei-o de `Type.Origin`) deve ficar assim:

```
> head(Type.Origin)
     Type    Origin
1    Small   non-USA
2    Midsize non-USA
3    Compact non-USA
4    Midsize non-USA
5    Midsize non-USA
6    Midsize USA
```

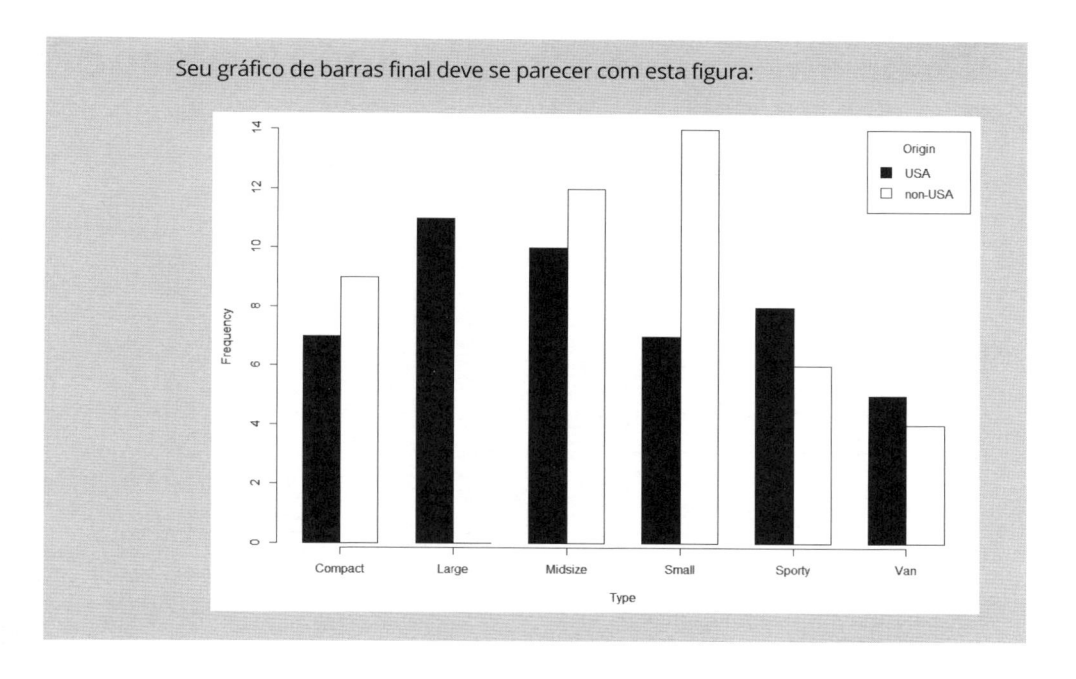

Seu gráfico de barras final deve se parecer com esta figura:

Gráficos de pizza

Outra maneira de mostrar informações de frequência é representar todo o conjunto de dados como uma pizza e as categorias como fatias da pizza. O tamanho de uma fatia representa a proporção da pizza associada a essa categoria. Voltando a `Cars93`,

```
> library(MASS)
> pie(table(Cars93$Type))
```

desenha a Figura 3-8.

Gráficos de dispersão

Geralmente você quer visualizar a relação entre duas variáveis, como `Wind` e `Temp` em `airquality`. O *gráfico de dispersão* é o ideal, como mostra a Figura 3-9.

A função `plot()` desenha esse gráfico:

```
> library(datasets)
> plot(airquality$Wind,airquality$Temp, pch=16,xlab = "Wind Velocity
   (MPH)",ylab ="Temperature (Fahrenheit)", main = "Temperature vs
   Wind Velocity")
```

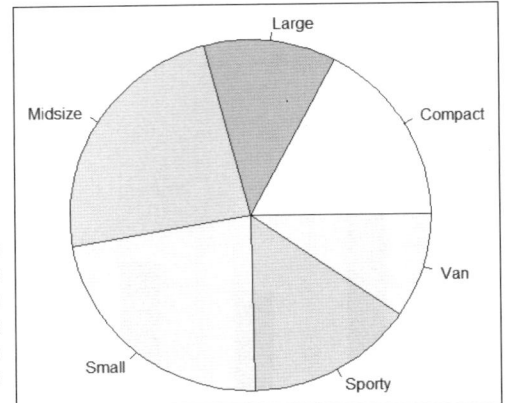

FIGURA 3-8: Gráfico de pizza para `Type` no quadro de dados `Cars93`.

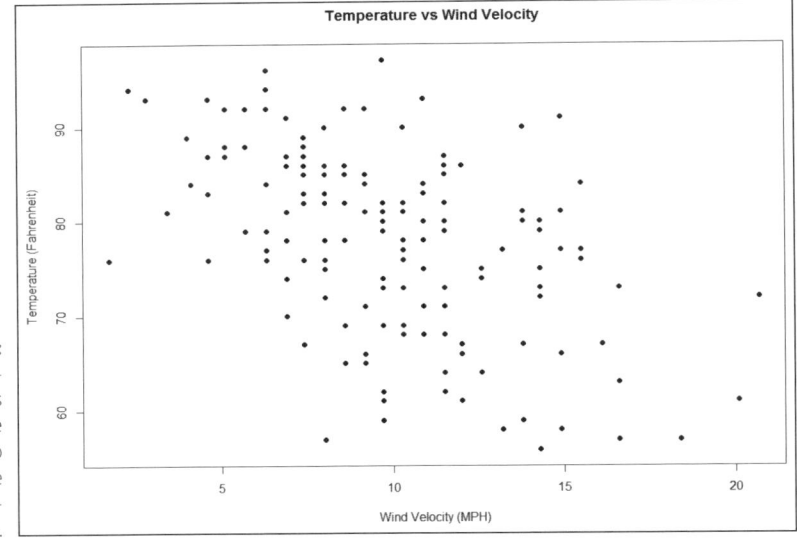

FIGURA 3-9: Temperatura versus Velocidade do Vento no quadro de dados `airquality`.

Os dois primeiros argumentos são as variáveis. O terceiro argumento, `pch = 16`, especifica o preto como a cor dos pequenos círculos que representam os pontos de dados. Omitir esse argumento deixa os círculos abertos (como pequenos *o*s). Pense em `pch` como um *caractere do gráfico*. Os argumentos restantes adicionam os rótulos do eixo e o título.

Se você preferir usar uma fórmula que mostre `Temp` dependente de `Wind`, veja como codificar (e desenhar o mesmo gráfico de dispersão):

```
> plot(airquality$Temp ~ airquality$Wind, pch=16,xlab = "Wind
   Velocity (MPH)",ylab ="Temperature (Fahrenheit)", main =
   "Temperature vs Wind Velocity")
```

A propósito, se você quiser, dê outra olhada na análise da seção "Fórmulas de R" no Capítulo 2, e faça a mesma análise sobre a relação entre `Temp` e `Wind`. A análise do Capítulo 2 é sobre a relação entre `Temp` e `Month`. Como seria um gráfico de dispersão desse relacionamento?

Matriz do gráfico de dispersão

O R básico fornece uma boa maneira de mostrar as relações entre mais de duas variáveis. Por exemplo, eu gostaria de examinar como `Ozone`, `Temp` e `Wind` estão relacionados em `airquality`. "Examinar como estão relacionados" significa observar todos os relacionamentos de pares entre os três.

A matriz do gráfico de dispersão, como mostrada na Figura 3-10, apresenta tudo isso.

Os nomes das variáveis, claramente, estão nas caixas ao longo da diagonal principal. As outras caixas mostram os gráficos de dispersão. Cada gráfico mostra a relação entre a variável em sua linha (no eixo x) e a variável em sua coluna (no eixo y). Por exemplo, na primeira linha e na segunda coluna, o gráfico de dispersão mostra `Ozone` no eixo x e `Temp` no eixo y. Na segunda linha e na primeira coluna, `Temp` está no eixo x e `Ozone` no eixo y.

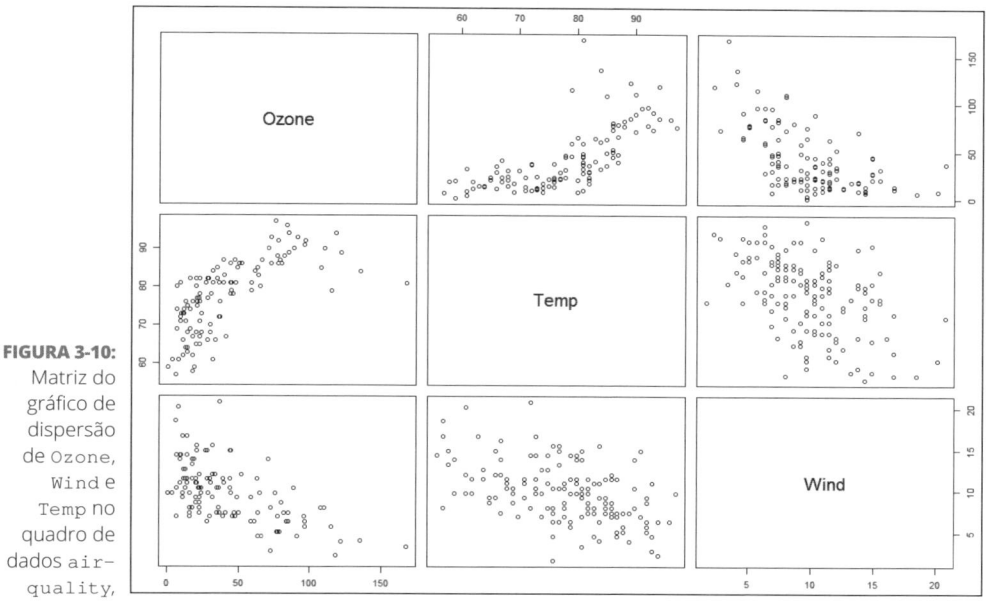

FIGURA 3-10: Matriz do gráfico de dispersão de `Ozone`, `Wind` e `Temp` no quadro de dados `airquality`.

Para criar a matriz, começo pegando um subconjunto de `airquality` que armazena os dados apenas para as variáveis nas quais estou interessado:

```
> Ozone.Temp.Wind <- subset(airquality,select = c(Ozone,Temp,Wind))
> head(Ozone.Temp.Wind)
  Ozone Temp Wind
1    41   67  7.4
2    36   72  8.0
3    12   74 12.6
4    18   62 11.5
5    NA   56 14.3
6    28   66 14.9
```

Então uso a função `pairs()` para desenhar a matriz:

```
> pairs(Ozone.Temp.Wind)
```

Diagramas de caixas

Concebido pelo famoso estatístico John Tukey, o *diagrama de caixa* é uma maneira rápida e fácil de visualizar dados. A Figura 3-11 mostra um diagrama de caixa da relação entre `Temp` e `Month` em `airquality`. (Compare com o gráfico de dispersão que sugeri a você experimentar.)

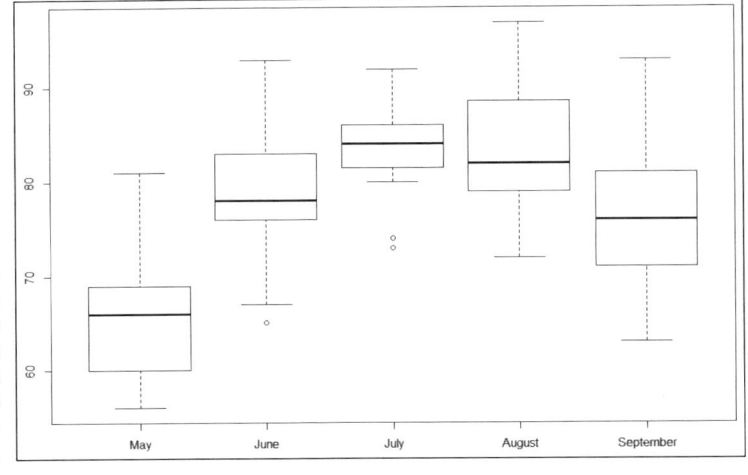

FIGURA 3-11: Diagrama de caixas de Temp versus Month no quadro de dados airquality.

O que essas caixas e linhas representam? Cada caixa representa um grupo de números. A caixa mais à esquerda, por exemplo, representa as temperaturas em maio. A linha sólida preta dentro da caixa é a *mediana*, a temperatura que divide a metade inferior das temperaturas da metade superior. As bordas inferior e superior de cada caixa são chamadas de *extremidades*. A extremidade inferior representa o *quartil inferior*, a temperatura abaixo da qual estão 25% das temperaturas. A extremidade superior representa o *quartil superior*, a temperatura que vai além de 75% das temperaturas.

As linhas pontilhadas que saem das extremidades são chamadas de *bigodes*. (Alguns se referem a esse tipo de gráfico como *diagrama de caixa e bigodes*.) Os bigodes incluem valores de dados fora das extremidades. A extremidade superior do bigode é o valor máximo ou a extremidade superior mais 1,5 vezes o comprimento da caixa, o que for *menor*. O limite inferior do bigode é o valor mínimo ou a extremidade inferior menos 1,5 vezes o comprimento da caixa, o que for *maior*. Os pontos de dados fora dos bigodes são os *valores atípicos*. A Figura 3-11 mostra um valor atípico para junho e dois para julho.

Para esse gráfico de caixas, uso uma fórmula para mostrar que `Temp` é a variável dependente e `Month` é a variável independente:

```
> boxplot(Temp ~ Month, data=airquality, xaxt = "n")
```

O terceiro argumento, `xaxt = n`, suprime os rótulos que normalmente apareceriam no eixo x (5, 6, 7, 8 e 9, que representam os meses no quadro de dados). Em vez disso, uso a função `axis()`:

```
> axis(1, at=1:5,labels=c("May","June","July","August", "September"))
```

para ter os nomes dos meses como rótulos do eixo x.

Evoluindo para ggplot2

Embora o conjunto básico de ferramentas gráficas de R ofereça uma boa variedade de gráficos, `ggplot2` oferece muito mais possibilidades. Um componente do pacote `tidyverse` de Hadley Wickham, `ggplot2` é baseado em um conceito chamado *gramática de gráficos* (representado por *gg* no nome do pacote). Esse conceito é proposto pelo guru dos gráficos Leland Wilkinson em um de seus livros, *The Grammar of Graphics*, que é a fonte dos conceitos desse pacote.

Primeiramente, algumas informações para a compreensão: *gramática* é um conjunto de regras para combinar coisas. Na gramática do português, coisas são palavras, frases e orações. A gramática mostra como combinar esses componentes para produzir sentenças válidas (*gramaticais*, em outras palavras).

Da mesma forma, uma "gramática de gráficos" é um conjunto de regras para combinar componentes gráficos na produção de gráficos. Wilkinson propôs que todos os gráficos tivessem componentes comuns subjacentes, como dados, um sistema de coordenadas (os familiares eixos x e y, por exemplo), transformações estatísticas (como contagens de frequência) e objetos dentro do gráfico (pontos, barras, linhas ou fatias de pizza, por exemplo), para citar alguns.

Assim como combinar palavras e frases produz sentenças gramaticais, a combinação de componentes gráficos produz gráficos. E assim como algumas frases são gramaticais, mas não fazem sentido ("Bananas corajosas sonham com paradigmas extraterrestres"), algumas criações de `ggplot2` são belos gráficos que podem não ser úteis. Cabe ao escritor/palestrante transmitir o sentido delas para um público, e cabe ao desenvolvedor gráfico criar gráficos úteis para as pessoas que os usam.

Como funciona

No `ggplot2`, a implementação de Wickham da gramática de Wilkinson é uma estrutura fácil de aprender do código dos gráficos de R.

Um gráfico começa com a função `ggplot()`, que usa dois argumentos. O primeiro argumento é a fonte dos dados. O segundo argumento mapeia os componentes de dados de interesse para os componentes do gráfico. Esse argumento é uma função chamada `aes()`, que significa *aes*thetic mapping (mapeamento estético). Cada argumento para `aes()` é chamado de *estética*.

Por exemplo, se estou criando um histograma de `Temp` no quadro de dados `airquality`, quero `Type` no eixo x. O código fica assim:

```
ggplot(airquality, aes(x=Temp))
```

Tudo o que isso faz é especificar a base do gráfico, ou seja, a fonte de dados e o mapeamento. Se eu digitar esse código na janela Scripts e pressionar Ctrl+Enter, tudo que eu teria seria uma grade em branco com `Temp` no eixo x.

E o histograma? Para adicionar à base, agrego outra função que informa a R para plotar o histograma e cuidar de todos os detalhes. A função que eu adiciono é chamada de `geom` (*geom* é uma abreviação de objeto *geom*étrico).

Essas funções `geom` têm vários tipos: `ggplot2` fornece uma para quase todas as necessidades gráficas e confere flexibilidade para trabalhar com casos especiais. Para um histograma, a função `geom` é `geom_histogram()`. Para um gráfico de barras, é `geom_bar()`. Para um ponto, é `geom_point()`.

Para adicionar `geom` a `ggplot`, uso um sinal de mais:

```
ggplot(airquality, aes(x=Temp)) +
   geom_histogram()
```

E é só isso, exceto por alguns toques finais na aparência do gráfico. Para modificar a aparência de `geom`, adiciono argumentos à função `geom()`. Para modificar o esquema de cores de fundo, posso adicionar uma ou mais funções `theme()`. Para acrescentar rótulos aos eixos e um título ao gráfico, adiciono a função `labs()`.

Então, a estrutura geral para um gráfico `ggplot` é

```
ggplot(data_source, aes(componentes de dados do mapa para componentes
    gráficos)) +
  geom_xxx(argumentos para modificar a aparência de geom) +
  theme_xxx(argumentos para alterar a aparência geral) +
  labs(adicionar rótulos do eixo e um título)
```

É como construir uma casa: a função `ggplot()` é a fundação, a função `geom()` é a casa, `theme()` é o paisagismo e `labs()` coloca o endereço na porta. Existem outras funções para modificar o gráfico.

Outra maneira de ver `ggplot` (e mais de acordo com o pensamento popular) é imaginar um gráfico como um conjunto de camadas. A função `ggplot()` fornece a primeira camada, a função `geom`, a próxima e assim por diante.

Instale ggplot2 (veja o Capítulo 2 para saber mais sobre isso) para que você possa acompanhar, e sigamos em frente.

Histogramas

Nesta seção, dou o exemplo sugerido na seção anterior — um histograma para `Temp` no quadro de dados `airquality`. Quando terminar, ficará como a Figura 3-12.

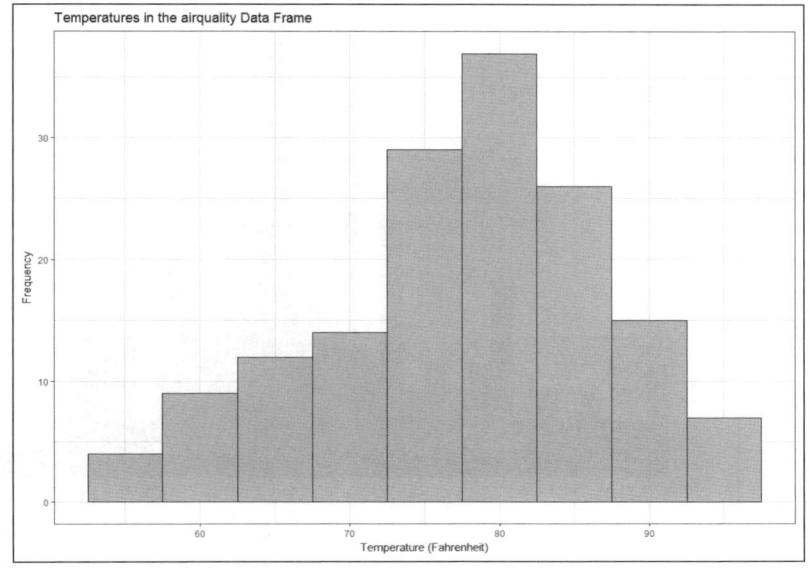

FIGURA 3-12: Histograma de `Temp` no quadro de dados `airquality`, plotado em `ggplot`.

Começo pela fundação:

```
ggplot(airquality,aes(x=Temp)) +
```

Como disse na seção anterior, `aes()` mapeia `Temp` no quadro de dados para o eixo x no gráfico. Espere um pouco. Não há nada mapeado para o eixo y? Não. Porque é um histograma e nada nos dados fornece explicitamente um valor y para cada x. Então não posso informar "y =" em `aes()`. Em vez disso, deixo R fazer o trabalho de calcular as alturas das barras no histograma.

Agora, a casa:

```
geom_histogram()
```

Essas duas linhas de código produzem a Figura 3-13; bem longe do produto final.

A primeira coisa a fazer é modificar a aparência das barras. Cada barra é chamada de *bloco* e, por padrão, `ggplot` usa 30. Depois de plotar o histograma, `ggplot` exibe na janela Console uma mensagem que aconselha testar `binwidth` (que, como esperado, especifica a largura de cada bloco). Aí adiciono `binwidth = 5` como um argumento para `geom_histogram()`:

```
geom_histogram(binwidth = 5)
```

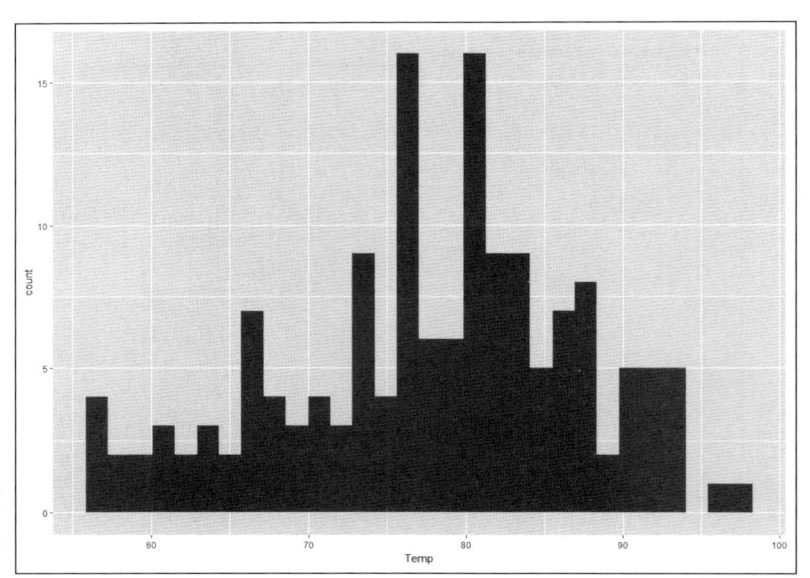

FIGURA 3-13: Histograma inicial de Temp.

Como faço com que as barras tenham as mesmas cores da Figura 3-13? Adicione mais dois argumentos: um para a cor dos limites da barra (`color`) e outro para a cor dentro das barras (`fill`):

```
geom_histogram(binwidth=5,color = "black",fill="grey80")
```

E o fundo? Isso é paisagismo. Adicionar uma função `theme` chamada `theme_bw()` torna o plano de fundo branco:

```
theme_bw()
```

E `labs()` adiciona os rótulos do eixo e o título:

```
labs(x = "Temperature (Fahrenheit)",y="Frequency", title=
  "Temperatures in the airquality Data Frame")
```

Juntar todas essas linhas (com sinais de mais!):

```
ggplot(airquality,aes(x=Temp)) +
  geom_histogram(binwidth=5,color = "black",fill="grey80") +
  theme_bw() +
  labs(x = "Temperature (Fahrenheit)",y="Frequency", title=
    "Temperatures in the airquality Data Frame")
```

produz a Figura 3-12.

Gráficos de barras

Desenhar um gráfico de barras em `ggplot2` é um pouco mais fácil do que desenhar no R básico: não é necessário criar uma tabela de frequências para desenhar o gráfico.

Como no exemplo da seção anterior, não especifico um mapeamento estético para y. Desta vez, a função `geom` é `geom_bar()` e `ggplot2` trabalha com os dados para desenhar o gráfico:

```
library(MASS)
ggplot(Cars93,aes(x=Type)) +
  geom_bar()+
  labs(y="Frequency",title="Car Type and Frequency in Cars93")
```

O resultado é a Figura 3-14. Tente um pouco de paisagismo, se quiser. (Você pode adicionar funções `theme` ao final do código.)

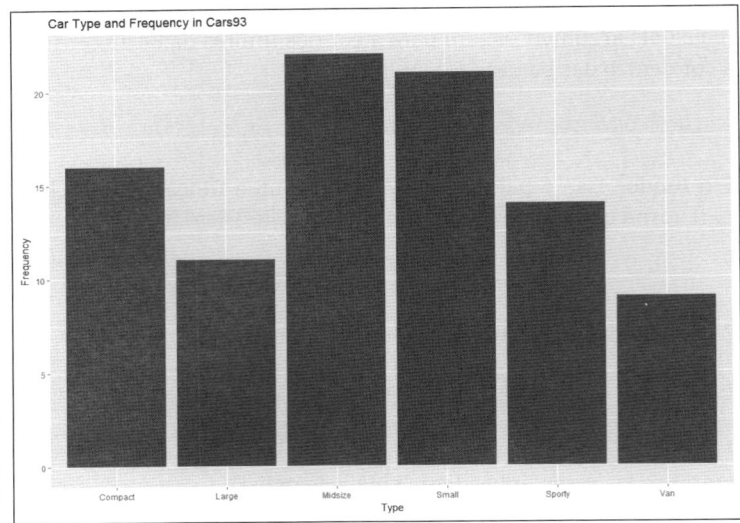

FIGURA 3-14:
Gráfico de barras para `Type` no quadro de dados `Cars93`.

Gráficos de barras agrupadas

Pegar o gráfico do exemplo anterior e dividir os dados em `Origin` (EUA versus não EUA) é minha sugestão para você no box anterior, "Revendo o agrupamento". Lembre-se, isso é chamado de *gráfico de barras agrupadas* e é bastante simples em `ggplot2`. Veja como fazer.

Primeiro, por conveniência, criei `Type.Origin`:

```
> Type.Origin <- subset(Cars93,select=c("Type","Origin"))
> head(Type.Origin)
     Type    Origin
1   Small   non-USA
2 Midsize   non-USA
3 Compact   non-USA
4 Midsize   non-USA
5 Midsize   non-USA
6 Midsize       USA
```

Começo o gráfico com `ggplot()` e, desta vez, adiciono uma segunda estética a `aes()`:

```
ggplot(Type.Origin, aes(x=Type, fill=Origin))
```

Como antes, `aes()` mapeia `Type` para o eixo x. O segundo argumento para `aes()`, `fill`, mapeia `Origin` para as cores que preencherão as barras. Agora você pode estar pensando: "Espere um pouco. Um mapeamento não deveria especificar que as cores das barras ficam em `geom_bar()`?" E você estaria certo: outra maneira de especificar a cor dentro da barra é adicionar `aes(fill = Origin)` como um argumento a `geom_bar()`.

Mas tenho outros argumentos para adicionar a `geom_bar()`:

```
geom_bar(position="dodge",color="black")
```

O valor do primeiro argumento é um nome bonitinho que significa que as barras "se esquivam" e se alinham lado a lado. É análogo a "`beside=T`" no R básico. O segundo argumento define a cor das bordas de cada barra.

Ainda preciso especificar o intervalo de cores para as barras e a função `scale_fill_grey()` cuida disso:

```
scale_fill_grey(start=0,end=1)
```

Os dois argumentos indicam que as cores começam com preto e terminam com branco.

Aqui temos a coisa toda:

```
ggplot(Type.Origin, aes(x=Type, fill=Origin))+
  geom_bar(position="dodge",color="black")+
  scale_fill_grey(start=0,end=1)
```

E esse código resulta na Figura 3-15. Sinta-se à vontade para adicionar rótulos ao eixo e um título, e usar as funções `theme` para modificar a aparência do gráfico.

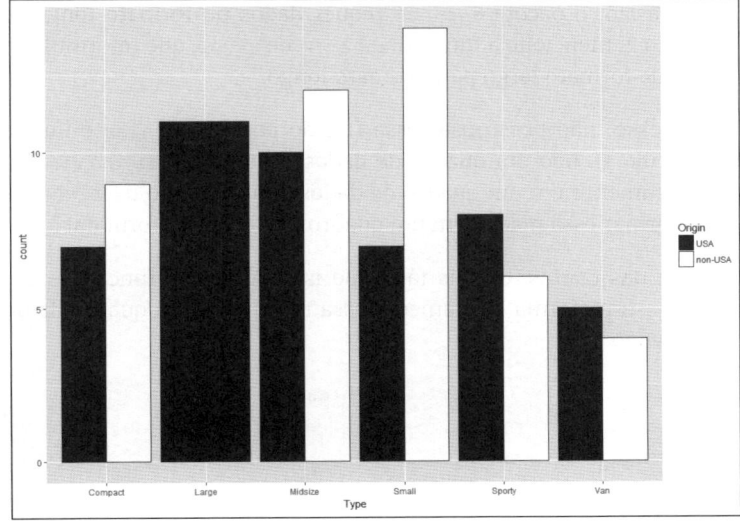

FIGURA 3-15: Gráfico de barras agrupadas de `Type` e `Origin` no quadro de dados `Cars93`.

Duas coisas a observar na Figura 3-15: primeiro, `ggplot2` gentilmente fornece a legenda. Segundo, compare a Figura 3-15 com a versão básica de R mostrada na figura do box anterior "Revendo o agrupamento". `Base R` e `ggplot` têm maneiras diferentes de lidar com uma frequência de zero (carros `Large` [grandes] não dos EUA). Para os carros `Large`, a versão básica de R mostra uma barra para os EUA e nenhuma para os não dos EUA, e a barra para os EUA de `Large` tem a mesma largura que todas as outras. Não é assim na versão `ggplot`: sem nenhuma barra para carros não dos EUA ocupando espaço, a barra para os EUA de `Large` é duas vezes mais larga que as outras.

Agrupando mais uma vez

Em cada um dos exemplos anteriores, não foi necessário mapear nada para o eixo y. Os dados são instâncias de cada categoria e `ggplot()` conta a frequência de cada instância enquanto faz seu trabalho.

Mas, às vezes, as frequências já foram contadas. Anteriormente neste capítulo, usei:

```
> females
        Eye
Hair    Brown Blue Hazel Green
  Black    36    9     5     2
  Brown    66   34    29    14
  Red      16    7     7     7
  Blond     4   64     5     8
```

O que acontece depois?

Em primeiro lugar, `females` estão em formato largo (horizontal). Ao contrário do R básico, o pacote `ggplot2` requer dados no formato longo (vertical). No Capítulo 2, menciono a função `gather()` de `tidyr`, que reformula os quadros de dados de formato largo para formato longo.

Nesse caso, não posso usar essa função porque `females` é uma matriz (veja o Capítulo 1), não um quadro de dados. A função R `data.frame()` transforma seu argumento em um quadro de dados. Então, posso usar `data.frame()` para transformar essa matriz em um quadro de dados e reformatar?

No fim das contas, é mais fácil que isso. Aplicar a função `data.frame()` em `females` transforma diretamente essa matriz em um quadro de dados de formato longo:

```
> females.df <- data.frame(females)
> females.df
    Hair   Eye Freq
1  Black Brown   36
```

```
2  Brown Brown   66
3    Red Brown   16
4  Blond Brown    4
5  Black  Blue    9
6  Brown  Blue   34
7    Red  Blue    7
8  Blond  Blue   64
9  Black Hazel    5
10 Brown Hazel   29
11   Red Hazel    7
12 Blond Hazel    5
13 Black Green    2
14 Brown Green   14
15   Red Green    7
16 Blond Green    8
```

Agora estou pronto para começar. Aqui temos o código para o gráfico de barras empilhadas:

```
ggplot(females.df, aes(x=Hair,y = Freq, fill=Eye))+
  geom_bar(position="dodge",color="black",stat="identity")+
  scale_fill_grey(start=0,end=1)
```

Parece exatamente com o código da seção anterior, exceto por dois acréscimos importantes:

Em `ggplot()`, adicionei uma estética para o eixo y. É o segundo argumento:

```
ggplot(females.df, aes(x=Hair,y = Freq, fill=Eye))
```

Em `geom_bar()`, adicionei o argumento `stat = "identity"`:

```
geom_bar(position="dodge",color="black",stat="identity")
```

Isso permite que `ggplot()` saiba que esse gráfico tem base em valores de dados explícitos. Então `stat= "identity"` significa: "Use os números fornecidos como dados e não se preocupe com o cálculo das frequências das instâncias".

O resultado é mostrado na Figura 3-16.

> **DICA**
> Com toda a informação que forneci sobre o uso de gráficos de barras para dados de frequência em `ggplot2`, você pode estar se perguntando: "E como desenho gráficos de pizza?". Omiti isso de propósito. É muito mais fácil no R básico. Confie em mim.

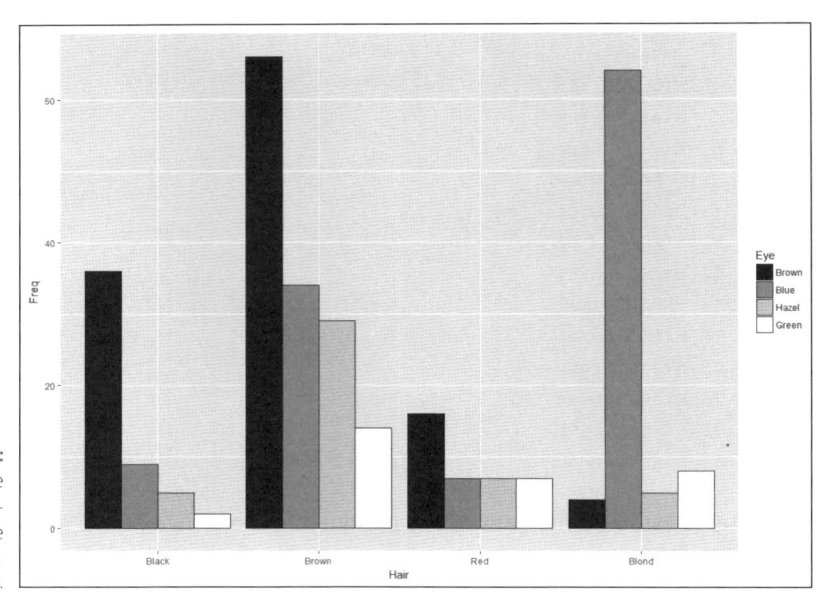

FIGURA 3-16:
Gráfico de barras empilhadas de `females.df`.

PROJETO SUGERIDO: AGRUPANDO MAIS UMA VEZ

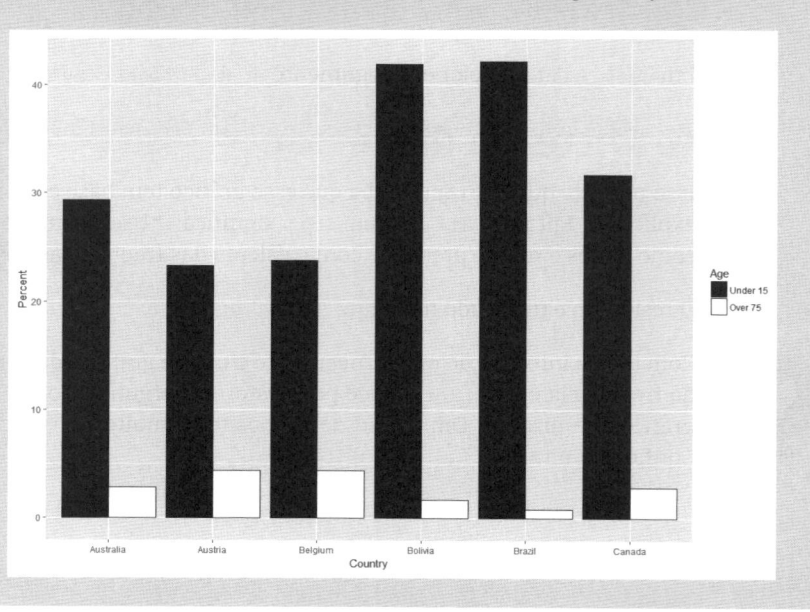

Aqui temos um projeto que incorpora o conhecimento dos Capítulos 1, 2 e 3. O objetivo é produzir um gráfico de barras agrupadas com a seguinte aparência:

Os dados vêm de LifeCycleSavings, um quadro de dados no pacote `datasets`. Este quadro contém dados para 55 países. Use `head()` e `subset()` para criar este quadro de dados:

```
          pop15 pop75
Australia 29.35  2.87
Austria   23.32  4.41
Belgium   23.80  4.43
Bolivia   41.89  1.67
Brazil    42.19  0.83
Canada    31.72  2.85
```

Então use `row_names_to_column()` para criar

```
    Country pop15 pop75
1 Australia 29.35  2.87
2   Austria 23.32  4.41
3   Belgium 23.80  4.43
4   Bolivia 41.89  1.67
5    Brazil 42.19  0.83
6    Canada 31.72  2.85
```

Aqui, `pop15` significa "Porcentagem da população com menos de 15 anos" e `pop75` significa "Porcentagem da população com mais de 75 anos".

Antes de iniciar a plotagem, use `gather()` para colocar os dados no formato longo e use `Percent` como o nome da variável dependente. Em seguida, use `ggplot()`, `geom_bar()` e `scale_fill_grey()` como nos exemplos de gráfico de barras. *Dica:* Para fazer com que os rótulos na legenda se pareçam com os da figura, adicione o argumento `labels =c("Under 15", "Over 75")` a `scale_fill_grey()`.

Gráficos de dispersão

Como mencionei anteriormente neste capítulo, um gráfico de dispersão é uma ótima maneira de mostrar a relação entre duas variáveis, como `Wind` e `Temp` no quadro de dados `airquality`.

Se você vem acompanhando tudo, a gramática será fácil:

```
ggplot(airquality, aes(x=Wind,y=Temp))+
  geom_point()
```

A Figura 3-17 mostra o gráfico de dispersão.

FIGURA 3-17:
Wind versus Temp no quadro de dados airquality.

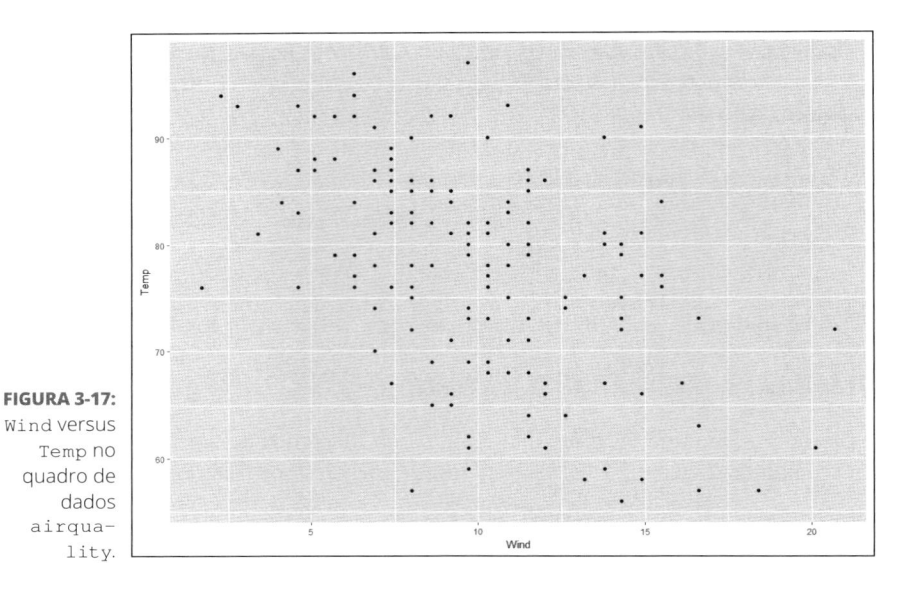

A coisa se complica...

Posso usar a cor dos pontos no gráfico de dispersão para representar uma terceira variável. Além de Wind e Temp, quero representar Ozone. Se um nível de ozônio para um dia específico for menor ou igual ao nível médio de ozônio, chamarei esse nível de "Low". Caso contrário, chamarei de "High". Uma cor de ponto representará "High" e outra representará "Low". A Figura 3-18 mostra o que quero dizer.

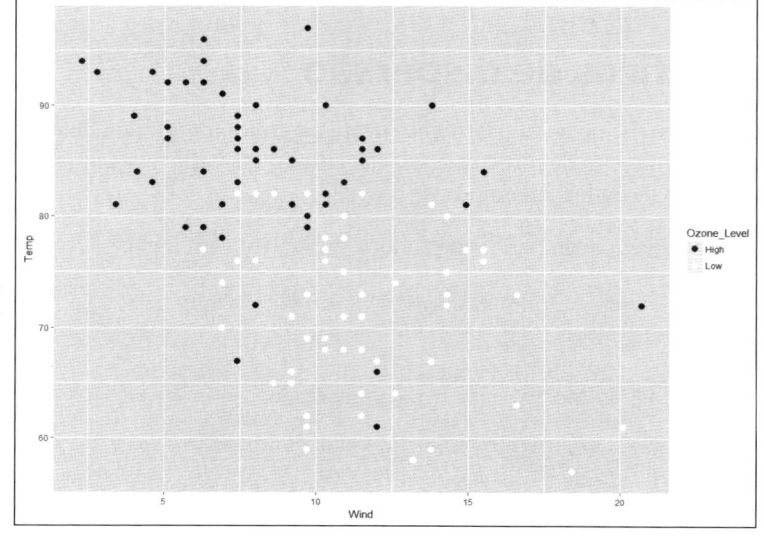

FIGURA 3-18: Gráfico de dispersão Wind versus Temp, com a cor do ponto representando Ozone_Level.

Começo usando a função `drop.na()` de `tidyr` para eliminar todos os valores `NA`:

```
> library(tidyr)
> aq.no.NA <- drop_na(airquality)
```

Em seguida, calculo o nível médio de ozônio:

```
> median.Ozone <- median(aq.no.NA$Ozone)
```

Meu próximo objetivo é adicionar uma coluna chamada `Ozone_Level` ao quadro de dados `aq.no.NA`. Cada entrada nessa coluna será `High` ou `Low`. Começo criando um vetor `Ozone_Level`:

```
> Ozone_Level <- NULL
```

Em seguida, uso uma instrução `if` dentro de um loop `for` (veja o Capítulo 1) para preencher o vetor:

```
for(i in 1:nrow(aq.no.NA)){
  if (aq.no.NA$Ozone[i] <= median.Ozone){
    Ozone_Level[i] <- "Low"}
    else{Ozone_Level[i] <- "High"}
}
```

Finalmente, uso `cbind()` (veja o Capítulo 1) para adicionar o vetor `Ozone_Level` como uma coluna a `aq.no.NA`:

```
aq.Ozone.Level <- cbind(aq.no.NA, Ozone_Level)
```

As primeiras seis linhas do novo quadro de dados `aq.Ozone.Level` ficam assim:

```
> head(aq.Ozone.Level)
  Ozone Solar.R Wind Temp Month Day Ozone_Level
1    41     190  7.4   67     5   1        High
2    36     118  8.0   72     5   2        High
3    12     149 12.6   74     5   3         Low
4    18     313 11.5   62     5   4         Low
7    23     299  8.6   65     5   7         Low
8    19      99 13.8   59     5   8         Low
```

Este é o quadro de dados que uso no gráfico de dispersão. A primeira instrução, como sempre, envolve `ggplot()` e `aes()`:

```
ggplot(aq.Ozone.Level, aes(x=Wind,y=Temp,color=Ozone_Level))
```

Esse último argumento para `aes()` mapeia `Ozone_Level` para a cor dos pontos no gráfico.

Na instrução seguinte:

```
geom_point(size=3)
```

Adiciono `size=3` para tornar os pontos maiores e mais fáceis de ver. Teste outros valores de `size` para ver o que acontece.

A instrução final

```
scale_color_grey(start=0,end=1)
```

torna pretas e brancas as cores dos pontos.

Este é o código que produz a Figura 3-18:

```
ggplot(aq.Ozone.Level, aes(x=Wind,y=Temp,color=Ozone_Level))+
  geom_point(size=3)+
  scale_color_grey(start=0,end=1)
```

TEMPERATURA, VENTO E OZÔNIO

O padrão no gráfico de dispersão na Figura 3-18 sugere uma relação entre as três variáveis. Os pontos pretos ficam predominantemente à esquerda superior; os pontos brancos, à direita inferior. Como poderíamos analisar essa relação sem transformar `Ozone` em `Ozone_Level`? No Capítulo 2, mostro como analisar a relação entre `Temp` (uma variável dependente) e `Month` (uma variável independente). Aqui, amplio a análise para duas variáveis independentes (`Wind` e `Ozone`), em vez de uma:

```
> aq.analysis <- lm(Temp ~ Wind + Ozone, data= aq.Ozone.Level)
```

Se você executar esse código, e então este:

```
> summary(aq.analysis)
```

verá uma tabela muito parecida com a do Capítulo 2, na seção sobre fórmulas de R. Se o último número na linha inferior (chamado de `valor p`) fosse menor que 0,05, os estatísticos diriam que a relação é *estatisticamente significativa*, o que é outra forma de dizer que a relação observada entre as variáveis provavelmente não é fruto do acaso. Teste e veja o que acontece.

O que é isso? Você quer plotar todas essas variáveis em um gráfico de dispersão tridimensional? Certo. Só porque perguntou, mostro como criar um que se parece com o gráfico nesta figura:

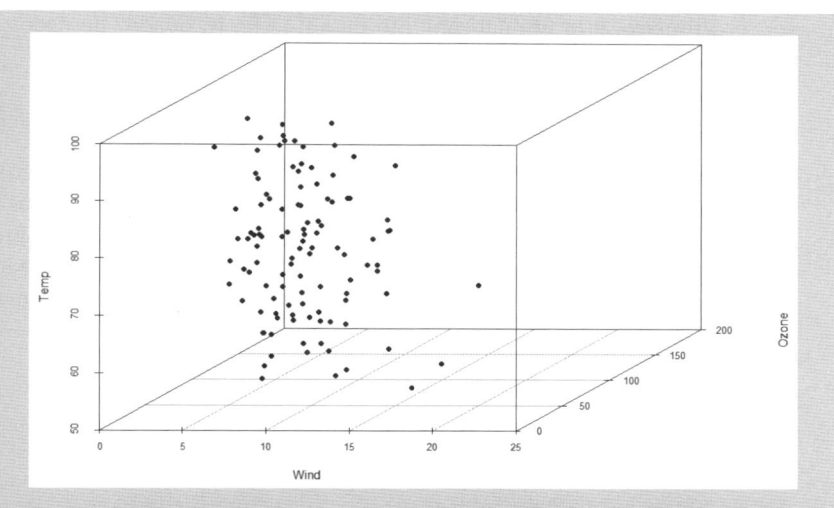

Você não pode fazer isso no `ggplot2`. É preciso instalar um pacote chamado `scatterplot3d`. (Outros pacotes também podem desenhar gráficos de dispersão tridimensionais.)

Na aba Packages, clique em Install. Na caixa de diálogo Install Packages, digite **scatterplot3d** e clique em Install. Após o download do pacote, localize-o na aba Packages e clique na caixa de seleção ou digite

```
>library(scatterplot3d)
```

O código para o gráfico de dispersão em 3D é

```
with(aq.Ozone.Level,
(scatterplot3d(Wind ~ Temp + Ozone, pch = 19)))
```

O comando `with` evita que você precise adicionar o nome do quadro de dados (junto com um sinal de cifrão, $) a cada variável (veja o Capítulo 1). O primeiro argumento para `scatterplot3d()` mostra a relação mencionada anteriormente neste box. O segundo argumento especifica que os caracteres de plotagem são pretos. Você pode adicionar argumentos para modificar a aparência do gráfico.

Matriz do gráfico de dispersão

Uma matriz de gráficos de dispersão mostra as relações de pares entre mais de duas variáveis. A Figura 3-10, anteriormente neste capítulo, mostra como a função `pairs()` do R básico renderiza esse tipo de matriz.

Primeiro, crio um subconjunto de `aq.no.NA` (o quadro de dados `airquality`, depois de omitir todas as entradas `NA`):

```
aq.subset <- subset(aq.no.NA,select = c(Ozone,Wind,Temp,Solar.R))
```

O pacote `ggplot2` não tem uma função para uma matriz do gráfico de dispersão. `GGally`, um pacote criado em `ggplot2`, fornece `ggpairs()` para fazer o trabalho. Para obter `GGally`, primeiro verifique se `ggplot2` está instalado. Em seguida, na aba Packages, selecione Install, digite **GGally** na caixa de diálogo Install Packages e clique em Install. Quando aparecer na aba Packages, clique na caixa de seleção.

Então uso `ggpairs()`

```
> library(ggplot2)
> library(GGally)
> ggpairs(aq.subset)
```

para produzir a matriz do gráfico de dispersão na Figura 3-19.

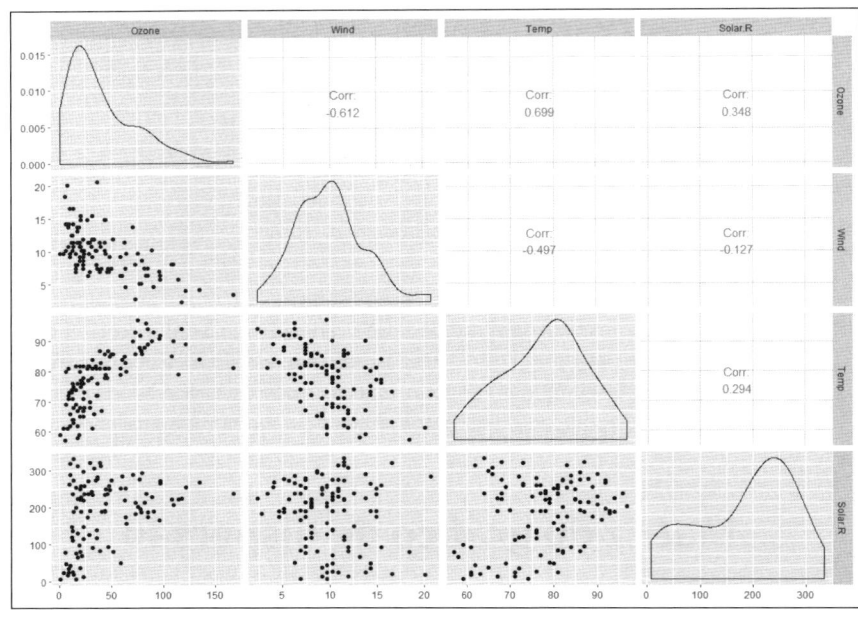

FIGURA 3-19: Matriz do gráfico de dispersão renderizada em `GGally`, que é construída em `ggplot2`.

A diagonal principal apresenta gráficos de densidade das variáveis. (Veja a seção "Gráficos de densidade", anteriormente neste capítulo.) Abaixo da diagonal principal, cada item é um gráfico de dispersão que representa a relação entre a variável em sua linha e a variável em sua coluna.

Acima da diagonal principal, cada entrada é um *coeficiente de correlação*, ou seja, uma estatística que resume a relação entre a variável em sua linha e a variável em sua coluna. Um coeficiente de correlação pode variar entre −1,00 e 1,00. Um coeficiente positivo (como 0,699 entre Temp e Ozone) indica uma relação *direta*: à medida que uma variável aumenta, a outra aumenta. Um coeficiente negativo (como −0,612 entre Wind e Ozone) indica uma relação *inversa*: à medida que uma variável aumenta, a outra diminui.

Diagramas de caixas

Os estatísticos usam os diagramas de caixas para mostrar rapidamente como os grupos diferem entre si. Explico por completo esse tipo de gráfico na seção anterior "Diagramas de caixas" neste capítulo. Como naquela seção, crio um gráfico de Temp em relação a Month no quadro de dados airquality.

A função ggplot() é

```
ggplot(airquality, aes(x=as.factor(Month),y=Temp))
```

Uau! O que é as.factor() no primeiro mapeamento estético? Na variável Month no quadro de dados, os números 5–9 representam maio–setembro. Assim, ggplot() interpreta Month como uma variável numérica. Para o diagrama de caixas ggplot2, isso não pode acontecer: a variável x deve ser uma variável de categoria, também conhecida como *fator*. (Veja a seção sobre quadros de dados no Capítulo 1). Isso significa que os valores de Month devem ser categorias, e não números.

Para fazer ggplot() tratar Month como um fator (e cada mês como uma categoria), uso a função as.factor().

LEMBRE-SE

Os bambambãs de R diriam que usei as.factor() para "*forçar* Month a ser um fator".

Qual é a função geom? Você provavelmente pode descobrir que é

```
geom_boxplot()
```

Essas duas linhas de código

```
ggplot(airquality, aes(x=as.factor(Month),y=Temp)) +
   geom_boxplot()
```

produzem a Figura 3-20.

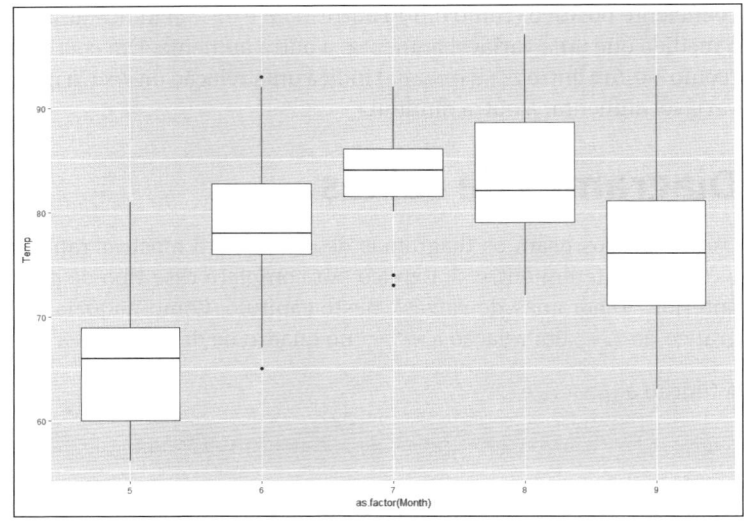

FIGURA 3-20: Diagrama de caixas para `Temp` versus `Month` em ggplot2.

Posso adicionar algumas funções para melhorar o gráfico e produzir a Figura 3-21.

Para visualizar todos os pontos de dados, adiciono

```
geom_point()
```

Para mudar os nomes dos eixos, é

```
labs(y="Temperature",x="Month")
```

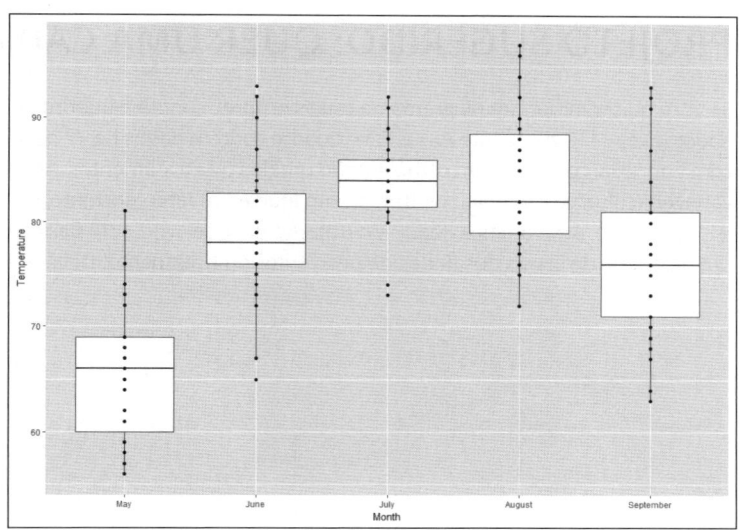

FIGURA 3-21:
Diagrama de caixas melhorado para `Temp` versus `Month`.

Para alterar os rótulos do eixo x de 5–9 para maio–setembro, uso uma função chamada `scale_x_discrete()`:

```
scale_x_discrete(labels=c("May","June","July","August", "September"))
```

O negócio é o seguinte

```
ggplot(airquality, aes(x=as.factor(Month),y=Temp)) +
  geom_boxplot()+
  geom_point()+
  labs(y="Temperature",x="Month")+
  scale_x_discrete(labels=c("May","June","July","August",
   "September"))
```

DICA

Em comparação com o diagrama de caixas básico de R, as linhas perpendiculares aos bigodes não existem na versão `ggplot`. Você pode adicioná-las, mas não vale a pena o trabalho que dá.

PROJETO SUGERIDO: QUER UMA CAIXA?

Se você quiser iniciar um diagrama de caixas próprio, confira o quadro de dados `anorexia` no pacote `Mass`. Esse quadro contém dados de 72 pacientes com anorexia, com cada um completando um dos três tratamentos. As variáveis (colunas) são o tipo de tratamento (que é um fator, portanto, não use `as.factor()`), peso antes e depois do tratamento. Use `ggplot()` para desenhar um diagrama de caixas dos dados de peso antes do tratamento. Deve ficar assim:

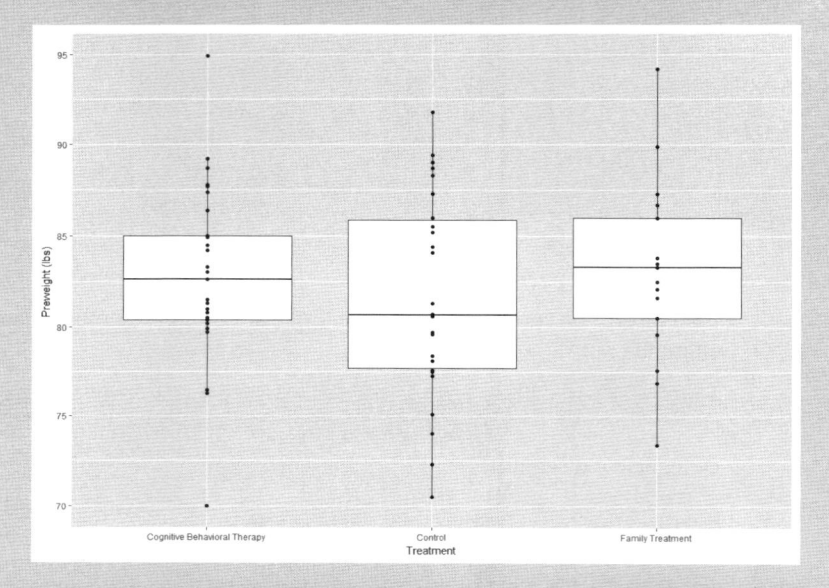

Então, se quiser muito, desenhe outro diagrama de caixas para os dados de peso depois do tratamento. Ainda querendo mais? Plote o peso depois do tratamento menos o peso antes do tratamento e rotule o eixo y como *Weight Change (lbs)*. Qual tratamento parece ser o mais eficaz? Com a quantidade limitada de análise que mostrei (as funções `lm()` e `summary()`), as diferenças entre os três tratamentos são "estatisticamente" significativas?

2 Interagindo com um Usuário

NESTA PARTE...

Crie aplicativos para navegador.

Use o pacote `shiny`.

Entenda a anatomia de um projeto `shiny`.

Visualize dados em um aplicativo interativo.

Use o pacote `shinydashboard`.

Crie um painel.

> **NESTE CAPÍTULO**
> » Apresentando o shiny
> » Analisando um projeto shiny simples
> » Desenvolvendo seu projeto
> » Propondo um projeto mais complexo

Capítulo **4**

Trabalhando com um Navegador

Como enfatizo no Capítulo 3, R está repleto de oportunidades para visualizar dados. Neste capítulo, mostro como criar aplicativos R cujas visualizações dependem da entrada do usuário. Também mostro como apresentar esses aplicativos em um navegador para que os usuários da web possam interagir com eles. Colocar um aplicativo R em um navegador é uma ótima maneira de compartilhar dados e análises. E você não precisa conhecer HTML ou JavaScript para fazer o trabalho!

Trabalhando com o Shiny

Uma criação dos bambambãs do RStudio, o `shiny` é o pacote que permite aplicativos interativos de R em navegadores. Use o RStudio para instalá-lo da maneira usual. Na aba Packages, clique em Install e digite **shiny** na caixa de diálogo Install Packages. Após o download do pacote, clique na caixa de seleção ao lado de `shiny` na aba Packages ou digite

```
> library(shiny)
```

Vou falar um pouco sobre arquitetura antes de seguir em frente e mostrar como criar seu primeiro projeto `shiny`. Por trás de qualquer página da web com um aplicativo `shiny`, há um computador que atende a essa página. O computador executa o código R (também conhecido como *script*) que cria a página. Embora o computador possa ser um servidor que opera via nuvem, para os aplicativos que mostro neste capítulo, o servidor é seu notebook.

Criando Seu Primeiro Projeto shiny

Um aplicativo `shiny` é um diretório que contém um arquivo com código do R. Portanto, em seu diretório de trabalho (veja o Capítulo 1), crie um novo diretório chamado `shinydir1`.

O RStudio oferece uma maneira fácil de fazer isso: com o pacote `shiny` instalado, selecione File ⇨ New File ⇨ Shiny Web App.

Esse comando de menu abre a caixa de diálogo New Shiny Web Application, mostrada na Figura 4-1.

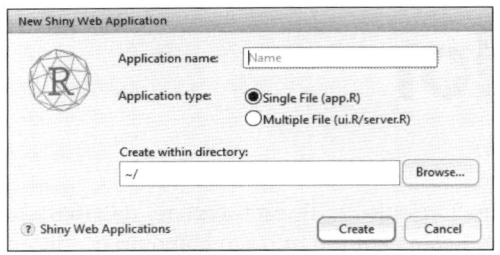

FIGURA 4-1: Caixa de diálogo New Shiny Web Application.

Na caixa Application Name, insiro um nome descritivo para o aplicativo que vou criar. Estou criando um histograma interativo que exibe uma amostragem aleatória de uma distribuição uniforme, portanto digito **UniformRandom** (sem espaços!). Para a opção Application Type, deixo o botão de seleção Single File (app.R) selecionado.

Finalmente, crio o diretório. Clico no botão Browse para abrir a caixa de diálogo Choose Directory, que você vê na Figura 4-2.

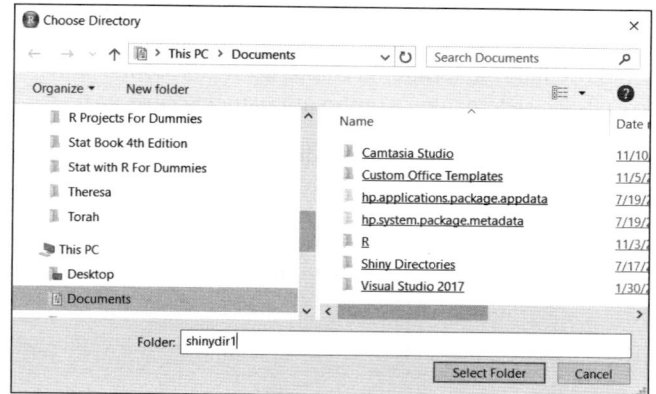

FIGURA 4-2:
Caixa de diálogo Choose Directory.

Nessa caixa de diálogo, crio uma nova pasta chamada `shinydir1` e clico em Select Folder. Isso fecha a caixa de diálogo Choose Directory. De volta à caixa de diálogo New Shiny Web Application, clico em Create.

Depois de concluir essas etapas, você perceberá que a aba no painel Scripts agora tem o rótulo `app.R`. Cada aba do aplicativo `shiny` é rotulada como `app.R`. (Os aplicativos `app.R` diferentes residem em diretórios diferentes.) Você também notará que um script de R para um aplicativo `shiny` de amostra é exibido no painel. A Figura 4-3 mostra o que quero dizer.

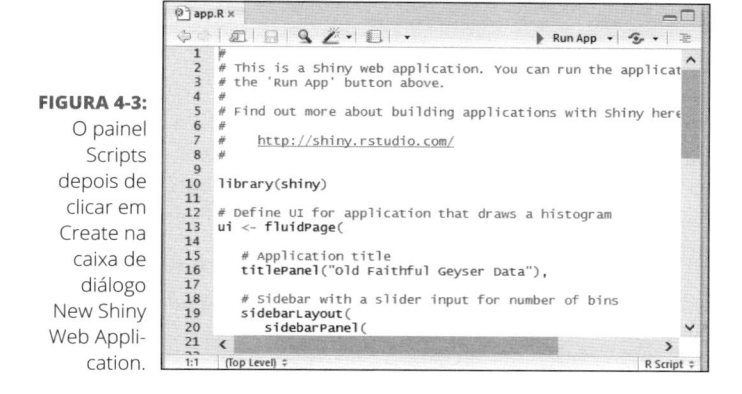

FIGURA 4-3:
O painel Scripts depois de clicar em Create na caixa de diálogo New Shiny Web Application.

Como as linhas de comentário no painel Scripts informam, você pode executar esse aplicativo de amostra clicando no botão Run App na parte superior do painel. Deixarei que você execute esse aplicativo e veja como ele reflete o código.

Nesta seção, no entanto, excluo o código de amostra e desenvolvo um aplicativo semelhante (mas um pouco mais elaborado), que lhe ensina algumas habilidades adicionais do R ao explorar os recursos do `shiny`. Com o painel Scripts ativo, pressiono Ctrl+A e Delete. Agora tenho um painel Scripts vazio.

O código para um aplicativo `shiny` tem dois componentes principais: uma *interface de usuário* e um *servidor*.

A primeira coisa a fazer é criar uma função que defina a *interface de usuário*, ou seja, a página que o usuário vê e com a qual interage. A estrutura fundamental do script é

```
ui <- type_of_page()
```

Vários tipos de páginas são possíveis. Os argumentos entre parênteses determinam a aparência e a funcionalidade da página.

Em seguida, você cria um conjunto de instruções para o servidor executar quando o usuário interagir com a interface do usuário. Uma maneira de começar é

```
server <- function(input,output){}
```

Dentro das chaves, coloque as instruções criadas.

Finalmente, a função

```
shinyApp(ui=ui, server=server)
```

une `iu` e `server` em um aplicativo `shiny`.

PAPO DE ESPECIALISTA

Nos primórdios do `shiny`, era necessário criar um arquivo para a interface do usuário e outro para o servidor (incluindo a função `shinyApp()`) e armazenar ambos no diretório. Você ainda pode fazer isso (escolhendo o botão de seleção Multiple File na caixa de diálogo New Shiny Web Application). Hoje, apenas um arquivo é necessário, e é assim que faço neste capítulo.

A Figura 4-4 mostra como será seu primeiro projeto `shiny` quando todas as peças estiverem no lugar.

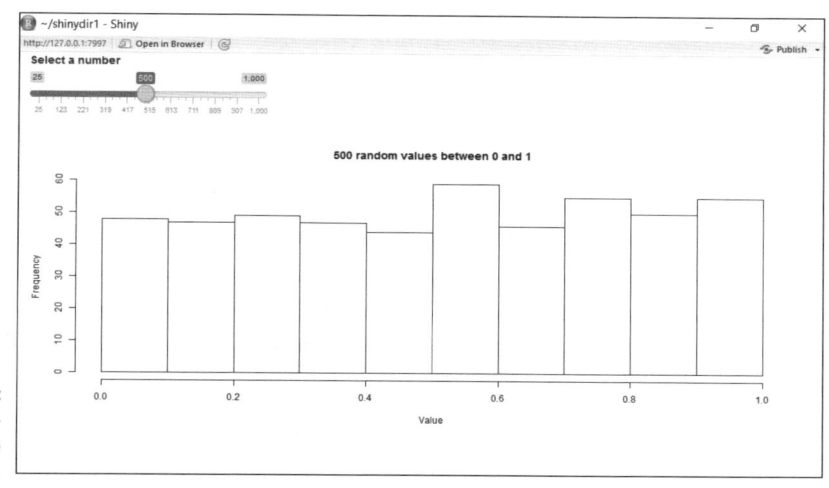

FIGURA 4-4:
Seu primeiro projeto
`shiny`.

É um aplicativo simples, e é típico dos primeiros projetos com esse pacote. O usuário manipula uma barra deslizante para determinar o número de valores a serem amostrados em uma distribuição uniforme. O valor mínimo da distribuição é 0 e o valor máximo é 1.

O histograma exibe os resultados da amostragem. O número mínimo de valores é 25, o número máximo é 1.000 e o padrão é 500. A Figura 4-4 mostra o aplicativo em uma janela que o RStudio abre.

Para ver o aplicativo em um navegador, clique em Open in Browser no canto superior esquerdo. (Alerta de spoiler: é praticamente a mesma coisa.) À medida que avançamos, mostro os aplicativos `shiny` nas janelas do RStudio porque ficam melhores nos limites das páginas que você está lendo. Apenas lembre-se de que é fácil ver a versão do navegador clicando em Open in Browser.

Interface do usuário

Mas vamos por partes. Para definir a interface do usuário, especifico o tipo de página. Para esse aplicativo, quero uma página que mude com a largura do navegador: se eu deixar o navegador mais estreito, por exemplo, quero que a aparência da página seja alterada de acordo. Esse tipo de página é *fluido*, portanto, a função que o cria é chamada de `fluidPage()`:

```
ui <- fluidPage()
```

E é o começo da interface do usuário.

Em seguida, preciso de uma função que defina a barra deslizante e a entrada (o resultado de mover a barra deslizante), e outra função que configure a saída. Coloquei essas duas funções entre parênteses.

Para a barra deslizante, é

```
sliderInput(inputId = "number",
            label = "Select a number",
            value = 500, min = 25, max = 1000)
```

O primeiro argumento estabelece um identificador para o número que o usuário seleciona movendo a barra deslizante. Na próxima função, `server()`, refiro-me a isso como `input$number`.

O segundo argumento adiciona a instrução acima da barra deslizante. Os argumentos restantes definem os números padrão, mínimo e máximo, de valores a serem amostrados a partir da distribuição uniforme.

Finalmente, reservo uma área para a saída:

```
plotOutput("hist")
```

Neste ponto, o aplicativo não sabe que tipo de saída será plotada. Tudo o que se sabe é que `"hist"` é o nome da saída.

O código da interface do usuário é

```
ui <- fluidPage(
   sliderInput(inputId = "number",
               label = "Select a number",
               value = 500, min = 25, max = 1000),
   plotOutput("hist")
)
```

Pense em `sliderInput()` como uma função de entrada e `plotOutput()` como uma função de saída.

> **PAPO DE ESPECIALISTA**
> O que esse código realmente faz? No painel Scripts, destaque `fluidPage()` e todos os argumentos (não inclua `ui <-` no destaque). Em seguida, pressione Ctrl+Enter para executar o código destacado. O resultado? Muito HTML no painel Console. Isso mostra que o código da interface do usuário gera uma página da web.

Servidor

Como indiquei anteriormente neste capítulo, o ponto de partida para `server` (servidor) é

```
server <- function(input, output){}
```

A primeira coisa a colocar entre chaves é uma expressão de R que representa a saída. Na interface do usuário, o nome da saída é `"hist"`. Aqui na saída, eu me refiro a ela como `output$hist`.

Essa expressão recebe o valor de uma função chamada `renderPlot()`, que, obviamente, renderiza o gráfico.

Uma palavra sobre `renderPlot()`. A sintaxe dessa função é

```
renderPlot({})
```

Entre as chaves de `renderPlot`, você pode adicionar quantas linhas de código forem necessárias para, bem, renderizar o gráfico. Nesse aplicativo, a função de gráficos do R básico `hist()` faz as honras, conforme mostrado no Capítulo 3:

```
server <- function(input, output) {
  output$hist <- renderPlot({
    hist(runif(input$number,min=0,max=1),xlab="Value",
main=paste(input$number,"random values between 0   and 1"))
  })
}
```

Esse primeiro argumento para `hist()` é `runif()`. *Não* pronuncie como "run if"! Não é uma instrução *run* combinada com uma instrução *if* ou algo parecido. Pelo contrário, pense em *r* como *random* (aleatório) e *unif* como *uniform* (uniforme). É como R diria: "Amostra aleatória de uma distribuição uniforme". (A pronúncia correta é "r unif".) Como R diria "Amostra aleatória de uma distribuição normal"? Se você pensou em `rnorm()`, está absolutamente certo.

O primeiro argumento para `hist()` indica que os dados para o histograma vêm de uma amostra aleatória de valores de uma distribuição uniforme. Quantos valores há na amostra? `input$number`, essa é a quantidade. Os próximos dois argumentos para `runif()` definem o valor mínimo da distribuição como 0 e seu valor máximo como 1.

Agora, os argumentos restantes para `hist()`. Se você concluiu os exemplos do Capítulo 3, lembrará que `xlab` rotula o eixo x e `main` fornece um título. Dentro de `main`, uso a função `paste()` para adicionar o valor de `input$number` no início do título. O resultado é que o título do histograma (assim como o histograma) muda sempre que o usuário move a barra deslizante para um novo número.

Etapas finais

Para ligar a interface do usuário ao servidor, adiciono

```
shinyApp(ui = ui, server = server)
```

O script inteiro (incluindo a função `library()` no início) é

```
library(shiny)
ui <- fluidPage(
  sliderInput(inputId = "number",
              label = "Select a number",
              value = 500, min = 25, max = 1000),
  plotOutput("hist")
)
server <- function(input, output) {
  output$hist <- renderPlot({
    hist(runif(input$number,min=0,max=1),
    xlab="Value",main=paste(input$number,"random values between 0 and
    1"))
    })
  }
shinyApp(ui = ui, server = server)
```

Salve o código (pressione Ctrl+S ou escolha File⇨Save) e clique no botão Run App. A tela mostrada anteriormente, na Figura 4-4, será aberta e colocará isto no painel Console:

```
> runApp('shinydir1/UniformRandom')

Listening on http://127.0.0.1:3328
```

A segunda linha significa que R está esperando o usuário fazer alguma coisa. (Mover a barra deslizante, em outras palavras.) A URL da sua máquina certamente será diferente da minha.

Para encerrar a sessão com o aplicativo, pressione Esc ou feche a janela do RStudio que mostra a página. Você também pode clicar no pequeno sinal vermelho de pare no canto superior direito do painel Console.

Reagindo

Posso escrever o servidor de uma maneira diferente. Em vez disto:

```
server <- function(input, output) {
  output$hist <- renderPlot({
    hist(runif(input$number,min=0,max=1),xlab="Value",
```

```
    main=paste(input$number,"random values between 0   and 1"))
  })
}
```

Posso escrever assim:

```
server <- function(input, output) {
  histdata <- reactive({
    runif(input$number,min=0,max=1)
  })

  output$hist <- renderPlot({
    hist(histdata(),xlab="Value",
    main=paste(input$number,"random values between 0 and 1")
  )
  })
}
```

E a função é a mesma. Por que se preocupar em configurar uma variável chamada `histdata` para a função `runif()`? E o que acontece com `reactive({})`? E, finalmente, por que há parênteses após `histdata` no primeiro argumento da função `hist()`?

Criar a variável `histdata` me permite usar os resultados da amostragem a partir da distribuição uniforme para saídas adicionais, não apenas para o histograma. Por exemplo, talvez eu queira adicionar a média, a mediana e o desvio padrão dos dados ao aplicativo `shiny`. Mostro como fazer isso logo mais.

E quanto a `reactive({})`? Para tornar o aplicativo `shiny` sensível à entrada do usuário, preciso criar `histdata` em um *contexto reativo* para que a variável possa *reagir* à entrada (em outras palavras, quando o usuário mover a barra deslizante para alterar o valor de `input$number`). Assim sendo, `reactive({})` fornece esse contexto.

"Mas espere um segundo", você pode dizer. "Na versão original, consegui usar explicitamente `runif()` em `renderPlot({})`. Mas por quê?" Porque `renderPlot({})` é um contexto reativo. (As chaves são uma pista.) Por esse motivo, as alterações em `input$number` aparecem como alterações no gráfico do histograma. Se `renderPlot({})` for o único contexto reativo usado, não será necessário ter outro contexto reativo e criar `histdata`.

DICA Em `shiny`, toda função `render` é um contexto reativo.

Agora, os parênteses ao lado de `histdata` em `hist()`. Quando crio uma variável reativa como `histdata`, crio um objeto que posso *chamar* para ver se ocorreram mudanças (neste caso, `input$number`) e ele retorna as alterações. Se pode ser chamado e retorna algo, é uma função e, para indicar isso, adiciono parênteses. Então `histdata` é a variável reativa que defino aqui, e quando a uso novamente, é `histdata()`. Entendeu?

> **DICA**: Isso é de suma importância: quando cria uma variável em um contexto reativo, *deve adicionar parênteses sempre que usá-la*. Esquecer de fazer isso é o maior obstáculo quando você está começando a trabalhar com o `shiny`.

Agora, meu objetivo é criar um aplicativo `shiny` que exiba não apenas o histograma da amostra a partir da distribuição uniforme, mas também a média, a mediana e o desvio padrão. O aplicativo será semelhante à Figura 4-5. A média, a mediana e o desvio padrão estão abaixo do histograma, à esquerda.

Na interface do usuário, preciso criar espaço para esses três itens. Cada um é um `textOutput`, então adiciono essas três linhas à interface do usuário:

```
textOutput("mean"),
textOutput("median"),
textOutput("sd")
```

Claro, também preciso fazer alterações no servidor. Lembre-se, adiciono

```
histdata <- reactive({
    runif(input$number,min=0,max=1)
})
```

no início do código do servidor.

Para `textOutput`s, adiciono

```
output$mean <- renderText({paste("Mean =",round(mean(histdata()),3)
)
})
```

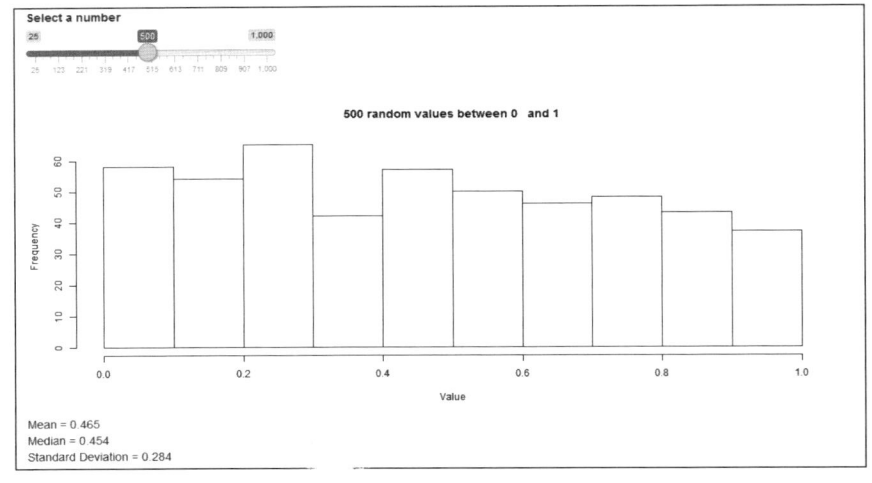

FIGURA 4-5: O aplicativo `shiny` com a média, a mediana e o desvio padrão.

```r
  output$median <- renderText({paste("Median
    =",round(median(histdata()),3)
  )
  })

  output$sd <- renderText({paste("Standard Deviation
    =",round(sd(histdata()),3)
  )
  })
```

E tudo fica assim

```r
library(shiny)
ui <- fluidPage(
  sliderInput(inputId = "number",
              label = "Select a number",
              value = 500, min = 25, max = 1000),
  plotOutput("hist"),
  textOutput("mean"),
  textOutput("sd")
)
server <- function(input, output) {

  histdata <- reactive({
    runif(input$number,min=0,max=1)
    })

  output$hist <- renderPlot({
    hist(histdata(),xlab="Value",
    main=paste(input$number,"random values between 0   and 1")
  )
  })

  output$mean <- renderText({paste("Mean =",round(mean(histdata()),3)
  )
  })

  output$median <- renderText({paste("Median
    =",round(median(histdata()),3)
  )
  })

  output$sd <- renderText({paste("Standard Deviation
    =",round(sd(histdata()),3)
  )
  })
}
shinyApp(ui = ui, server = server)
```

Trabalhando com ggplot

Se você leu o Capítulo 3, sabe que sou um grande fã do pacote `ggplot2`. Espero que você se torne um também. Nesta seção, mostro como usar as funções de `ggplot` para criar a primeira versão do aplicativo a partir da seção anterior. Quando terminar, se parecerá com a Figura 4-6. (Como na seção anterior, mostro o aplicativo em uma janela do RStudio. Clique em Open in Browser para vê-lo no navegador.)

Para começar, sigo as etapas na seção anterior para criar um novo aplicativo chamado `UniformRandomggplot` em um novo diretório chamado `shinydir2`. Novamente, excluo o código de amostra e inicio a codificação com estas duas linhas:

```
library(ggplot2)
library(shiny)
```

O código da interface do usuário permanece o mesmo da primeira versão da seção anterior:

```
ui <- fluidPage(
  sliderInput(inputId = "number",
              label = "Select a number",
              value = 500, min = 1, max = 1000),
  plotOutput("hist")
)
```

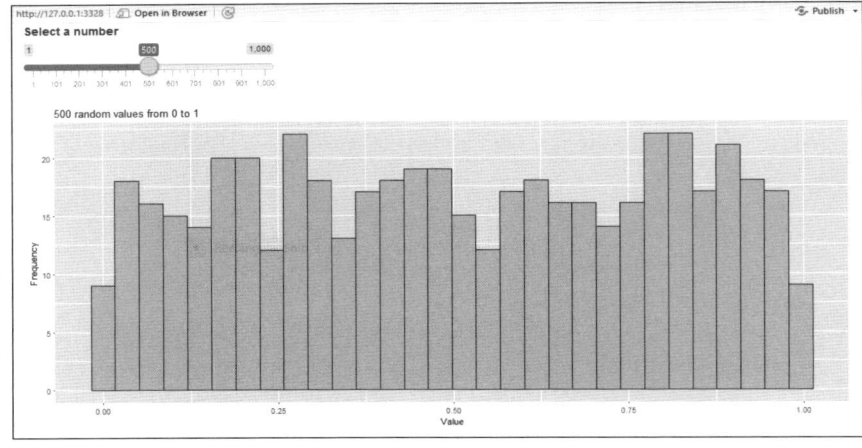

FIGURA 4-6: A primeira versão do aplicativo `shiny` da seção anterior, renderizado em `ggplot2`.

Mudando de servidor

A função que faz a plotagem precisa mudar. Em vez de uma função básica do R, colocarei `ggplot()` entre as chaves de `renderPlot()`. Lembre-se do Capítulo 3, no qual `ggplot()` precisa de um quadro de dados como seu primeiro argumento. Então não posso simplesmente passar `runif(input$number, min = 0, max=1)` como um argumento para `ggplot()`.

Em vez disso, preciso transformar a amostra dos valores `input$number` em um quadro de dados, e faço isso assim:

```
df <- data.frame(runif(input$number, min=0,max=1))
```

Seria a primeira linha de código que coloco entre as chaves de `renderPlot()`.

O segundo argumento de `ggplot()` é `aes()`, que mapeia os valores no quadro de dados para o eixo x do histograma. Isso significa que preciso de um nome para a coluna de valores no quadro de dados `df`:

```
colnames(df)<-c("Value")
```

Dê outra olhada no Capítulo 1 se achar isso estranho. É a segunda linha de código entre chaves.

Agora posso começar com o gráfico:

```
ggplot(df,aes(x=Value))+
```

Posso adicionar o histograma

```
geom_histogram(color = "black", fill = "grey80")+
```

e dar uma melhoradinha:

```
labs(y="Frequency",title = paste(input$number,"random values from 0
    to 1"))
```

No geral, o código do servidor fica assim:

```
server <- function(input, output) {
output$hist <- renderPlot({
    df <- data.frame(runif(input$number, min=0,max=1))
    colnames(df)<-c("Value")
    ggplot(df,aes(x=Value))+
            geom_histogram(color = "black",fill="grey80")+
            labs(y="Frequency",
title = paste(input$number,"random values from 0 to 1"))

    })
}
```

Lembre-se de adicionar

```
shinyApp(ui = ui, server = server)
```

Com o código para a interface do usuário (incluindo as duas funções `library()` e o servidor (e `shinyApp()`) salvos em `shinydir2`, clique no botão Run App para produzir o que você vê na Figura 4-5.

Mais algumas mudanças

No painel Console, esta linha aparece sempre que você move a barra deslizante:

```
`stat_bin()` using `bins = 30`. Pick better value with `binwidth`.
```

Ela indica que R está tentando adivinhar a renderização da aparência do histograma. Especificamente, R tenta a sorte com a largura do bloco, ou seja, a largura de cada barra (veja o Capítulo 3). Algumas modificações eliminam as suposições.

Adiciono uma barra deslizante que permite ao observador definir a largura do bloco. Para a interface do usuário, insiro este código entre o primeiro `sliderInput()` e `plotOutput()`:

```
sliderInput(inputId = "binwidth",
            label = "Select a binwidth",
            value = .05, min = .01, max = .10),
```

O primeiro argumento define o identificador para essa entrada específica, o segundo coloca um rótulo acima da barra deslizante. O terceiro fornece a largura inicial do bloco, o quarto, a largura mínima do bloco e o quinto fornece a largura máxima.

DICA
O número (aproximado) de barras renderizadas é o intervalo de valores (1,00) dividido pela largura do bloco selecionada. Então, o valor inicial (.05) produz (mais ou menos) 20 barras.

Alterações no argumento `title` na função `labs()` no servidor adicionam as informações de largura do bloco ao título do histograma:

```
labs(y="Frequency",
title = paste(input$number,"random values from 0 to 1 with binwidth
  =",input$binwidth))
```

A história toda é mostrada aqui:

```
library(ggplot2)
library(shiny)
ui <- fluidPage(
```

```
        sliderInput(inputId = "number",
                label = "Select a number",
                value = 500, min = 1, max = 1000),
    sliderInput(inputId = "binwidth",
                label = "Select a binwidth",
                value = .05, min = .01, max = .10),
    plotOutput("hist")
)
server <- function(input, output) {

    output$hist <- renderPlot({
        df <- data.frame(runif(input$number, min=0,max=1))
        colnames(df)<-c("Value")
        ggplot(df,aes(x=Value))+
                geom_histogram(binwidth=input$binwidth,
                            color = "black",fill="grey80")+
                labs(y="Frequency",
title = paste(input$number,"random values from 0 to 1 with
    binwidth =",input$binwidth))

    })
}
shinyApp(ui = ui, server = server)
```

Pressione Ctrl+S para salvar tudo no diretório `shinydir2` e execute o aplicativo para produzir a imagem na Figura 4-7.

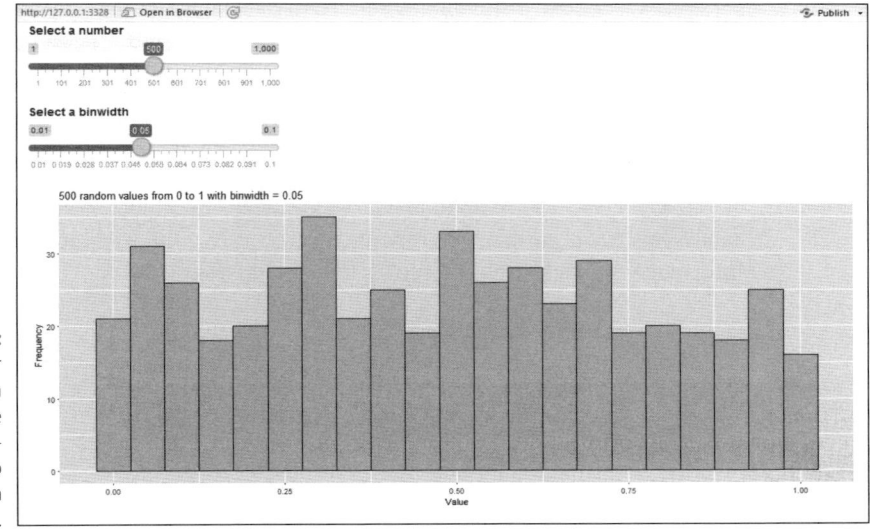

FIGURA 4-7: Adicionar uma barra deslizante para permitir a seleção da largura do bloco.

Reagindo com ggplot

Para adicionar a média, a mediana e o modo à tela vista na Figura 4-7 — a ideia aqui é que deve corresponder ao que você vê na Figura 4-5 — adiciono primeiro os `textOutput` à interface do usuário, como antes:

```
textOutput("mean"),
textOutput("median"),
textOutput("sd")
```

As coisas começam a ficar um pouco complicadas no servidor porque preciso fazer duas coisas: usar `reactive({})` para criar uma variável para `runif()` e criar um quadro de dados para `ggplot()`. Por que é complicado? Porque na versão mais simples, apenas com o gráfico e sem as estatísticas, consegui realizar as duas coisas de uma vez dentro do contexto reativo de `renderPlot()`:

```
df <- data.frame(runif(input$number, min=0,max=1))
```

Nesta versão, no entanto, preciso criar a variável em um contexto reativo fora de `renderPlot({})` (para poder usar essa variável para calcular a média, a mediana e o desvio padrão) e o quadro de dados dentro de `renderPlot({})` para que `ggplot()` possa usá-lo.

Aqui está a variável (`histdata`) em `reactive({})`:

```
server <- function(input, output) {
  histdata <- reactive({(runif(input$number, min=0,max=1))

  })
```

E este é o quadro de dados (`df`) dentro de `renderPlot({})`:

```
output$hist <- renderPlot({
  df <-data.frame(histdata())
  colnames(df)<-c("Value")
  ggplot(df,aes(x=Value))+
    geom_histogram(binwidth=input$binwidth,
                   color = "black",fill="grey80")+
    labs(y="Frequency",
         title = paste(input$number,"random values from 0 to 1 with binwidth =",
  input$binwidth))
```

E, finalmente, aqui temos os `output$`:

```
output$mean <- renderText({paste("Mean =",round(mean(histdata()),3)
 )
 })

 output$median <- renderText({paste("Median
 =",round(median(histdata()),3)
 )
 })

 output$sd <- renderText({paste("Standard Deviation
 =",round(sd(histdata()),3)
 )
 })
```

DICA

Sim, vou insistir nisso: observe que, depois de definir `histdata` em `reactive({})`, fica como `histdata()` sempre que usada novamente.

Faça as alterações e execute o aplicativo. Deve se parecer com a Figura 4-8:

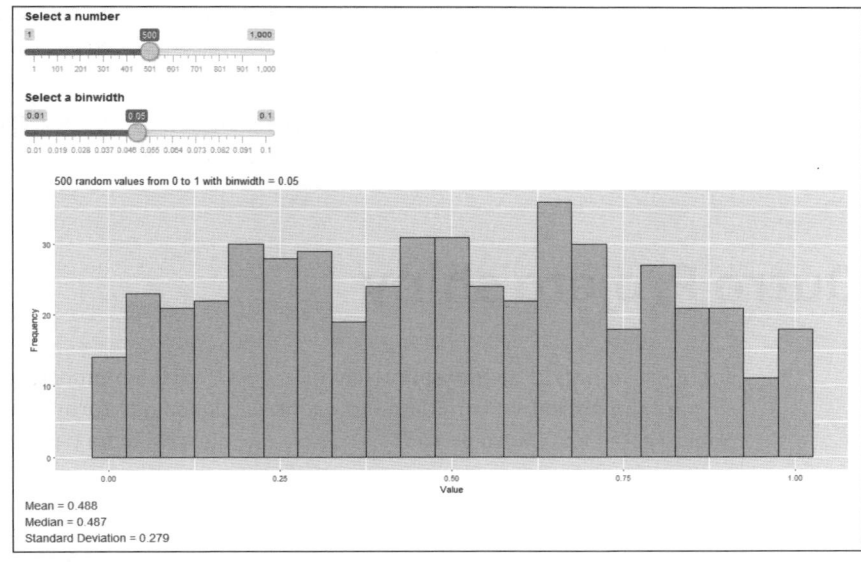

FIGURA 4-8: A versão `ggplot2` do primeiro aplicativo `shiny`, com estatísticas adicionadas.

COMO TUDO ISSO REALMENTE FUNCIONA?

Ao dirigir, você precisa saber o funcionamento interno do motor do seu carro? Precisa saber exatamente como sua geladeira mantém a comida fria? Se respondeu sim a pelo menos uma dessas perguntas, este box é para você. Mesmo que não tenha respondido, talvez ainda queira ler.

Odeio dizer isso, meninos e meninas, mas, assim como a animação por computador, a reatividade é uma ilusão. Na animação por computador, nada se move na tela: pelo contrário, um pixel é desativado, outro é ativado e a ilusão é de que o pixel passou da localização do primeiro pixel para a do segundo.

Da mesma forma, em reatividade, *não* é verdade que o aplicativo monitora o usuário e quando ele faz uma alteração na entrada (como mover a barra deslizante para alterar `input$number`), a saída (como o gráfico em `output$hist`) muda de acordo. Em vez disso, o servidor recalcula constantemente tudo no aplicativo a cada microssegundo. Então, se o usuário mover a barra deslizante, por exemplo (ou alterar a entrada de alguma outra forma), a saída será atualizada em microssegundos.

Espere um (micro) segundo. Suponhamos que o usuário não faça uma alteração. E aí? O novo cálculo ocorre de qualquer maneira. Só porque os resultados anteriores são recalculados, parece que o aplicativo não mudou nada. Lembre-se de que, quer o usuário faça alguma coisa, quer não, o novo cálculo sempre acontece em segundo plano.

A ilusão é que a ação do usuário causa imediatamente a reação do aplicativo. E, como a animação por computador, é uma ilusão bastante útil!

Outro Projeto shiny

Nesta seção, mudo de um aplicativo `shiny` com base em amostragem aleatória para um aplicativo com base em dados. Os dados que formam a base deste projeto estão no quadro de dados `airquality`, que reside no pacote `datasets`.

Como mencionei no Capítulo 2, esse quadro de dados contém dados de temperatura, velocidade do vento, radiação solar e ozônio para a cidade de Nova York entre maio e setembro de 1973. Para refrescar sua memória, aqui estão as primeiras seis linhas dos dados:

```
> head(airquality)
  Ozone Solar.R Wind Temp Month Day
1    41     190  7.4   67     5   1
2    36     118  8.0   72     5   2
3    12     149 12.6   74     5   3
```

```
4    18    313 11.5    62    5    4
5    NA    NA  14.3    56    5    5
6    28    NA  14.9    66    5    6
```

O objetivo é um aplicativo que mostre um gráfico de dispersão de duas variáveis selecionadas pelo usuário (exceto `Month` e `Day`), junto com resumos estatísticos (correlação e regressão) da relação entre elas. Mostro como criar duas versões: uma no gráfico básico de R e outra em `ggplot`.

Versão básica de R

A Figura 4-9 mostra o produto acabado. O usuário seleciona uma variável x em um menu suspenso e uma variável y em outro. O aplicativo, então, produz um gráfico de dispersão, que contém a linha de regressão que resume a relação entre as duas variáveis. A primeira linha do título do gráfico de dispersão inclui as variáveis selecionadas. A segunda linha mostra o coeficiente de correlação (r) entre elas, juntamente com a equação da linha de regressão no gráfico.

Começo usando File➪NewFile➪Shiny Web App para criar um novo aplicativo chamado `AirQuality` em um novo diretório chamado `shinydir3`. Excluo o código de amostra.

A primeira coisa a fazer é anexar a biblioteca que contém o quadro de dados:

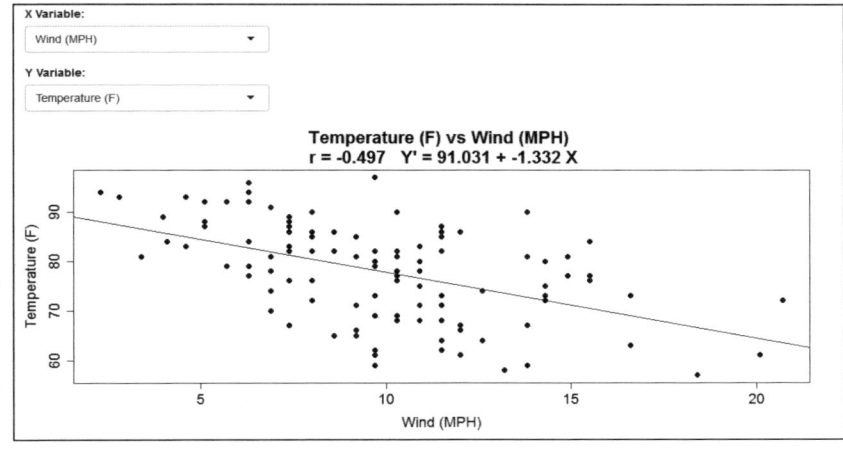

```
library(datasets)
```

FIGURA 4-9: Um aplicativo shiny para o quadro de dados airquality.

Precisarei limpar os dados eliminando os valores ausentes. A função que faz isso, `drop_na()`, fica no pacote `tidyr`, então adiciono

```
library(tidyr)
```

Descrevo `drop_na()` no Capítulo 2.

Mais um pacote, `tibble`, fornece uma função útil chamada `rownames_to_column()`, que também descrevo no Capítulo 2. Usarei isso daqui a pouco, então adiciono o pacote:

```
library(tibble)
```

Em seguida, excluo os valores ausentes de `airquality`:

```
aq.no.missing <-drop_na(airquality)
```

O recém-criado quadro de dados `aq.no.missing` é o que eu usarei daqui em diante.

A próxima tarefa é fornecer um conjunto de opções para o menu da variável x e para o menu da variável y. As opções, claro, são as mesmas para ambas. Crio o vetor:

```
options <- c("Ozone (parts per billion)" = "Ozone",
             "Solar (Langleys)" = "Solar.R",
             "Wind (MPH)" = "Wind",
             "Temperature (F)" = "Temp")
```

Cada termo do vetor é um par. O primeiro elemento de cada par é o rótulo que aparece no menu suspenso. O segundo elemento é o nome da variável em `aq.no.miss`, que o primeiro elemento conecta.

PAPO DE ESPECIALISTA

O que é langley? Usado como uma medida da radiação solar, langley é uma pequena caloria por centímetro quadrado de área irradiada. O que é uma pequena caloria? A quantidade de energia necessária para elevar 1 grama de água em 1 grau Celsius. (Mil deles compõem cada caloria que você conta na comida.) Não foi bom ter perguntado?

Dê uma olhada na Figura 4-7. Observe que os nomes no título do gráfico e nos eixos são os rótulos dos menus suspensos, não os nomes das variáveis do quadro de dados. Acho que isso torna tudo mais informativo. Como fiz?

Primeiro, transformo o vetor `options` em um quadro de dados:

```
df.options <-data.frame(options)
```

Veja como fica o quadro de dados:

```
> df.options
                            options
Ozone (parts per billion)   Ozone
Solar (Langleys)            Solar.R
```

```
Wind (MPH)              Wind
Temperature (F)         Temp
```

Para que esse quadro de dados seja útil, os nomes das linhas à esquerda devem constituir uma coluna de dados, então

```
df.lv <-rownames_to_column(df.options)
```

faz isso acontecer. Uso `lv` no novo nome do quadro de dados para indicar `label` (o nome que aparece no menu) e `value` (o nome da variável correspondente no quadro de dados). Para completar o quadro de dados, nomeio suas colunas:

```
colnames(df.lv) <- c("label","value")
```

O quadro de dados agora fica assim:

```
> df.lv
                    label    value
1 Ozone (parts per billion)  Ozone
2         Solar (Langleys)   Solar.R
3               Wind (MPH)   Wind
4          Temperature (F)   Temp
```

Para a interface do usuário:

```
ui <- fluidPage(
  selectInput("X", "X Variable:",
              options),

  selectInput("Y", "Y Variable:",
              options),

  plotOutput("scatter")

)
```

Mais uma vez, é uma página fluida. Cada `selectInput()` é um menu suspenso. O primeiro argumento é seu nome, o segundo é seu rótulo na tela e o terceiro, o vetor `options` que apresenta as opções. E `plotOutput()` separa o espaço do gráfico.

Agora vamos ao servidor. A estrutura geral do servidor, lembre-se, é

```
server <- function(input,output) { }
```

O primeiro item entre parênteses atribui as seleções do usuário `input$X` e `input$Y` a um quadro de dados que eu chamo de `selections`. Faço isso em um contexto reativo (veja a seção anterior "Reagindo"):

```
selections <- reactive({
    aq.no.missing[, c(input$X, input$Y)]

})
```

LEMBRE-SE

E lá vou eu novamente: criei `selections` em um contexto reativo (dentro de `reactive({})`) e, na próxima vez que usá-lo, preciso referi-lo como `selections()`.

A vírgula entre colchetes significa "todas as linhas no quadro de dados `aq.no.miss`". A segunda expressão `c(input$X, input$Y)` limita essas linhas apenas às variáveis que o usuário selecionou. O resultado é que agora posso me referir a todas as linhas na primeira variável selecionada como

```
selections()[,1]
```

e a todas as linhas na segunda como

```
selections()[,2]
```

o que farei quase imediatamente. Fique ligado.

O próximo item no servidor é a função `output`, cuja estrutura geral é

```
output$scatter <- renderPlot({})
```

O código para renderizar a saída fica entre chaves.

E agora, como prometido, uso essas referências para as duas variáveis selecionadas. Atribuo a primeira seleção do usuário a uma variável chamada `x_column`:

```
x_column <- selections()[,1]
```

e a segunda a `y_column`:

```
y_column <- selections()[,2]
```

O coeficiente de correlação é

```
correlation <-cor(x_column,y_column)
```

e a regressão é

```
regression <- lm(y_column ~ x_column)
```

Para colocar a equação da linha de regressão no título, preciso conhecer sua interceptação (onde a linha encontra o eixo y) e sua inclinação (o quanto é oblíqua). Nos gráficos básicos de R, também preciso ter essas informações para traçar a linha de regressão.

O resultado de uma análise de regressão é uma lista. Para uma análise de regressão de Temp dependente de Wind, por exemplo, parte dessa lista fica assim:

```
Coefficients:
            Estimate Std. Error t value Pr(>|t|)
(Intercept) 91.0305     2.3489   38.754  < 2e-16 ***
Wind        -1.3318     0.2226   -5.983 2.84e-08 ***
---
```

Para recuperar a interceptação da lista, a expressão é

```
intercept <- regression$coefficients[1]
```

E para recuperar a inclinação, é

```
slope <- regression$coefficients[2]
```

(Para obter informações completas sobre correlação e regressão, consulte o livro que eu descaradamente promovi antes).

Mais duas informações e já poderei plotar. Até agora, o código R trabalhou com nomes de variáveis que correspondem às seleções do usuário, como Wind e Temp. No gráfico, lembre-se de usar os nomes dos menus (Wind (MPH) e Temperature (F)) para o título e os rótulos dos eixos.

Então, procuro os nomes dos rótulos que correspondem aos nomes das variáveis selecionadas. Aqui é onde o quadro de dados df.lv entra em cena. Para o rótulo da variável x, procuro

```
X_Label <- df.lv$label[whose corresponding df.lv$value     matches
   input$X]
```

Felizmente, o R fornece um pequeno truque que preenche o requisito. É uma função chamada which(). Veja como usá-la:

```
X_Label <- df.lv$label[which(df.lv$value == input$X)]
```

E para o rótulo da variável y, é

```
Y_Label <- df.lv$label[which(df.lv$value == input$Y)]
```

Agora, veja a função `plot()`:

```
plot(x=x_column,y=y_column,xlab = X_Label,ylab = Y_Label,
     cex.axis = 1.5,cex.lab = 1.5, pch = 20, cex = 2,
     main = paste(Y_Label,"vs",X_Label,
                 "\n r =",round(correlation,3),"
     Y' =",round(intercept,3),"+",round(slope,3),"X"),
     cex.main=1.8)
```

Os dois primeiros argumentos, `x` e `y`, são as variáveis a serem plotadas. Os dois seguintes, `xlab` e `ylab`, são os títulos dos eixos. O argumento `cex.axis` especifica o tamanho dos números nos eixos e `cex.lab` é o tamanho dos rótulos dos eixos. O valor `1.5` significa "1,5 vezes o tamanho normal de um caractere". O próximo argumento, `pch`, significa que o caractere do gráfico é um círculo preenchido e seu tamanho, `cex`, é 2.

O argumento `main` é o título. Uso `paste()` para colocar Y_Label e X_Label no título. `\n` significa continuar na próxima linha, onde colo a correlação, `correlation`, arredondada (em três casas), bem como a interceptação, `intercept`, e a inclinação, `slope`, arredondadas na equação de regressão. O tamanho do título, `cex.main`, é 1.8.

Mais uma função desenha a linha de regressão:

```
abline(intercept,slope)
```

Aqui temos tudo, incluindo a função `shinyApp()` no final:

```
library(datasets)
library(tidyr)
library(tibble)
aq.no.missing <-drop_na(airquality)

options <- c("Ozone (parts per billion)" = "Ozone",
             "Solar (Langleys)" = "Solar.R",
             "Wind (MPH)" = "Wind",
             "Temperature (F)" = "Temp")
df.options <-data.frame(options)
df.lv <-rownames_to_column(df.options)
colnames(df.lv) <- c("label","value")

ui <- fluidPage(
  selectInput("X", "X Variable:",
              options),

  selectInput("Y", "Y Variable:",
              options),
```

```r
  plotOutput("scatter")


)
server <- function(input, output) {
  selections <- reactive({
    aq.no.missing[, c(input$X, input$Y)]

  })


  output$scatter <- renderPlot({

    x_column <- selections()[,1]
    y_column <- selections()[,2]

    correlation <-cor(x_column,y_column)
    regression <- lm(y_column ~ x_column)
    intercept <- regression$coefficients[1]
    slope <- regression$coefficients[2]

    X_Label <- df.lv$label[which(df.lv$value == input$X)]
    Y_Label <- df.lv$label[which(df.lv$value == input$Y)]

    plot(x=x_column,y=y_column,xlab = X_Label,ylab = Y_Label,
         cex.axis = 1.5,cex.lab = 1.5, pch = 20, cex = 2,
         main = paste(Y_Label,"vs",X_Label,
                      "\n r =",round(correlation,3),"
            Y' =",round(intercept,3),"+",round(slope,3),"X"),
         cex.main=1.8)
    abline(intercept,slope)
  })


}

shinyApp(ui = ui, server = server)
```

Salve o arquivo e execute o aplicativo!

Versão de ggplot

Renderizado em `ggplot()`, este aplicativo se parece com a Figura 4-10.

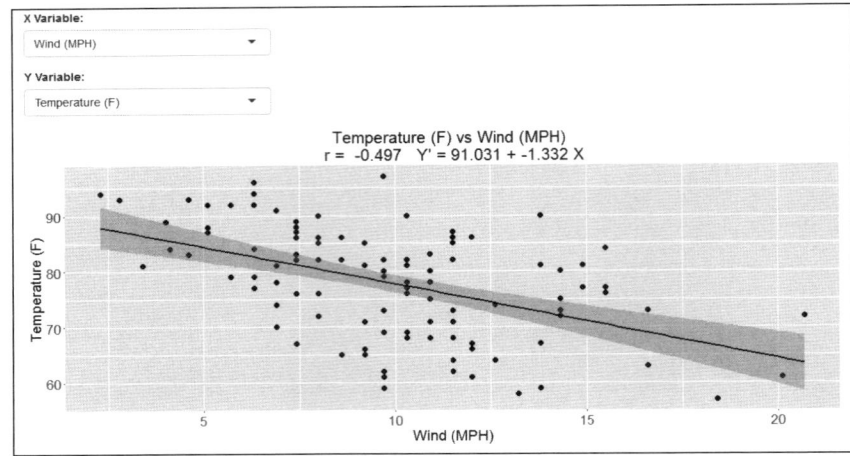

FIGURA 4-10: O aplicativo da seção anterior renderizado em ggplot.

O código é o mesmo que na versão básica de R, exceto que preciso adicionar

```
library(ggplot2)
```

no começo, e é claro que preciso mudar a função de plotagem em `output$scatter`.

Em vez de `plot()`, começo com `ggplot()`:

```
ggplot(selections(),aes(x=x_column,y=y_column))+
```

O primeiro argumento é o quadro de dados que fornece os dados e `aes()`, depois mapeia a primeira variável selecionada para x e a segunda para y.

Em seguida, adiciono `geom_point()` para especificar que desejo que os pontos apareçam no gráfico:

```
geom_point(size=3) +
```

e o argumento mostra o tamanho necessário dos pontos.

Adicionar uma função `labs()` renderiza o eixo x, o eixo y e o título:

```
    labs(x = X_Label,y = Y_Label,
         title = paste(Y_Label,"vs",X_Label,
         "\n r = ",round(correlation,3)," Y'
 =",round(intercept,3),"+",round(slope,3),"X"))+
```

Para definir os tamanhos das fontes, uso uma função `theme()`:

```
theme(axis.title.x = element_text(size=18),
      axis.text.x = element_text(size=17),
      axis.title.y = element_text(size=18),
      axis.text.y = element_text(size=17),
      plot.title = element_text(hjust = 0.5,size=20))+
```

Em `plot.title`, `hjust = 0.5` centraliza o título.

Por fim, `geom_smooth()` plota a linha de regressão:

```
geom_smooth(method="lm",col="black")
```

O primeiro argumento especifica um modelo linear (regressão linear, neste caso) e o segundo torna a linha preta. Observe que, diferentemente do R básico, não é necessário especificar a inclinação nem a interceptação.

A sombra ao redor da linha de regressão na Figura 4-10 representa o *erro padrão de estimativa*, ou seja, uma medida da variabilidade em torno da linha. Quanto mais forte a sombra, melhor o ajuste da linha aos dados. (Observe o que acontece quando as variáveis x e y são iguais.) Para eliminar a sombra, adicione `se=FALSE` como um argumento a `geom_smooth()`.

Aqui está todo o conjunto de funções da versão de `ggplot`:

```
ggplot(selections(),aes(x = x_column,y = y_column))+
    geom_point(size=3) +
    labs(x = X_Label,y = Y_Label,
        title = paste(Y_Label,"vs",X_Label,
        "\n r = ",round(correlation,3),"
        Y' =",round(intercept,3),"+",round(slope,3),"X"))+
    theme(axis.title.x = element_text(size=18),
        axis.text.x = element_text(size=17),
        axis.title.y = element_text(size=18),
        axis.text.y = element_text(size=17),
        plot.title = element_text(hjust = 0.5,size=20))+
    geom_smooth(method="lm",col="black")
```

Substitua esse conjunto de funções da função `plot()` e `abline()` na versão básica de R, salve e execute o aplicativo.

Projeto Sugerido

Está se sentindo ousado? Pegue o que aprendeu nesse último projeto e experimente em um quadro de dados diferente. É uma ótima maneira de desenvolver suas habilidades.

Eu sugiro `Cars93`, que é nativo do pacote `MASS`. Uso-o em alguns exemplos no Capítulo 3. Apenas para refrescar sua memória, esse quadro de dados fornece informações sobre diversas variáveis (muito mais que quatro!) para 93 modelos de carros de 1993.

Boa sorte!

> **NESTE CAPÍTULO**
> » Apresentando o `shinydashboard`
> » Explorando layouts do painel
> » Criando um painel

Capítulo 5
Painéis de Controle — Que Beleza!

P*ainel* é uma coleção de gráficos que facilita o acesso e a compreensão de informações por um usuário. Pense no painel de um carro: ele mostra a velocidade do carro, quanto combustível há no tanque, a temperatura e uma série de outras informações que ajudam o motorista a entender o estado do carro a qualquer momento.

Neste capítulo, mostrarei como usar R para criar painéis que exibem várias informações sobre dados.

Pacote shinydashboard

No Capítulo 4, apresento o `shiny`, um pacote para criar aplicativos interativos em R. Como `shiny`, o pacote `shinydashboard` é uma criação da mesma galera que nos trouxe o RStudio. Como o próprio nome indica, ele possui todos os elementos de shiny (como interface de usuário, servidor e reatividade) e você o utiliza para criar painéis. Se, ao trabalhar com o pacote, você perceber que um painel é um aplicativo `shiny` melhorado, entendeu bem.

Veja o que quero dizer. A Figura 5-1 mostra um painel que criei no `shinydashboard`. Exibe uma amostra aleatória de uma distribuição uniforme com valores entre 0 e 1, e exibe a média, a mediana e o desvio padrão da amostra. O usuário move uma barra deslizante para definir o tamanho da amostra. É o mesmo exemplo que uso para introduzir o `shiny` no Capítulo 4. Compare essa imagem com a Figura 4-5 e verá que o aplicativo apresenta as mesmas informações, mas de uma forma mais elegante.

Como se cria algo assim? Continue lendo.

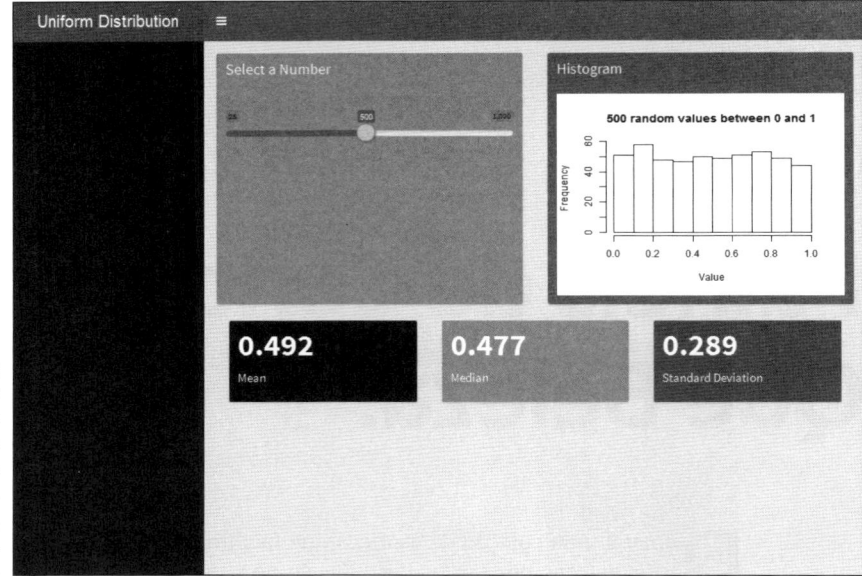

FIGURA 5-1: Primeiro aplicativo `shiny` do Capítulo 4 renderizado em `shinydashboard`.

Explorando os Layouts do Painel

A primeira etapa ao criar um painel é instalar o pacote `shinydashboard`. Na aba Packages no RStudio, clique em Install. Na caixa de diálogo Install Packages, digite **shinydashboard** e clique em Install.

Após a instalação do pacote, marque a caixa de seleção na aba Packages. Verifique se a caixa ao lado de `shiny` na aba Packages também está marcada.

Selecione File ⇨ New File ⇨ Shiny Web App no menu principal.

Isso abre a caixa de diálogo New Shiny Web Application. Digite **DashboardDevelopment** (ou outro título descritivo) na caixa Application Name. Use o botão Browse para abrir a caixa de diálogo Choose Directory e crie um novo diretório para o aplicativo. No novo arquivo, limpe todo o código de amostra.

Começando com a interface do usuário

Uma interface do usuário do painel consiste em um cabeçalho, uma barra lateral e um corpo. No código de `shinydashboard`, fica assim:

```
library(shinydashboard)

ui <- dashboardPage(
   dashboardHeader(title = "This is the Header"),
   dashboardSidebar(),
   dashboardBody()
)
```

Adiciono um servidor

```
server <- function(input, output) {}
```

e a função `shinyapp()`:

```
shinyApp(ui, server)
```

Com todo esse código digitado no novo arquivo `DashboardDevelopment`, clicar no botão Run App criará a tela vista na Figura 5-2.

FIGURA 5-2: O começo de um painel shiny dashboard.

Construindo a interface do usuário: Caixas, caixas, caixas...

A interface do usuário até agora, claro, não permite que um usuário faça nada. Em `shinydashboard`, você usa *caixas* para construir a interface do usuário. Adiciono-as dentro de um `fluidRow` (algo como `fluidPage` em um aplicativo `shiny`; veja o Capítulo 4) em `dashboardBody()`, ou seja, uma caixa para a barra deslizante e outra para o gráfico:

```
dashboardBody(

  fluidRow(

    box(
      title = "Select a Number",
      sliderInput(inputId = "number",
                  label = "",
                  value = 500, min = 25, max = 1000)),

    box(
    title = "Histogram",
      plotOutput("hist", height = 250))
    )
  )
```

DICA Observe o argumento `label` para `sliderInput()`. Não quero um rótulo na barra deslizante, mas omitir o argumento resulta em uma mensagem de erro.

DICA O argumento `height` em `plotOutput()` define uma altura para o gráfico dentro da caixa, não para a caixa inteira.

Também preciso adicionar código ao servidor para renderizar o gráfico:

```
server <- function(input, output) {
   output$hist <- renderPlot({})
}
```

A execução desse aplicativo produz os elementos da tela exibida na Figura 5-3.

O aplicativo ainda não faz nada. Se você leu o Capítulo 4, sabe o que vem a seguir em termos de código.

Eu uso `reactive({})` para definir uma variável (`histdata`) para os resultados da amostragem aleatória a partir de uma distribuição uniforme cujos valores estão entre 0 e 1:

```
histdata <- reactive({runif(input$number,min=0,max=1)})
```

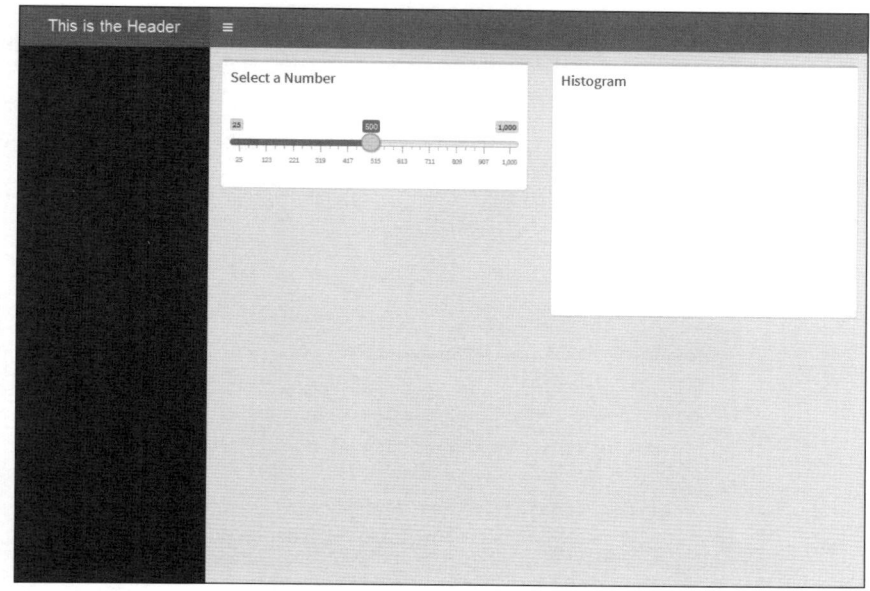

FIGURA 5-3:
Adicionando uma barra deslizante e um gráfico.

E para desenhar o gráfico da amostra, adiciono `hist()` e os devidos argumentos a `renderPlot({})`:

```
output$hist <- renderPlot({

    hist(histdata(),xlab="Value",
main=paste(input$number,"random values between 0 and 1"))
  })
```

O primeiro argumento em `hist` é a variável que acabei de definir dentro de `reactive({})` (junto com os parênteses!) e os próximos dois adicionam o título do eixo x e o título principal.

Veja todo o código até este ponto:

```
library(shinydashboard)

ui <- dashboardPage(
  dashboardHeader(
    title = "Uniform Distribution"
    ),
  dashboardSidebar(),
  dashboardBody(

    fluidRow(
     box(
```

CAPÍTULO 5 **Painéis de Controle — Que Beleza!** 109

```
        title = "Select a Number",
        sliderInput(inputId = "number",
                    label = "",
                    value = 500, min = 25, max = 1000)),

    box(title = "Histogram",
        plotOutput("hist", height = 250))
    )
  )
)

server <- function(input, output) {

  histdata <- reactive({runif(input$number,min=0,max=1)})
  output$hist <- renderPlot({

    hist(histdata(),xlab="Value",
         main=paste(input$number,"random values between 0 and 1"))
  })


  }

shinyApp(ui, server)
```

Observe que, em `dashboardHeader()`, mudei `title` para "Uniform Distribution". Esse código produz a funcionalidade na Figura 5-4. Mover a barra deslizante agora altera o histograma e o cabeçalho logo acima dele.

Cada caixa pode ter um `status`. Embora não seja estritamente necessário, atribuo um status `warning` à barra deslizante e um status `primary` ao gráfico:

```
    box(title = "Select a Number",
        status="warning",
        sliderInput(inputId = "number",
                    label = "",
                    value = 500, min = 25, max = 1000)),
    box(title = "Histogram",
        status="primary",
        plotOutput("hist", height = 250))
    )
```

Cada status é associado a uma cor, portanto essa alteração colore um pouco as bordas da caixa: amarelo para a barra deslizante (embora pareça mais com dourado) e azul claro para o gráfico.

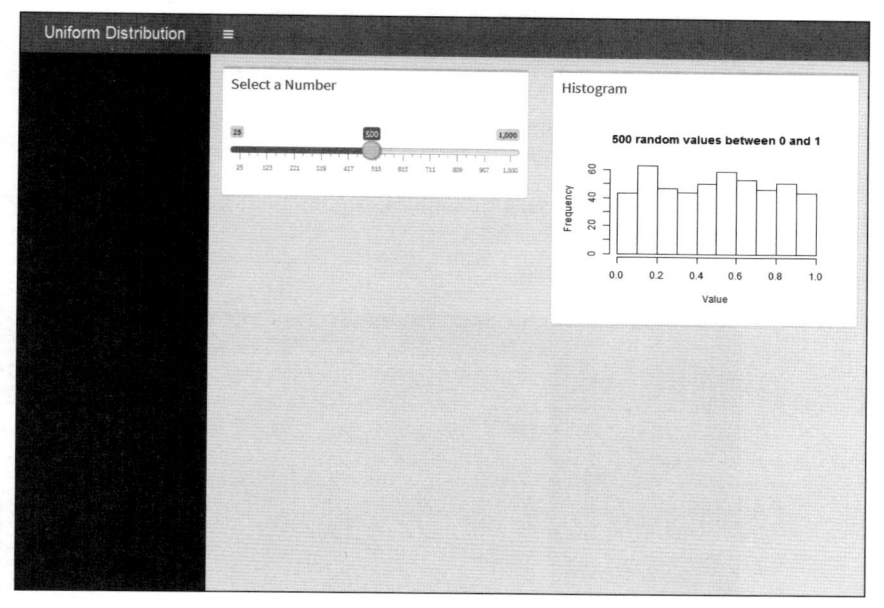

FIGURA 5-4:
Adicionando funcionalidade.

> **DICA**
>
> Os outros status possíveis e suas cores associadas são `success` (verde), `info` (azul-piscina) e `danger` (vermelho). (Sem tons de cinza aqui. Sinto muito.)

Adiciono mais cor a essas caixas definindo o argumento `background` para cada caixa:

```
box(title = "Select a Number",
    background ="yellow",
    status="warning",
    sliderInput(inputId = "number",
                label = "",
                value = 500, min = 25, max = 1000)),
box(title = "Histogram",
                background ="light-blue",
    status="primary",
    plotOutput("hist", height = 250))
)
```

Eu gostaria que as duas caixas tivessem a mesma altura (é um bom design de interface de usuário). Já defini a altura do gráfico para 250 (pixels). Devo ajustar a altura da barra deslizante para 250? Não. O valor de `height` em `plotOutput()` é a altura do gráfico, não a altura da caixa que o contém. A caixa adiciona mais 62 pixels (descobertos por meio de tentativa e erro), portanto, se eu definir a altura da barra deslizante para 312, as duas caixas combinarão:

```
box(title = "Select a Number",
    background ="yellow",
```

CAPÍTULO 5 **Painéis de Controle — Que Beleza!** 111

```
                    status="warning",
                              height = 312,
                    sliderInput(inputId = "number",
                            label = "",
                            value = 500, min = 25, max = 1000)),
```

Depois de todas essas mudanças, o painel em desenvolvimento ficará como a Figura 5-5.

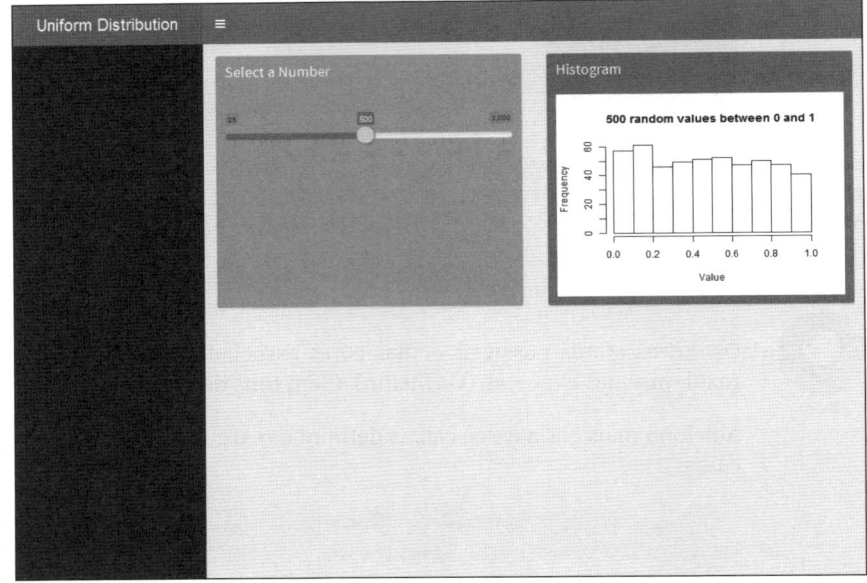

FIGURA 5-5:
O painel, após adicionar o status e o fundo, e alterar a altura da barra deslizante.

Tudo o que resta é adicionar as caixas para a média, a mediana e o desvio padrão. Em `shinydashboard`, as caixas que mostram valores são chamadas, de forma bastante apropriada, de `valueBox`es. Então, na interface do usuário, adiciono:

```
            valueBoxOutput("meanBox"),
            valueBoxOutput("medianBox"),
            valueBoxOutput("sdBox")
```

E no servidor adiciono funções que renderizam `valueBox`. Assim como `renderPlot()` fornece o contexto reativo para renderizar o gráfico, você provavelmente pode imaginar que `renderValueBox()` fornece o contexto reativo para renderizar `valueBox` e `valueBox()` faz a renderização:

```
        output$meanBox <- renderValueBox({
            valueBox(
              round(mean(histdata()),3),"Mean",
              color = "navy"
```

```
    )
  })

  output$medianBox <- renderValueBox({
    valueBox(
      round(median(histdata()),3),"Median",
      color = "aqua"
    )
  })

  output$sdBox <- renderValueBox({
    valueBox(
      round(sd(histdata()),3), "Standard Deviation",
      color = "blue"
    )
  })
```

Para cada `valueBox()`, o primeiro argumento é o valor na caixa (a estatística arredondada em três casas decimais), que aparece como uma espécie de título, o segundo é a legenda e o terceiro, claro, a cor.

O código inteiro é mostrado aqui:

```
library(shinydashboard)

ui <- dashboardPage(
  dashboardHeader(
    title = "Uniform Distribution"
    ),
  dashboardSidebar(),
  dashboardBody(

    fluidRow(
      box(
          title = "Select a Number",
          background = "yellow",
          status="warning",
          height = 312,
        sliderInput(inputId = "number",
                    label = "",
                    value = 500, min = 25, max = 1000)),

      box(title = "Histogram",
          background = "light-blue",
          status="primary",
          plotOutput("hist", height = 250))
      ),
```

```
    valueBoxOutput("meanBox"),
    
    valueBoxOutput("medianBox"),
    
    valueBoxOutput("sdBox")
    
  )
)

server <- function(input, output) {
  
  histdata <- reactive({runif(input$number,min=0,max=1)})
  
  output$hist <- renderPlot({
   hist(histdata(),xlab="Value",main=paste
    (input$number,"random values between 0 and 1"))
  })
  
  output$meanBox <- renderValueBox({
    valueBox(
      round(mean(histdata()),3),"Mean",
      color = "navy"
    )
  })
  
  output$medianBox <- renderValueBox({
    valueBox(
      round(median(histdata()),3),"Median",
      color = "aqua"
    )
  })
  output$sdBox <- renderValueBox({
    valueBox(
      round(sd(histdata()),3), "Standard Deviation",
      color = "blue"
    )
  })
  }
shinyApp(ui, server)
```

Clique em Run App e você verá um painel que se parece com a Figura 5-1.

Alinhando em colunas

O painel na Figura 5-1 mostra duas linhas de caixas. Que tal organizar as caixas em colunas? Posso colocar a barra deslizante e o gráfico em uma coluna e as caixas de estatísticas em outra. A Figura 5-6 mostra o que quero dizer.

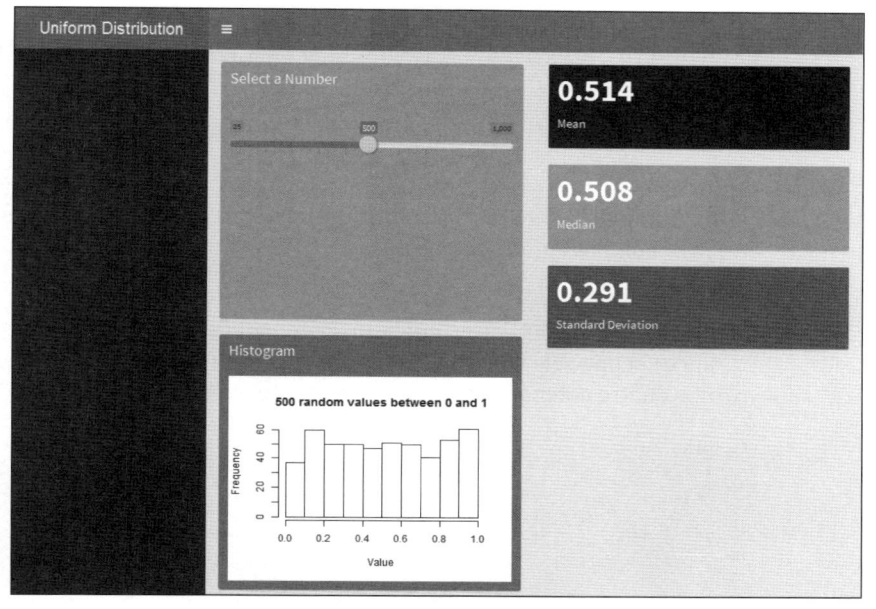

FIGURA 5-6: O painel, com as caixas em colunas.

Para fazer isso, mantenho tudo em `fluidRow()` e na linha, adiciono `column()`, que engloba as caixas dessa coluna. Veja a estrutura geral, com algumas linhas de código omitidas para maior clareza:

```
fluidRow(
    column(
    
      box( ... Esta é a barra deslizante ... ),
      
      box( ... Este é o gráfico ... )
      
    ),
    
    column(
    
      valueBoxOutput("meanBox"),
      
      valueBoxOutput("medianBox"),
```

```
        valueBoxOutput("sdBox")
    )

)
```

Os layouts com base em colunas exigem especificações para `width` (largura). Preciso especificar a largura de cada coluna e a largura de cada caixa nessa coluna. Lembra de quando especifiquei `height` (da barra deslizante e do gráfico) em pixels? Quando especifico `width`, é medido em colunas.

Espere aí. O quê? Estou lidando com colunas e a unidade de medida de sua largura é... coluna?

Sim, é um pouco confuso. Tenha em mente que `dashboardBody` está dividido em 12 "colunas". Cada coluna que *crio* pode ocupar várias dessas 12 colunas do `dashboardBody`.

Por exemplo, se eu quiser que a primeira coluna (com a barra deslizante e o gráfico) ocupe seis colunas e a segunda coluna (com as caixas de estatísticas) ocupe quatro colunas, adiciono o argumento `width` a cada uma:

```
fluidRow(
    column(width = 6

        box( ... Esta é a barra deslizante ... ),

        box( ... Este é o gráfico ... )

    ),

    column(width = 4

        valueBoxOutput("meanBox"),

        valueBoxOutput("medianBox"),

        valueBoxOutput("sdBox")
    )

)
```

Mas espere, tem mais: também preciso especificar a largura de cada caixa. Para cada uma, adiciono `width=NULL`:

```
fluidRow(
    column(width = 6

        box( ... Esta é a barra deslizante ... width = NULL),
```

```
      box( ... Este é o gráfico ... width = NULL )

    ),

    column(width = 4

      valueBoxOutput("meanBox", width = NULL),

      valueBoxOutput("medianBox", width = NULL),

      valueBoxOutput("sdBox", width = NULL)
    )

  )
```

DICA Por que não especifiquei `width` no primeiro layout (com base em linhas)? Eu poderia ter feito isso, mas os valores padrão funcionaram muito bem. Na primeira linha, cada uma das duas caixas ocupa metade das 12 colunas (portanto cada `width` é 6). Na segunda linha, cada uma das três caixas ocupa um terço das 12 colunas (portanto cada `width` é 4). Se eu adicionar outra caixa à segunda linha... ela entrará na próxima linha.

Então, o código para `dashboardBody()` é

```
dashboardBody(

  fluidRow(
    column(width=6,
      box(
        title = "Select a Number",
        solidHeader = TRUE,
        background = "yellow",
        status="warning",
        width = NULL,
        height = 312,
        sliderInput(inputId = "number",
              label = "",
              value = 500, min = 25, max = 1000)),

      box(title = "Histogram",
        solidHeader=TRUE,
        background = "light-blue",
        status="primary",
        width = NULL,
        plotOutput("hist", height = 250))
      ),
```

CAPÍTULO 5 **Painéis de Controle — Que Beleza!**

```
column(width = 4,

  valueBoxOutput("meanBox",width = NULL),

  valueBoxOutput("medianBox",width = NULL),

  valueBoxOutput("sdBox",width = NULL)
  )

 )
)
```

Esse código, junto com o resto da interface do usuário e tudo mais, produz a tela que você vê na Figura 5-6.

Um bom truque: Usando abas

Outro tipo de caixa de painel funciona como uma caixa cheia de documentos com abas. Chamamos de `tabBox` e mostro como usar na Figura 5-7. Coloquei `valueBoxOutput`s da média e da mediana em abas separadas em uma `tabBox` chamada `Central Tendency`. Nesse contexto, um documento com abas é chamado de `tabPanel`. Coloquei `valueBoxOutput`s do desvio padrão e de uma nova variância em `tabPanel`s separados em uma `tabBox` chamada `Variability`. Clicar em um `tabPanel` revela seu valor estatístico associado.

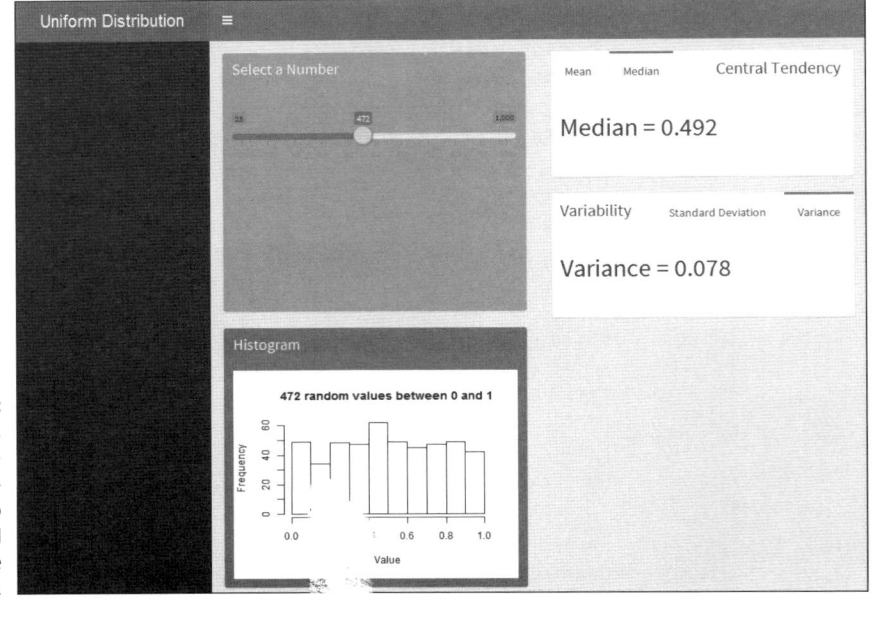

FIGURA 5-7: O painel, com `tab-Box`es rotuladas como Central Tendency e Variability.

Como você pode ver na figura, os valores estatísticos estão no texto, e não em `valueBox`. Então, trabalho com `textOutput()` na interface do usuário e `render-Text()` no servidor.

Para construir essa versão, adiciono este código à interface do usuário:

```
tabBox(
        title = "Central Tendency",
        id = "tabs1", height = 150, width = NULL,
        tabPanel("Mean",
h2(textOutput("meantext")),width = NULL),
        tabPanel("Median", h2(textOutput("mediantext")),width =
   NULL)
      ),
        tabBox(
        title = "Variability",
        id = "tabs2", height = 150, width = NULL,
        side = "right",
        tabPanel("Variance",
h2(textOutput("vartext")),width = NULL),
        tabPanel("Standard Deviation",
  h2(textOutput("sdtext")),width = NULL)
```

Cada `tabBox` possui `title`, `id`, `height` e `width`. A ação importante está em `tab-Panel`s. Cada um tem `textOutput` e cada `textOutput` tem `id` (como "mean-text") para que o servidor possa rastrear.

Preste muita atenção a um detalhe particular de cada `tabPanel`: `h2()` em torno de cada `textOutput()`. O `h2` vem do HTML. Ele define o tamanho da fonte de seu argumento declarando que o argumento é um "cabeçalho de nível 2". Portanto, é uma forma rápida e agradável de aumentar o tamanho da fonte de `textOutput`. Se eu não fizer isso, a fonte ficará muito pequena. Você pode experimentar com `h1()` e `h3()`.

> **DICA**
> Na segunda `tabBox`, adicionei `side="right"` para mostrar um layout alternativo para o título e os `tabPanels`. Sugiro que você escolha um layout de `tabBox` e fique com ele.

Não usarei os `valueBoxOutput`, então os excluo.

Para o servidor, adiciono

```
output$meantext <-renderText({
paste("Mean =",round(mean(histdata()),3))})

output$mediantext <-renderText({
paste("Median =",round(median(histdata()),3))})
```

```
    output$vartext <-renderText({
paste("Variance =",round(var(histdata()),3))})

    output$sdtext <-renderText({
paste("Standard Deviation =",
 round(sd(histdata()),3))})
```

E apago todas as funções `renderValueBox({})`.

Também preciso das funções `render({})` de `tabBox`es? Não neste caso. Se cada `tabPanel` na primeira `tabBox`, por exemplo, tivesse apenas um texto único que desejo mostrar, eu acrescentaria esse texto como um argumento em cada `tabPanel` e adicionaria

```
output$tabs1Selected <- renderText({
    input$tabs1
 })
```

ao servidor. Mas não é necessário aqui.

Apenas para esclarecer, todo o código é mostrado aqui:

```
library(shinydashboard)

ui <- dashboardPage(
  dashboardHeader(
    title = "Uniform Distribution"
    ),
  dashboardSidebar(),
  dashboardBody(
  
    fluidRow(
      column(width=6,
        box(
          title = "Select a Number",
          solidHeader = TRUE,
          background = "yellow",
          status="warning",
          width = NULL,
          height = 312,
          sliderInput(inputId = "number",
                  label = "",
                  value = 500, min = 25, max = 1000)),
        
        box(title = "Histogram",
          solidHeader=TRUE,
          background = "light-blue",
```

```
              status="primary",
              width = NULL,
              plotOutput("hist", height = 250))
          ),
        column(width = 6,

          tabBox(
            title = "Central Tendency",
            id = "tabs1", height = 120, width = NULL,
            tabPanel("Mean",
h2(textOutput("meantext")),width = NULL),
            tabPanel("Median",
h2(textOutput("mediantext")),width = NULL)
          ),

          tabBox(
            title = "Variability",
            id = "tabs2", height = 120, width = NULL,
            side = "right",
            tabPanel("Variance",
h2(textOutput("vartext")),width = NULL),
            tabPanel("Standard Deviation",
   h2(textOutput("sdtext")),width = NULL)
          )

        )
        )
      )
  )


server <- function(input, output) {

  histdata <- reactive({runif(input$number,min=0,max=1)})

  output$hist <- renderPlot({

  hist(histdata(),xlab="Value",
main=paste(input$number,"random values between 0 and 1"))
  })

  output$meantext <-renderText({
paste("Mean =",round(mean(histdata()),3))})

  output$mediantext <-renderText({
paste("Median =",round(median(histdata()),3))})
```

```
   output$vartext <-renderText({
paste("Variance =",round(var(histdata()),3))})
   output$sdtext <-renderText({
paste("Standard Deviation =",
round(sd(histdata()),3))})


  }

shinyApp(ui, server)
```

Clique em Run App para ter um painel que se parece (e age) com o painel mostrado na Figura 5-7.

Projeto Sugerido: Adicione estatísticas

Uma maneira de aprimorar suas habilidades com o `shinydashboard` é estender essa versão com abas. Adicione uma `tabBox` que forneça estatísticas para a aparência do histograma. As estatísticas são chamadas de *assimetria* (*skewness*, o quanto o histograma é ponderado para a esquerda ou para a direita) e *curtose* (*kurtosis*, o quanto o histograma tem picos ou é achatado). As funções para essas estatísticas estão em um pacote chamado `moments`.

Quando terminar, seu painel deve se parecer com a Figura 5-8.

FIGURA 5-8: O painel, com `tabBox` para as estatísticas que descrevem a aparência do histograma.

DICA — Mova a barra deslizante e verifique os valores resultantes para assimetria e curtose em relação à aparência do histograma. Você terá uma ideia do que são essas duas estatísticas!

Projeto Sugerido: Coloque valueBoxes em tabPanels

É possível renderizar as estatísticas em `tabPanels` de uma maneira diferente. Em vez de `textOutput`, você pode usar `valueBoxes`, como na versão original sem abas. A ideia é mover cada `valueBox` dentro de um `tabPanel`. Seu produto final deve se parecer com a Figura 5-9. Se você for ambicioso, adicione a `tabBox` Appearance do Projeto Sugerido anterior!

FIGURA 5-9: O painel, com estatísticas apresentadas em `valueBoxes` nos `tabPanels`.

Trabalhando com a Barra Lateral

Nesta seção, mostrarei mais alguns recursos do `shinydashboard`, começando pela barra lateral. Semelhante às caixas com abas que mostrei anteriormente, a barra lateral é uma maneira de navegar o conteúdo. Clique em um item de menu da barra lateral e seu conteúdo correspondente será exibido.

Crio um painel com duas telas de conteúdo. A primeira é uma repetição da primeira versão de amostragem de uma distribuição uniforme, com as estatísticas apresentadas em `valueBox`es. A segunda envolve a amostragem de uma distribuição normal padrão (média = 0, desvio padrão = 1). Aqui, as estatísticas aparecem em outro tipo de caixa: `infoBox`. Clicar nos ícones na barra lateral faz a navegação entre as seções.

A primeira tela, mostrada na Figura 5-10, se parece muito com a Figura 5-1. A única diferença está na barra lateral. A barra lateral tem um ícone Quadrado que representa a distribuição uniforme e um ícone Sino que representa a distribuição normal padrão. (Viu o que eu fiz?) Além disso, mudei o título do negócio todo para Sampling (Amostragem).

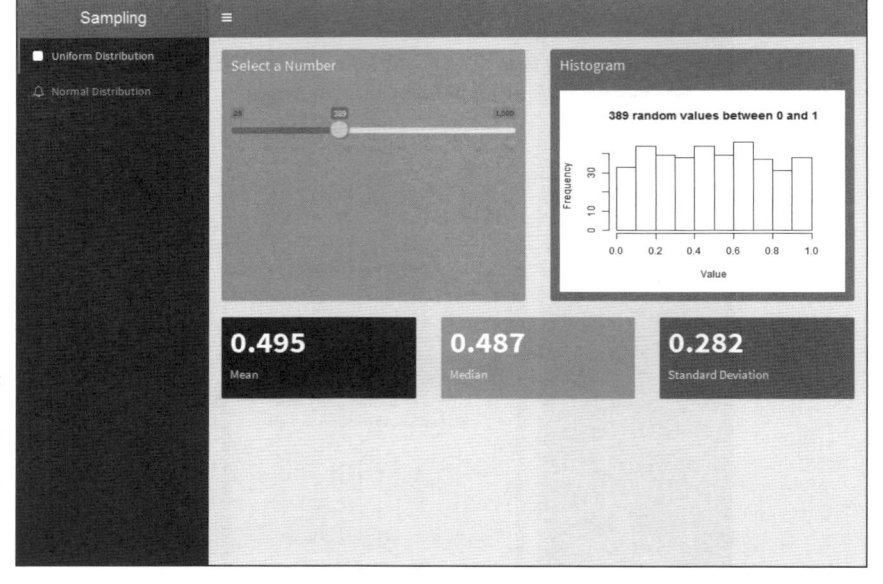

FIGURA 5-10: A primeira tela do painel, com a amostragem de uma distribuição uniforme.

A Figura 5-11 mostra a segunda tela. A barra deslizante é um pouco diferente e o gráfico é de densidade, em vez de um histograma (veja o Capítulo 3). As estatísticas, como mencionei anteriormente, estão em `infoBox`es.

Começo o projeto selecionando ⇨ New File ⇨ Shiny Web App no menu principal para criar um novo arquivo chamado `sidebarDevelopment` em um novo diretório.

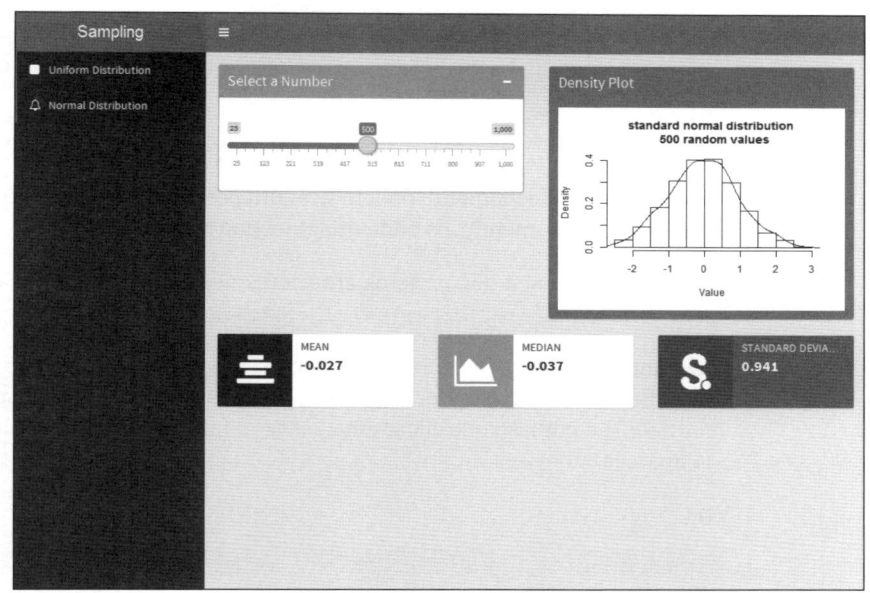

FIGURA 5-11:
A segunda tela do painel, com a amostragem de uma distribuição normal padrão.

Interface do usuário

A melhor maneira de introduzir a interface do usuário é mostrando sua estrutura geral:

```
ui <- dashboardPage(
  dashboardHeader(
    title = "Sampling"
  ), # dashboardHeader
  dashboardSidebar(
    sidebarMenu(
      menuItem( ... Coisas de distribuição uniforme ... ),
      menuItem( ... Coisas de distribuição normal padrão ... )

    ) # sidebarMenu

  ), # dashboardSidebar

  dashboardBody(
    tabItems(

      tabItem( ... Coisas de distribuição uniforme ... ),

      tabItem( ... Coisas de distribuição normal padrão ... )
```

```
    ) # tabItems

  ) # dashboardBody

) # dashboardPage
```

Os parênteses de fechamento podem ficar um pouco confusos (confie em mim!), então adicionei comentários onde imaginei que fossem úteis.

A primeira diferença dos projetos anteriores neste capítulo, claro, é `sidebarMenu()` em `dashboardSidebar()`. O `sidebarMenu` consiste de `menuItem`s.

A segunda diferença é `tabItems()` em `dashboardBody()`. Como você pode ver, `tabItems()` consiste de, bem, `tabItems`. Cada `tabItem` corresponde a um `menuItem`, e é por isso que clicar em `menuItem` faz com que o conteúdo de `tabItem` apareça.

Veja `sidebarMenu()`:

```
sidebarMenu(
    menuItem("Uniform Distribution", tabName = "uniform", icon =
  icon("square")),
    menuItem("Normal Distribution", tabName = "normal",
icon = icon("bell-o"))
  )
```

Para cada `menuItem`, o primeiro argumento é o texto que aparece no menu, o segundo é o nome que também aparecerá no `tabItem` correspondente e o terceiro é a função `icon()` que renderiza o ícone no menu. Esses ícones (como "quadrado" e "sino") são caracteres especiais que você pode encontrar em http://fontawesome.io/icons (conteúdo em inglês).

Aqui temos `tabItems()`, junto com seus componentes `tabItem`:

```
tabItems(

    tabItem(
tabName = "uniform",

        fluidRow(

            box(
              title = "Select a Number",
              solidHeader = TRUE,
              background = "yellow",
```

```
                  status="warning",
                  height = 312,
                  sliderInput(inputId = "number",
                              label = "",
                              value = 500, min = 25,
max = 1000)),

              box(title = "Histogram",
                  solidHeader=TRUE,
                  background = "light-blue",
                  status="primary",
                  plotOutput("hist", height = 250)),

              valueBoxOutput("meanBox"),

              valueBoxOutput("medianBox"),

              valueBoxOutput("sdBox")

            )

        ),

    tabItem(tabName = "normal",

            fluidRow(
              box(title = "Select a Number",
                  solidHeader = TRUE,
                  collapsible = TRUE,
                  status="warning",
                  sliderInput(inputId = "normnumber",
                              label = "",
                              value = 500, min = 25,
                              max = 1000)),

              box(title = "Density Plot",
                  solidHeader=TRUE,
                  background = "light-blue",
                  status="primary",
                  plotOutput("density", height = 250)),

              infoBoxOutput("meanInfoBox"),
```

```
            infoBoxOutput("medianInfoBox"),

            infoBoxOutput("sdInfoBox")

        )

    )
```

O primeiro `tabItem` (`tabName = "uniform"`) é apenas uma repetição do primeiro projeto: barra deslizante, histograma e estatísticas em `valueBox`es.

O segundo `tabItem` (`tabName = "normal"`) mostra alguns recursos novos. Primeiro, observe `collapsible = TRUE` na caixa que cria a barra deslizante. Isso cria o pequeno sinal de menos no canto superior direito da barra deslizante. (Consulte a Figura 5-11.) Clicar nele recolhe a barra deslizante e transforma o sinal de menos em um sinal de mais. E esse `tabItem` possui `infoBox`es, em vez de `valueBox`es.

Servidor

O código do servidor começa com funções `reactive({})` para a distribuição uniforme e a distribuição normal padrão:

```
histdata <- reactive({runif(input$number,min=0,max=1)})
densitydata <- reactive({rnorm(input$normnumber)})
```

Em seguida, as funções para renderizar o histograma:

```
output$hist <- renderPlot({
  hist(histdata(),xlab="Value",
    main=paste(input$number,
      "random values between 0 and 1"))
  })
```

e renderizar o gráfico de densidade:

```
output$density <- renderPlot({
   hist(densitydata(),xlab="Value",
      main=paste("standard normal distribution \n",
        input$normnumber,"random values"),
      probability=TRUE)
   lines(density(densitydata()))
```

Se a função `hist()` do gráfico de densidade parecer estranha, volte e releia a primeira seção do Capítulo 3. O argumento `probability=TRUE` coloca a densidade no eixo y e a função `lines()` adiciona a linha do gráfico de densidade.

Em seguida, adiciono as funções `render({})` para as `valueBox`:

```
output$meanBox <- renderValueBox({
    valueBox(
        round(mean(histdata()),3),"Mean",
        color = "navy"
    )
})

output$medianBox <- renderValueBox({
    valueBox(
        round(median(histdata()),3),"Median",
        color = "aqua"
    )
})

output$sdBox <- renderValueBox({
    valueBox(
        round(sd(histdata()),3), "Standard Deviation",
        color = "blue"
    )
})
```

e adiciono as funções `render({})` para as `infoBox`:

```
output$meanInfoBox <- renderInfoBox({
    infoBox("Mean",
        round( mean(densitydata()),3),
    icon=icon("align-center"),
        color = "navy")
})

output$medianInfoBox <- renderInfoBox({
    infoBox(icon=icon("area-chart"), "Median",
        round(median(densitydata()),3),
        color = "aqua")
})

output$sdInfoBox <- renderInfoBox({
    infoBox("Standard Deviation",
        round(sd(densitydata()),3),icon=icon("scribd"),
        fill = TRUE,
        color = "blue")
})
```

DICA

Na terceira `infoBox`, mostro o que acontece se `fill=TRUE`.

Não tenho certeza se os ícones que usei são os mais adequados. Talvez você possa encontrar alguns melhores.

LEMBRE-SE

Não há problemas em usar ícones nas `valueBox`. Apenas escolhi não fazer isso.

Colocar todo esse código entre chaves em

```
server <- function(input, output) {}
```

adicionar

```
shinyApp(ui, server)
```

no final e adicionar

```
library(shinydashboard)
```

no começo produz a estrutura das Figuras 5-10 e 5-11 quando clico em Run App.

Projeto Sugerido: Realoque a barra deslizante

A barra lateral pode ter mais do que apenas `menuItems`. Por exemplo, você pode colocar uma barra deslizante ou outros tipos de entrada na barra lateral, e este Projeto Sugerido é sobre isso.

Suponhamos que o objetivo seja ver qual é o tamanho de uma amostra específica de uma distribuição uniforme e comparar com uma distribuição normal padrão. O usuário seleciona um número em uma barra deslizante na barra lateral, em seguida, usa o menu da barra lateral para ver os resultados da distribuição uniforme ou da distribuição normal padrão. O painel fica como a Figura 5-12, com Uniform Distribution selecionado.

A Figura 5-13 mostra o painel com Normal Distribution selecionado.

Experimente. Você terá que propor valores para `width` e `height` da barra lateral e sua barra deslizante e, para cada gráfico, fazer com que o painel se pareça com as Figuras 5-12 e 5-13. Também terá que ajustar alguns aspectos da aparência da barra deslizante.

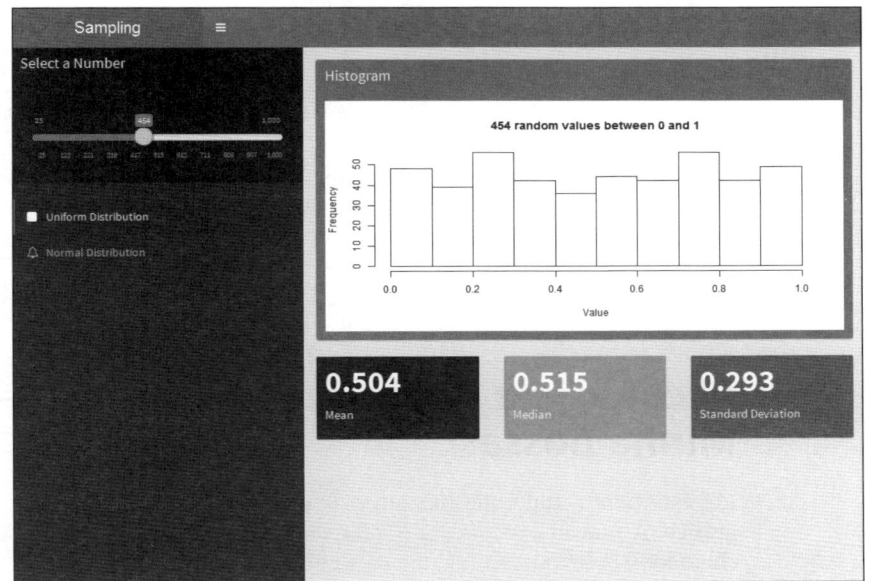

FIGURA 5-12: Painel, com a barra deslizante na barra lateral e Uniform Distribution selecionado.

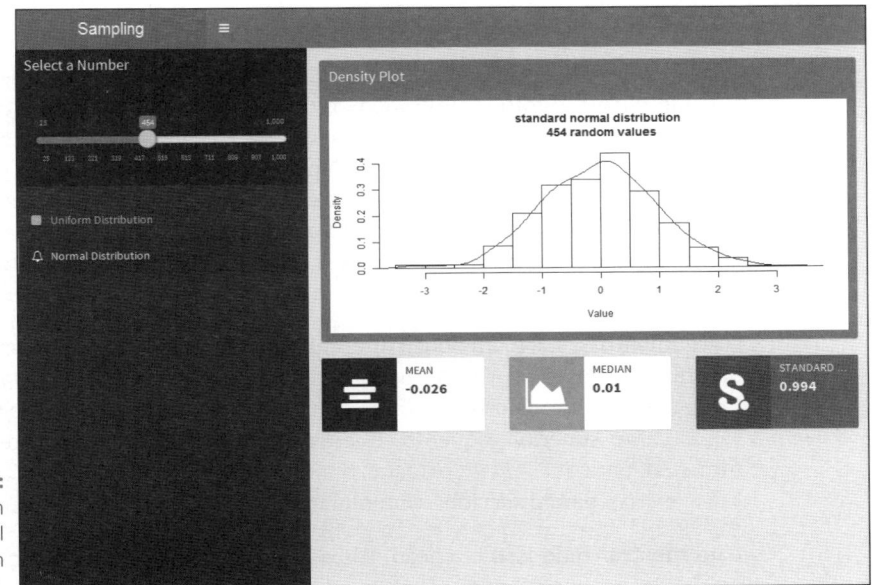

FIGURA 5-13: Painel, com Normal Distribution selecionado.

CAPÍTULO 5 **Painéis de Controle — Que Beleza!** 131

Interagindo com Gráficos

Nos projetos que mostrei até agora neste capítulo, as alterações no gráfico seguem as interações do usuário com componentes como barras deslizantes ou menus suspensos. Nesta seção, inverto o processo: quando o painel abre, um gráfico aparece, o usuário interage com o gráfico e outros componentes da interface do usuário mudam.

À medida que você aprender a fazer isso, verá alguns recursos adicionais do painel e dos gráficos ao longo do caminho.

Clicar, clicar duas vezes e arrastar — Minha nossa!

Até este ponto, tudo que fiz com `plotOutput()` foi definir `height` e `width` do gráfico. A função `plotOutput()` oferece mais possibilidades: tem argumentos chamados `click`, `dblclick`, `hover` e `brush`.

DICA: *Arrastar?* O que é isso? Se você já moveu o mouse enquanto pressionava e soltou o botão esquerdo dele (e eu sei que você fez isso!), arrastou. Uma piada sobre se arrastar após as refeições é comum, mas deixe pra lá.

Posso definir o argumento `click` para um valor como "single_click". Quando clico no gráfico, o gráfico envia as coordenadas xy do clique para o servidor. Os valores dessas coordenadas são armazenados em `input$single_click`. O argumento `dblclick` funciona da mesma maneira: se eu definir `dblclick` como "double_click" e clicar em um ponto duas vezes em uma sucessão rápida, o gráfico enviará as coordenadas para o servidor e os valores serão armazenados em `input$double_click`. Você provavelmente consegue descobrir como `hover` funciona.

O argumento `brush` é um pouco diferente. Quando você arrasta no gráfico, cria, na prática, uma caixa. Quatro pares de coordenadas xy definem a caixa: `xmin`, `ymin` (canto inferior esquerdo), `xmax`, `ymax` (canto superior direito), `xmin`, `ymax` (canto superior esquerdo) e `xmax`, `ymin` (canto inferior direito). Definir `brush` para "brushed", arrastar o mouse e soltar o botão envia `xmin`, `xmax`, `ymin`, e `ymax` para o servidor. Obtenho esses valores via `input$brushed`.

Para mostrar tudo isso em ação, trabalho com um quadro de dados chamado `UScereal` no pacote `MASS`. Esse quadro contém informações nutricionais (e algumas outras coisas) de cerca de 65 marcas de cereais vendidas nos Estados Unidos. A inicial de cada fabricante de cereais (Kellogg's, Post, General Mills, Quaker Oats, Ralston Purina e Nabisco) representa o nome do fabricante.

A Figura 5-14 mostra um painel com um gráfico que apresenta Calorias versus Proteínas (gm) de cada cereal. As medições são por porção e uma porção equivale a 1 xícara (240ml). Pensei que daria um toque especial ao gráfico se cada ponto de dados identificasse o fabricante, daí todas as letras dentro do gráfico.

Abaixo do gráfico, temos uma caixa que mostra as coordenadas para os diferentes tipos de interações do mouse. Veja como fazer:

Como de costume, começo o projeto selecionando ⇨ New File ⇨ Shiny Web App para criar um novo arquivo chamado `mouseActions` em um novo diretório.

Começo com as bibliotecas:

```
library(shinydashboard)
library(MASS)
```

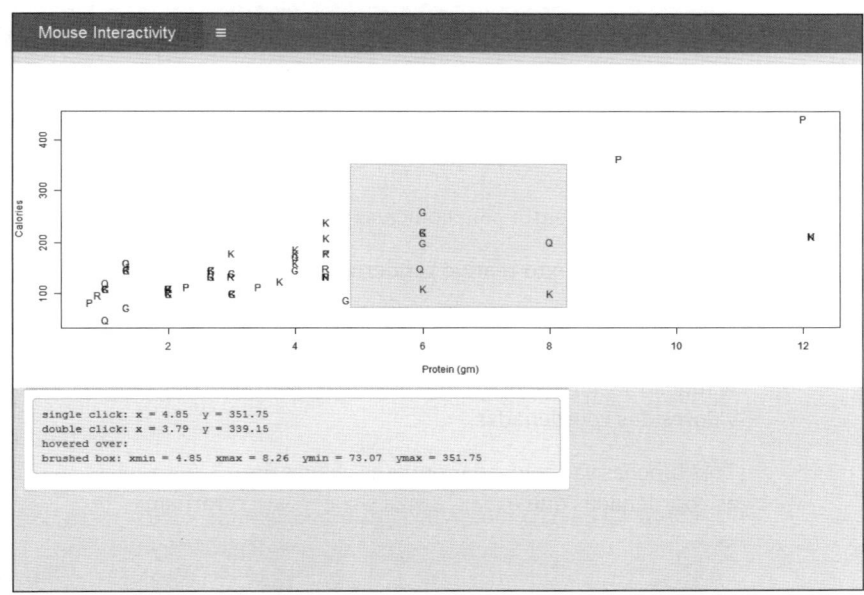

FIGURA 5-14: Dados sobre cereais dos EUA, mostrando a interação com o gráfico.

Em seguida, a interface do usuário:

```
ui <- dashboardPage(
  dashboardHeader(title="Mouse Interactivity"),
  dashboardSidebar(collapsed=TRUE),
  dashboardBody(
    fluidRow(
              plotOutput("CerealPlot",
              click = "single_click",
              dblclick = "double_click",
```

```
                    hover = "hovering",
                    brush = "brushing"
       ),

                    box((verbatimTextOutput("coords")),width =8)
    )
  )
)
```

A caixa, `box`, no final do código contém as coordenadas das ações do mouse. Seu método de saída, `verbatimTextOutput`, é uma maneira rápida de apresentar os valores. Isso evita a necessidade de colocar os valores em `valueBox` ou `infoBox`.

E finalmente, o servidor, que começa com a função de renderizar o gráfico:

```
server <- function(input, output) {
  output$CerealPlot <- renderPlot({
    plot(x=UScereal$protein, y=UScereal$calories,
         xlab="Protein (gm)",
         ylab="Calories",
         pch=as.character(UScereal$mfr))
  })
```

O último argumento, `pch`, coloca as iniciais do fabricante no gráfico.

O próximo contexto reativo renderiza os valores das coordenadas:

```
output$coords <- renderText({})
```

A função `renderText({})` é para renderizar as strings de caracteres, como os valores das coordenadas.

Três funções são colocadas entre as chaves de `renderText({})`. A primeira é para as coordenadas que `click`, `dblclick` e `hover` retornam:

```
xy_points <- function(datapoints) {
     if(is.null(datapoints)) return("\n")
     paste("x =", round(datapoints$x, 2), " y =",
  round(datapoints$y, 2), "\n")
   }
```

Se o usuário não tiver executado uma ação específica, a função retornará um caractere de nova linha. Por fim, a função produz os valores arredondados das coordenadas x e y.

A segunda função é para as quatro coordenadas que o movimento de arrastar produz:

```
xy_points_range <- function(datapoints) {
    if(is.null(datapoints)) return("\n")
    paste("xmin =", round(datapoints$xmin, 2),
" xmax =", round(datapoints$xmax, 2),
        " ymin =", round(datapoints$ymin, 2),
" ymax =", round(datapoints$ymax, 2))
   }
```

A terceira função coloca os valores das coordenadas na tela:

```
paste0(
     "single click: ", xy_points(input$single_click),
     "double click: ", xy_points(input$double_click),
     "hovered over: ", xy_points(input$hovering),
     "brushed box: ", xy_points_range(input$brushing)
   )
```

DICA Para a terceira função, `paste0()` funciona um pouco melhor que `paste()`.

Com essas três funções entre as chaves de `renderText({})`, a chave de fechamento para `server({})` e com `shinyApp(ui = ui, server = server)` no final, clicar em Run App produzirá o painel mostrado na Figura 5-15. Você pode clicar, clicar duas vezes, passar o cursor e arrastar para observar os efeitos nos valores das coordenadas. Um recurso útil é que as coordenadas estão em unidades nos eixos, não em pixels.

Por que se preocupar com tudo isso?

Interagir com os pontos de dados em um gráfico é uma ótima forma de selecionar esses pontos e renderizar as linhas de dados selecionados em uma tabela. A Figura 5-15 mostra um painel que apresenta os dados resultantes de um único clique no gráfico. O clique foi no grupo de pontos de dados acima do 4 no eixo x.

A codificação para isso é, acredite se quiser, mais fácil do que a seção anterior. O que torna a renderização da linha de dados possível é uma pequena função chamada `nearPoints()`. Essa função pega as coordenadas do clique e encontra as linhas no quadro de dados associado.

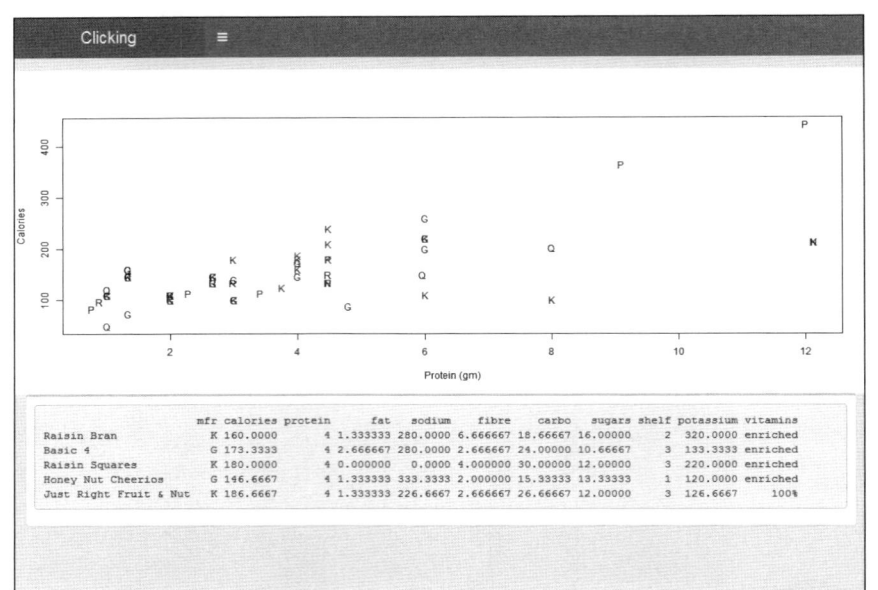

FIGURA 5-15: Clicar no gráfico faz com que as linhas dos dados selecionados apareçam.

Vou contar tudo, mas primeiro veremos o começo do código do painel na Figura 5-15:

```
library(shinydashboard)
library(MASS)
ui <- dashboardPage(
  dashboardHeader(title="Clicking"),
  dashboardSidebar(collapsed=TRUE),
  dashboardBody(
    fluidRow(
              plotOutput("CerealPlot",
          click = "single_click"
              ),

              box((verbatimTextOutput("coords")),width =12)
    )
  )
)
```

O código do servidor é

```
server <- function(input, output) {
  output$CerealPlot <- renderPlot({
```

```
   plot(x=UScereal$protein, y=UScereal$calories,
xlab="Protein(gm)",ylab="Calories",
pch=as.character(UScereal$mfr))
   })

   output$coords <- renderPrint({

     nearPoints(UScereal, input$single_click,
xvar = "protein", yvar = "calories",
threshold=20)
   })
}
```

A função `renderPrint({})` é para a saída imprimível, como as linhas do quadro de dados.

O primeiro argumento para `nearPoints()` é o nome do quadro de dados. O segundo é a entrada do usuário. Em seguida, vêm os nomes das variáveis x e y na plotagem. O argumento final, `threshold`, especifica o número máximo de pixels do clique a incluir:

Adicione

```
shinyApp(ui = ui, server = server)
```

e é tudo.

DICA

A função `nearPoints()` também funciona com `dblclick` e `hover`.

O arrastar prossegue de maneira semelhante. A única diferença é que exige `brushedPoints()`, que funciona de forma muito parecida com `nearPoints()`.

Para um painel como o mostrado na Figura 5-16, as únicas alterações que faço no código são

```
dashboardHeader(title="Brushing"),
```

e

```
plotOutput("CerealPlot",
           brush = "brushing"
   ),
```

na interface de usuário e

```
brushedPoints(UScereal, input$brushing, xvar = "protein", yvar =
   "calories")
```

na função `renderPrint({})` no servidor.

A Figura 5-16 mostra o resultado, incluindo uma caixa que arrastar produz e os dados selecionados.

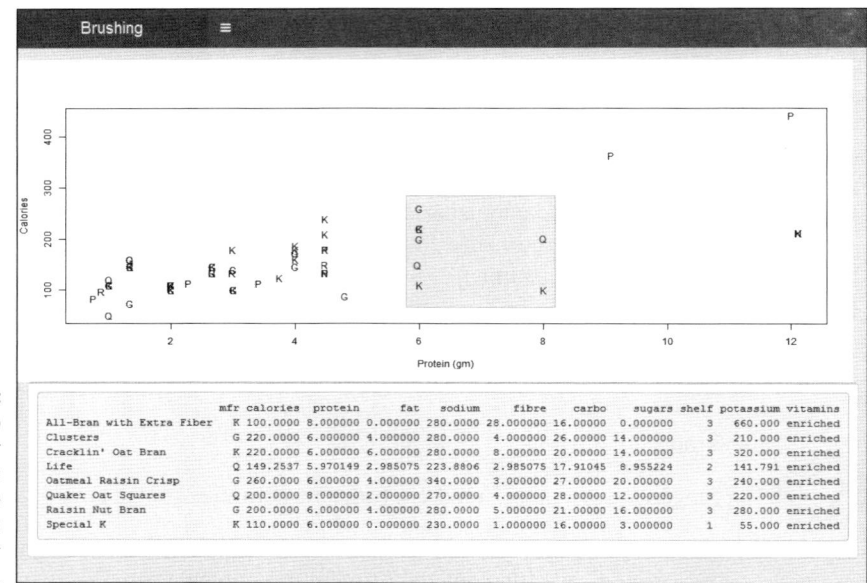

FIGURA 5-16: Usando arrastar (mover com o mouse e soltar) para selecionar os dados.

Projeto Sugerido: Experimente airquality

O quadro de dados `airquality`, que você encontra no pacote `datasets`, oferece um bom conjunto de dados para experimentar. Eu já usei isso antes. Só para refrescar sua memória, aqui estão as primeiras seis linhas:

```
> head(airquality)
  Ozone Solar.R Wind Temp Month Day
1    41     190  7.4   67     5   1
2    36     118  8.0   72     5   2
3    12     149 12.6   74     5   3
4    18     313 11.5   62     5   4
5    NA      NA 14.3   56     5   5
6    28      NA 14.9   66     5   6
```

Para um painel com capacidade para arrastar, seu projeto deve se parecer com a Figura 5-17.

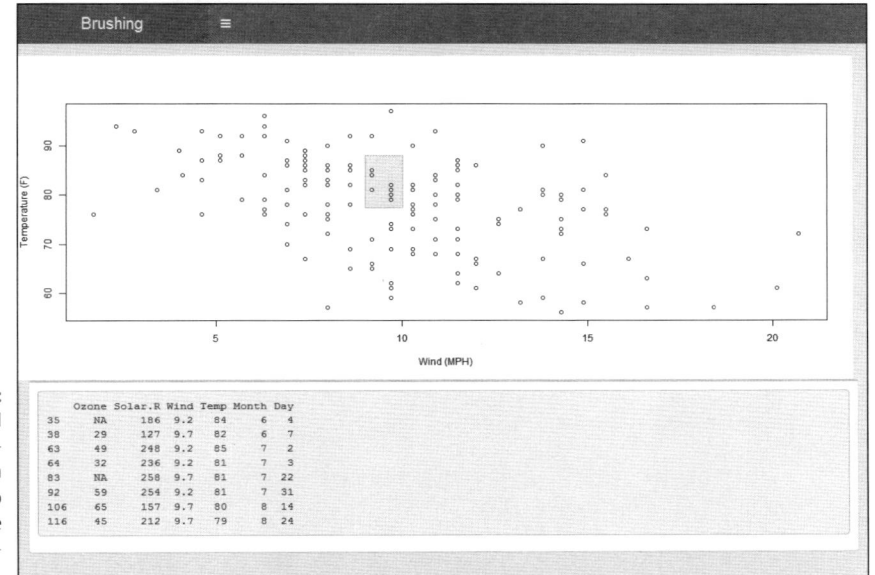

FIGURA 5-17: Um painel com capacidade para arrastar do quadro de dados `airquality`.

3 Aprendizado de Máquina

NESTA PARTE . . .

Crie análises de aprendizado de máquina com o pacote `rattle`.

Construa árvores de decisão e florestas aleatórias.

Coloque as máquinas de vetores de suporte para trabalhar.

Use o k-means clustering.

Construa redes neurais.

> **NESTE CAPÍTULO**
> » Tipos de aprendizado de máquina
> » Trabalhando com o repositório de aprendizado de máquina da UCI
> » Entendendo o conjunto de dados `iris`
> » Apresentando o pacote `rattle`
> » Usando o `rattle` com o conjunto de dados `iris`

Capítulo **6**

Ferramentas e Dados para Projetos de Aprendizado de Máquina

prendizado de máquina (AM) é a aplicação da inteligência artificial (IA) à estatística e à análise estatística. As técnicas de AM automatizam a pesquisa de padrões em dados. Às vezes, o objetivo é descobrir uma regra para classificar os indivíduos com base em suas características: por exemplo, um determinado raio X significa que a pessoa radiografada está doente ou saudável? Uma determinada flor é um membro de uma espécie ou de outra?

Em outras circunstâncias, o objetivo é a previsão: dada uma sequência de dados do mercado de ações, o mercado vai subir ou descer? De acordo com os últimos três dias de dados meteorológicos, amanhã choverá ou não?

Pense nas características dos raios X ou das flores (ou do mercado de ações ou do clima) como *entradas*. Pense nos alvos (doente ou saudável, chuva ou sol) como *saídas*. O aprendiz vê as entradas e suas saídas associadas, e precisa criar alguma função ou regra que caracterize a ligação. Então, quando confrontado com uma nova entrada, poderá aplicar o que aprendeu e classificar a entrada (ou fazer uma previsão) de acordo.

Aprender uma função ou regra que liga as entradas com as saídas é chamado de *aprendizado supervisionado*.

PAPO DE ESPECIALISTA

Se as saídas forem categorias (doente ou saudável, chuva ou sol), será um problema de *classificação*. Se o conjunto de saídas for contínuo, será uma *regressão*.

Em outro tipo de aprendizado, o aprendiz recebe um conjunto de entradas e o objetivo é usar as características das entradas para encontrar uma estrutura para o conjunto, em outras palavras, particionar o conjunto em subconjuntos. Nenhuma saída-alvo específica está envolvida.

Os primeiros zoólogos enfrentaram esse tipo de problema. Aprenderam o suficiente sobre as características dos animais para dividir os "vertebrados" (animais com coluna vertebral) em "mamíferos", "répteis", "anfíbios", "aves" e "peixes". Então, quando encontravam um novo animal, podiam observar suas características e atribuí-lo ao subconjunto apropriado. (Suponho que atribuir baleias, morcegos, golfinhos e ornitorrincos a "mamíferos" possa ter sido um pouco arriscado no começo.)

Descobrir a estrutura em um conjunto de entradas é chamado de *aprendizado não supervisionado*.

Em qualquer caso, uma técnica de AM faz seu trabalho sem ser explicitamente programada. Ela muda de comportamento com base na experiência, com o objetivo de ficar cada vez mais precisa.

Repositório AM da UCI (Universidade da Califórnia Irvine)

Para os projetos do aprendizado de máquina deste livro, trabalho com conjuntos de dados que residem no Machine Learning Repository da Universidade da Califórnia Irvine (lar do mascote Peter, o Tamanduá!). Você encontrará esse repositório em (conteúdo em inglês)

```
http://archive.ics.uci.edu/ml/index.php
```

Baixando um conjunto de dados da UCI

Muitos (mas não todos) conjuntos de dados da UCI estão no formato CSV: os dados estão em arquivos de texto com uma vírgula entre os valores sucessivos. Uma linha típica nesse tipo de arquivo é assim:

```
5.1,3.5,1.4,0.2,Iris-setosa
```

Esta é a primeira linha de um conjunto de dados bem conhecido chamado `iris`. As linhas são medidas de 150 flores de íris; 50 para cada uma das três espécies. As espécies são chamadas de *setosa*, *versicolor* e *virginica*. Os dados são comprimento e largura da sépala, comprimento e largura da pétala, e espécie. Um projeto típico de AM é desenvolver um mecanismo que possa aprender a usar as medidas de uma flor individual para identificar sua espécie.

PAPO DE ESPECIALISTA

O que é sépala? Em uma planta que está florescendo, a sépala sustenta uma pétala. Em uma íris, as sépalas se parecem com pétalas maiores sob as pétalas reais. Nessa primeira linha do conjunto de dados, observe que os dois primeiros valores (comprimento e largura da sépala) são maiores que os segundos (comprimento e largura da pétala).

Você pode encontrar `iris` em vários lugares, incluindo o pacote `datasets` no R básico. O objetivo deste exercício, no entanto, é mostrar como obter e usar um conjunto de dados da UCI.

Então, para obter os dados do repositório de AM da UCI, navegue para (conteúdo em inglês)

```
http://archive.ics.uci.edu/ml/datasets/Iris
```

Clique no link Data Set Description. Ele abre uma página de informações úteis sobre o conjunto de dados, incluindo material de origem, publicações que usam os dados, nomes de coluna e muito mais. Neste caso, essa página é particularmente útil porque informa sobre alguns erros nos dados (que mostro como corrigir).

Retornando à página anterior, clique no link Data Folder. Na página que se abre, clique no link `iris.data`. Ele abrirá a página que contém o conjunto de dados no formato CSV.

Para baixar o conjunto de dados, uso a função `read.csv()`. Posso fazer isso de várias formas. Para fazer tudo de uma vez, usando apenas uma função para ler o arquivo em R como um quadro de dados completo com nomes de coluna, use este código:

```
iris.uci <- read.csv(url("http://archive.ics.uci.edu/ml/machine-
   learning-databases/iris/iris.data"),
                    header=FALSE, col.names = ("sepal.length","sepal.
   width","petal.length","petal.width",
 "species"))
```

O primeiro argumento é o endereço da web do conjunto de dados. O segundo indica que a primeira linha do conjunto de dados é uma linha de dados e *não* fornece os nomes das colunas. O terceiro argumento é um vetor que atribui os nomes das colunas. Os nomes das colunas vêm da página web Data Set Description. Essa página fornece `class` como o nome da última coluna, mas decidi que species é correto. (E é o nome no conjunto de dados iris no pacote datasets.) Se você acha um pouco demais para colocar em uma função, veja outra maneira:

```
iris.uci <- read.csv(url("http://archive.ics.uci.edu/ml/machine-
   learning-databases/iris/iris.data"), header=FALSE)

colnames(iris.uci)<-c("sepal.length","sepal.width","petal.
   length","petal.width","species")
```

Ainda prefiro outra maneira. Com a página web do conjunto de dados aberta, pressiono Ctrl+A para selecionar tudo na página e Ctrl+C para colocar todos os dados na área de transferência. Então

```
iris.uci <- read.csv("clipboard", header=FALSE,
   col.names=
   c("sepal.length","sepal.width","petal.length","petal.
   width","species"))
```

faz o trabalho. Dessa forma, não tenho que lidar com o endereço da web.

Limpando os dados

Aqui estão as primeiras seis linhas do quadro de dados:

```
> head(iris.uci)
  sepal.length sepal.width petal.length petal.width     species
1          5.1         3.5          1.4         0.2 Iris-setosa
2          4.9         3.0          1.4         0.2 Iris-setosa
3          4.7         3.2          1.3         0.2 Iris-setosa
4          4.6         3.1          1.5         0.2 Iris-setosa
5          5.0         3.6          1.4         0.2 Iris-setosa
6          5.4         3.9          1.7         0.4 Iris-setosa
```

Corrigindo erros

Na página web Data Set Description em Relevant Information, esta mensagem aparece (depois de algumas outras coisas):

```
The 35th sample should be: 4.9,3.1,1.5,0.2,"Iris-setosa" where the
error is in the fourth feature.

The 38th sample: 4.9,3.6,1.4,0.1,"Iris-setosa" where the errors are
in the second and third features.
```

Esta é a 35ª amostra:

```
> iris.uci[35,]
   sepal.length sepal.width petal.length petal.width     species
35          4.9         3.1         1.5         0.1 Iris-setosa
```

Para alterar o quarto recurso para 0.2, digite este código no RStudio e execute-o:

```
> iris.uci[35,4]=0.2
```

E agora está correto:

```
> iris.uci[35,]
   sepal.length sepal.width petal.length petal.width     species
35          4.9         3.1         1.5         0.2 Iris-setosa
```

A 38ª amostra é

```
> iris.uci[38,]
   sepal.length sepal.width petal.length petal.width     species
38          4.9         3.1         1.5         0.1 Iris-setosa
```

Este código altera o segundo e terceiro recursos para 3.6 e 1.4:

```
> iris.uci[38,2:3]= c(3.6,1.4)
```

Então a 38ª amostra agora é

```
> iris.uci[38,]
   sepal.length sepal.width petal.length petal.width     species
38          4.9         3.6         1.4         0.1 Iris-setosa
```

Eliminando o desnecessário

Na coluna `species`, cada entrada começa com `Iris`. Gostaria de eliminar isso de todas as entradas. É possível com uma função chamada `mapvalues()` nativa do pacote `plyr`. Seu uso é bem simples:

```
library(plyr)
iris.uci$species <- mapvalues(iris.uci$species, from =
             c("Iris-setosa","Iris-versicolor","Iris-virginica"),
   to = c("setosa", "versicolor", "virginica"))
```

Depois de executar o código, o cabeçalho de `iris.uci` é

```
> head(iris.uci)
  sepal.length sepal.width petal.length petal.width species
1          5.1         3.5          1.4         0.2  setosa
2          4.9           3          1.4         0.2  setosa
3          4.7         3.2          1.3         0.2  setosa
4          4.6         3.1          1.5         0.2  setosa
5            5         3.6          1.4         0.2  setosa
6          5.4         3.9          1.7         0.4  setosa
```

Explorando os dados

É uma boa ideia explorar os dados e ter certa familiaridade com eles. Uma maneira rápida de explorá-los é usando a função `summary()`:

```
> summary(iris.uci)
  sepal.length    sepal.width    petal.length    petal.width          species
 Min.   :4.300   Min.   :2.000   Min.   :1.000   Min.   :0.100   setosa    :50
 1st Qu.:5.100   1st Qu.:2.800   1st Qu.:1.600   1st Qu.:0.300   versicolor:50
 Median :5.800   Median :3.000   Median :4.350   Median :1.300   virginica :50
 Mean   :5.843   Mean   :3.054   Mean   :3.759   Mean   :1.199
 3rd Qu.:6.400   3rd Qu.:3.300   3rd Qu.:5.100   3rd Qu.:1.800
 Max.   :7.900   Max.   :4.400   Max.   :6.900   Max.   :2.500
```

Isso dá uma ideia do intervalo de cada variável (`Max` – `Min`) e da tendência central (`Median` e `Mean`). Você pode ver rapidamente que as sépalas são mais longas e largas do que as pétalas, como mencionei anteriormente.

As estatísticas de Summary (Resumo) fornecem informações sobre as distribuições. Para visualizar e comparar as distribuições das variáveis, você pode plotar alguns histogramas em conjunto para chegar ao que é visto na Figura 6-1.

Entenda como plotar essas distribuições:

```
par(mfrow=c(2,2))
for(i in 1:4){hist(iris.uci[,i],xlab=colnames(iris.uci[i]), cex.
   lab=1.2, main="")}
```

A função `par()` é um item muito interessante nos gráficos básicos de R. Isso me permite *definir* (descobrir os valores) os parâmetros de um gráfico. Tem tantas possibilidades que eu poderia escrever um capítulo ou mais sobre como essa função trabalha. Em vez disso, vou poupar todos os detalhes e mostrar como aplico tal função quando necessário. Aqui, o argumento `mfrow` divide a tela em duas linhas e duas colunas para que as variáveis da sépala fiquem em uma linha e as variáveis da pétala em outra. (Pense em `mfrow` como "múltiplos valores por linha".)

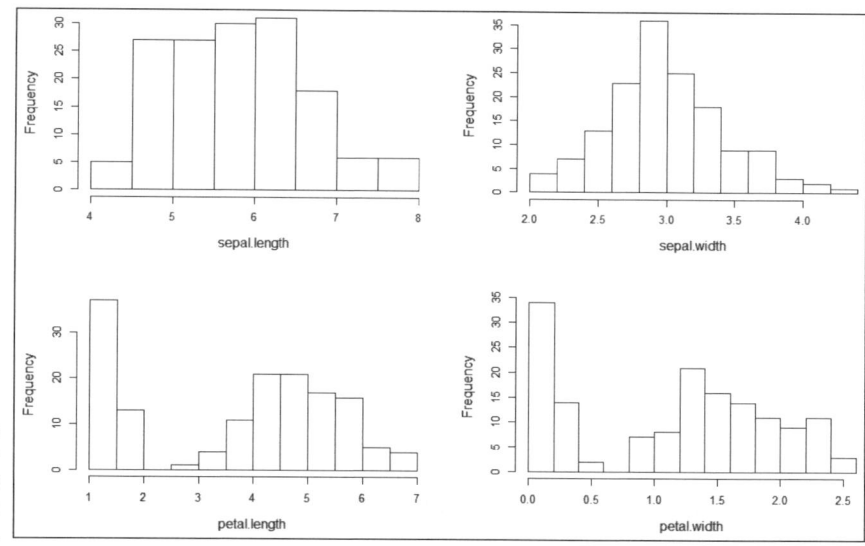

FIGURA 6-1: As distribuições das variáveis em `iris.uci`.

O loop `for` percorre as quatro primeiras colunas do quadro de dados e desenha um histograma para cada uma, rotulando o eixo x com o nome da coluna. O argumento `cex.lab` aumenta um pouco os rótulos dos eixos e o argumento `main=""` elimina o título padrão de cada histograma.

Os histogramas mostram que as variáveis da pétala são assimétricas e as variáveis da sépala são mais simétricas.

DICA

Para colocar as duas variáveis de sépala em uma coluna e as duas variáveis de pétala em outra, a função `par()` é

```
par(mfcol=c(2,2))
```

Projeto Rápido Sugerido: Gráficos de densidade

Este é um pequeno exercício para fortalecer suas habilidades gráficas (e suas habilidades com o loop `for`): transforme os histogramas em gráficos de densidade. (Veja o Capítulo 3 para descobrir como.) Seu produto final deve parecer com a Figura 6-2.

Os gráficos de densidade são outra maneira de mostrar simetria e assimetria nas variáveis.

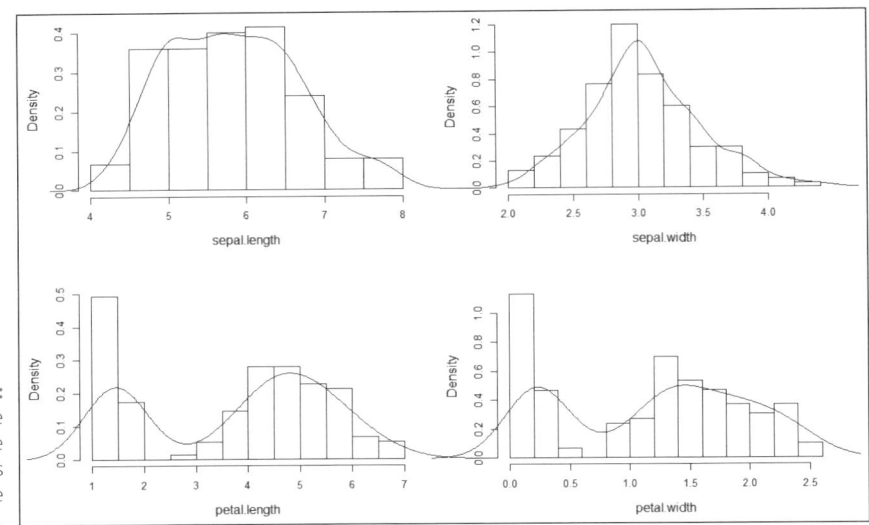

FIGURA 6-2:
Gráficos de densidade para as variáveis de `iris.uci`.

Explorando as relações nos dados

Os projetos de AM relacionados à íris são acerca do uso das relações entre as variáveis para classificar corretamente flores individuais. Portanto, além dos resumos e dos gráficos de cada variável, quero ver as relações entre as variáveis e como essas relações mudam entre as espécies.

Gráficos básicos de R

Uma matriz do gráfico de dispersão visualiza os relacionamentos entre as variáveis. A Figura 6-3 mostra a versão básica de R dessa matriz para `iris.uci`.

Eliminei o painel inferior da matriz porque ele mostra os mesmos dados da metade superior, mas com as variáveis x e y trocadas. Coloquei uma legenda nessa área. A legenda indica que o preto representa *setosa*, o cinza representa *versicolor* e o branco representa *virginica*. Antes de mostrar como fiz tudo isso, vamos dar uma olhada no gráfico e tentar entender o que ele informa.

As principais células diagonais, claro, têm os nomes das variáveis. Cada célula não diagonal principal representa a relação entre a variável na linha da célula e a variável na coluna da célula. Portanto, a célula na linha 1, coluna 2, representa a relação entre `sepal.length` e `sepal.width`. As células na coluna 5 mostram as relações entre cada uma das quatro variáveis medidas e `species`. Na prática, mostram as distribuições d   medições em cada espécie.

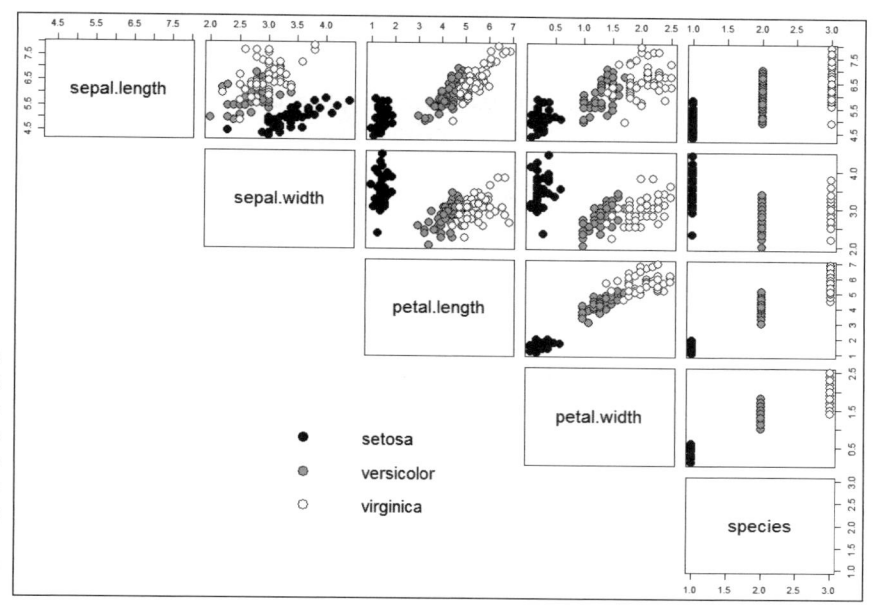

FIGURA 6-3: Matriz do gráfico de dispersão para o quadro de dados `iris.uci` apresentado em R básico.

As células que plotam as relações de pares entre as quatro variáveis numéricas parecem mostrar que as setosas (os pontos preenchidos de preto) são separadas e distribuídas de maneira um pouco diferente das outras duas espécies. A menor quantidade de sobreposição em *versicolor* e *virginica* parece (para mim, pelo menos) estar em `petal.length` versus `petal.width`. Quanto às células na coluna 5, `petal.length` e `petal.width` parecem ter a menor quantidade de sobreposição entre as espécies. Com isso, quero dizer que o intervalo de uma espécie tem menos extensão no intervalo de outra. Tudo isso sugere que `petal.length` e/ou `petal.width` podem fornecer uma boa base para um processo que precisa aprender como atribuir íris à sua espécie apropriada.

Para criar a matriz do gráfico de dispersão, uso a função `pairs()`:

```
pairs(iris.uci,lower.panel=NULL,cex=2,pch=21,cex.labels = 2,
    bg = c("black","grey","white")[iris.uci$species])
```

O primeiro argumento é o quadro de dados; o segundo elimina o painel inferior. O terceiro expande o caractere do gráfico para o dobro de seu tamanho e o quarto especifica um círculo preenchido como o caractere do gráfico. O quinto argumento dobra o tamanho dos rótulos na diagonal principal para que você possa lê-los com mais facilidade. O argumento final termina tudo: atribui as cores preto, cinza e branco às três espécies de íris. E `bg` indica que essas cores são as cores de fundo (cores de preenchimento, em outras palavras) para os caracteres do gráfico.

Adicionar a legenda é um pouco complicado. Na verdade, é adicionar um gráfico a um gráfico existente. Primeiro, uso `par()`:

```
par(xpd=NA)
```

Pense em `par()` como configurando uma região no centro da matriz do gráfico de dispersão. É chamada de região de *recorte* e é menor que a matriz. O argumento `xpd` determina onde posso adicionar o próximo gráfico à região de recorte, nesse caso, a legenda. É possível usar um dos três valores: `TRUE`, `FALSE` ou `NA`. Sem insistir mais nisso, `NA` significa que posso colocar a legenda em qualquer lugar. (Para obter mais informações sobre recorte, consulte o box "Mais sobre recorte".)

Esta é a função `legend()`:

```
legend("bottomleft", inset=c(-.5,0), legend=levels(iris.uci$species),
       pch=21,pt.bg=c("black","grey","white"),pt.cex=2,
       y.intersp=.2,cex=1.5,bty="n")
```

O primeiro argumento é o local da legenda. O segundo, `inset`, é sua localização relativa à região `clip` (o recorte). O número negativo para o primeiro argumento significa que ele fica à esquerda da região de recorte e 0 significa que está na parte inferior. O terceiro argumento especifica os termos que aparecem na legenda. (É incomum que um argumento tenha o mesmo nome de sua função, mas, como você vê, pode acontecer.) Eu poderia ter usado um vetor dos nomes das espécies, mas dessa forma é muito mais legal.

Os próximos três argumentos dizem respeito ao símbolo na legenda: `pch = 21` especifica um círculo preenchido; o argumento `pt.bg` fornece as cores de preenchimento; `pt.cex = 2` duplica o tamanho do círculo preenchido.

O valor do próximo argumento, `y.intersp`, reduz o espaço entre as linhas da legenda. Sem esse argumento, a legenda se estende por toda a página. Então, `cex` aumenta o tamanho da fonte do texto na legenda e `bty="n"` significa que não há bordas ao redor da legenda.

A execução dessas três funções produz o gráfico mostrado na Figura 6-3. Forneci os valores para os argumentos com base na resolução e no tamanho da tela, portanto, seu gráfico pode ficar um pouco diferente do meu. Sinta-se à vontade para alterar os valores quando necessário.

MAIS SOBRE RECORTE

Este exercício vai ajudá-lo a entender um pouco melhor recorte, `par()` e `xpd`, mas primeiro você deve concluir o projeto na seção anterior, "Projeto Rápido Sugerido: Gráficos de densidade". Nele, peço que transforme quatro histogramas em quatro gráficos de densidade (veja a Figura 6-2). Sem entregar totalmente o jogo, você precisa usar a função `lines()` para visualizar cada gráfico de densidade depois de criar cada histograma. Dentro do loop `for`, antes de inserir `lines()`, insira `par(xpd=NA)` e observe o que acontece com as extremidades das linhas do gráfico de densidade ao executar o código. Em seguida, altere `NA` para `FALSE` e anote os efeitos nos términos das linhas, por fim, altere para `TRUE` e veja o que acontece.

Versão ggplot

Como fã de `ggplot`, tenho que mostrar como fazer tudo isso à maneira `ggplot`. A Figura 6-4 mostra uma matriz de dispersão renderizada por ggplot.

Lindo, não é? Mais uma vez, antes de mostrar como criar, explico o que tudo isso significa. As espécies correspondem a preto para *setosa*, cinza para *versicolor* e cinza claro para *virginica*. As primeiras quatro células diagonais principais mostram gráficos de densidade para as três espécies de cada variável. A quinta é um histograma da espécie. A linha inferior apresenta histogramas que correspondem aos gráficos de densidade.

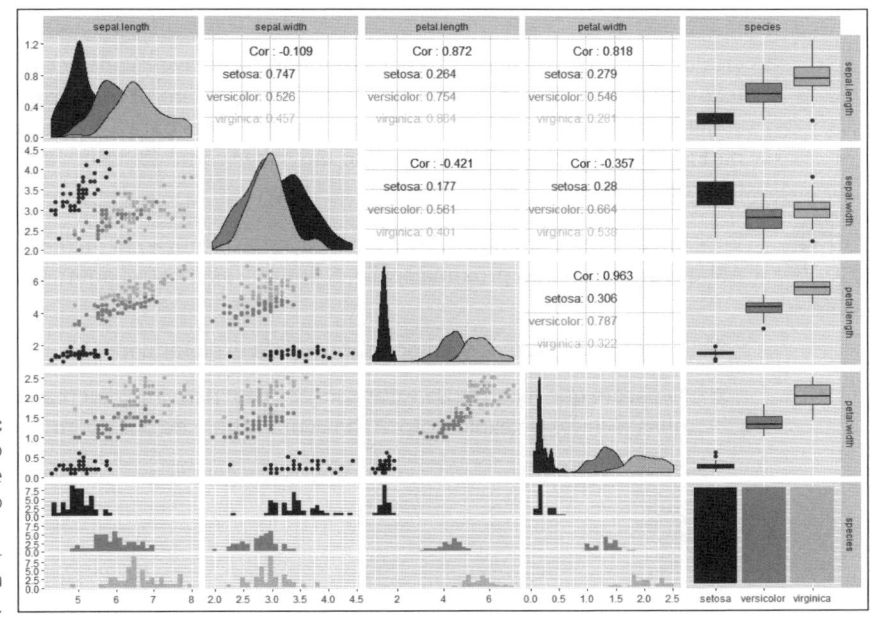

FIGURA 6-4: Matriz do gráfico de dispersão para iris.uci renderizado em ggplot.

As células diagonais principais e as células da linha de baixo mostram claramente como a setosa difere das outras duas espécies em relação às duas variáveis da pétala. Os gráficos de dispersão em cada célula visualizam o relacionamento entre as variáveis de linha e coluna da célula. Essas relações também mostram a diferença entre a setosa e as outras duas espécies.

Sobre a diagonal principal, cada célula nas colunas 2 a 4 mostra a correlação entre suas variáveis de linha e coluna. Cada célula também mostra a correlação de cada espécie. Serve de exemplo observar que as correlações individuais podem variar muito em relação à correlação geral.

As primeiras quatro células da quinta coluna são gráficos de caixa para as três espécies em relação a cada variável. Os gráficos de caixa mostram que as espécies se sobrepõem para as duas variáveis da sépala e mostram pouca sobreposição para as variáveis da pétala. Como acontece na versão básica de R, a imagem que surge é a de que as variáveis da pétala são os maiores indicadores da composição de espécies.

Agora, a criação do gráfico. Seria ótimo se `ggplot2` tivesse uma função chamada `ggpairs()` que esteticamente mapeasse `color` para `species` e, como `pairs()` no R básico, processasse a matriz para você. Não é o caso, mas um pacote chamado `GGally` pode fazer isso, e ele é baseado no `ggplot2`. Para carregá-lo, selecione a aba Packages e clique em Install. Na caixa de diálogo Install Packages, digite **GGally**. Após o download, localize `GGally` na aba Packages e clique na caixa de seleção. Então este código

```
library(ggplot2)
library(GGally)
ggpairs(iris.uci, aes(color = species))
```

cria uma matriz de dispersão perfeitamente utilizável. Pode ser usada em sua *tela*. As cores padrão não ficariam bem na página em preto e branco que você está lendo, então precisei mudar o esquema de cores para a escala de cinza vista na Figura 6-4. Se estiver interessado em saber como fiz isso, veja o box "Três tons de cinza".

LEMBRE-SE

Você encontrará algumas dessas técnicas de exploração de dados no pacote de AM que mostrarei na próxima seção. E por que as mostrei aqui? Dois motivos:

» É uma boa ideia saber como usar o R para explorar dados.

» O pacote que mostro usa essas funções de R para implementar algumas de suas técnicas de exploração. Assim, você saberá de onde vêm as técnicas.

> ## TRÊS TONS DE CINZA
>
> Para criar a Figura 6-4 com preto, cinza e cinza claro como as cores das espécies, primeiro preciso criar a matriz do gráfico:
>
> ```
> library(ggplot2)
> library(GGally)
> plot.matrix <-ggpairs(iris.uci,aes(color= species))
> ```
>
> Por que atribuo a matriz do gráfico à variável à esquerda? Porque preciso percorrer a matriz, célula por célula, e alterar as cores padrão para a escala de cinza. Usar o nome da variável facilita isso.
>
> Para percorrer a matriz, uso um loop `for` incorporado em outro loop `for`. O primeiro loop lida com as linhas, o segundo, com as colunas. Assim, o código passa por cada célula na primeira linha, depois por cada uma na segunda e assim por diante:
>
> ```
> for(i in 1:5) {
>   for(j in 1:5){
>       plot.matrix[i,j] <- plot.matrix[i,j] +
>         scale_color_grey()  +
>         scale_fill_grey()
>     }
>   }
> ```
>
> O código dentro do loop `for` incorporado faz as alterações. Nas células acima da diagonal principal, `scale_color_grey()` altera as cores dos coeficientes de correlação e seus nomes de espécies associados. Nas células abaixo da diagonal principal, `scale_color_grey()` altera as cores dos pontos em cada gráfico de dispersão. A função `scale_fill_grey()` altera as cores de preenchimento dos gráficos de densidade na diagonal principal, os histogramas na linha inferior e os gráficos de caixa na quinta coluna.
>
> Finalmente,
>
> ```
> plot.matrix
> ```
>
> coloca o gráfico na tela.

Apresentando o Pacote `Rattle`

R tem inúmeras funções e pacotes que lidam com AM. O renomado cientista de dados Graham Williams criou o `Rattle`, uma interface gráfica de usuário (GUI) para muitas dessas funções. Uso o `Rattle` para os projetos de AM deste livro.

Muito do que o `Rattle` faz depende de um pacote chamado `RGtk2`, que usa as funções de R para acessar o kit de ferramentas GIMP (Gnu Image Manipulation Program). (O GIMP é um editor de imagens de fonte aberta amplamente utilizado.) Então, a primeira coisa a fazer é baixar e instalar o pacote. Na aba Packages, clique em Install. Na caixa de diálogo Install Packages, digite **RGtk2** e clique em Install. Depois que o download terminar, encontre o `RGtk2` na aba Packages e clique na caixa de seleção.

Agora, faça o mesmo para o `Rattle`: na aba Packages, clique em Install. Na caixa de diálogo Install Packages, digite **rattle** e clique em Install. Quando o download terminar, encontre o `Rattle` na aba Packages e clique na caixa de seleção.

No painel Script do R Studio, digite

```
rattle()
```

e então pressione Ctrl+Enter para executar. A Figura 6-5 mostra a janela que se abre. A janela pode não ficar visível no início, ou seja, pode estar aberta atrás de outras janelas, por exemplo. Portanto, pode ser que você precise dar uma boa procurada por ela, mas vai encontrar. Expanda-a para ficar parecida com a Figura 6-5.

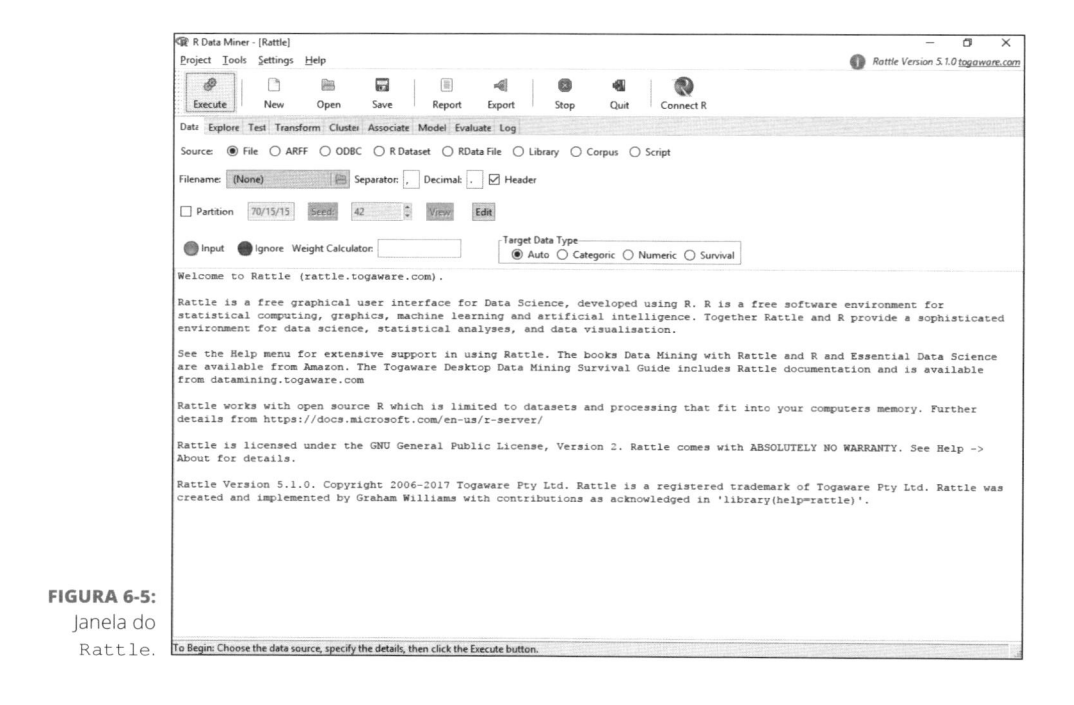

FIGURA 6-5: Janela do Rattle.

O painel principal apresenta uma mensagem de boas-vindas e algumas informações sobre o `Rattle`. A barra de menus na parte superior apresenta Project (para iniciar, abrir e salvar projetos do `Rattle`), Tools (um menu de opções que correspondem a botões e abas), Settings (que lidam com gráficos) e Help.

A linha abaixo da barra de menus contém ícones, sendo o mais importante deles o Execute. A ideia é examinar cada aba e fazer seleções, então clicar em Execute para executar essas seleções. (Se você for um Trekkie, pense em clicar no ícone Execute como o capitão Picard dizendo "Faça isso!")

A próxima linha mantém as abas. A primeira aba (à esquerda) é para Data. Essa aba apresenta a mensagem de boas-vindas e, o mais importante, permite que você escolha a fonte de dados. A aba Explore é para — adivinhou — explorar dados. A aba Test fornece testes estatísticos de duas amostras. Se você precisar transformar dados, a aba Transform será sua escolha. A aba Cluster permite vários tipos de análise de cluster, um tipo de aprendizado não supervisionado. A aba Associate apresenta a análise de associação, que identifica os relacionamentos entre as variáveis. A aba Model fornece vários tipos de AM, incluindo árvores de decisão, máquinas de vetores de suporte e redes neurais. A próxima aba permite que você avalie sua criação de AM. A aba Log controla suas interações com o Rattle como script de R, o que poderá ser bastante instrutivo se você estiver tentando aprender R.

> **DICA**
> Lembre-se que o `Rattle` é uma GUI para as funções de R em algumas análises complexas e você nem sempre saberá de antemão quais são tais funções ou em quais pacotes residem. Assim, uma parte frequente da interação com o `Rattle` é uma caixa de diálogo que abre e informa que você precisa instalar um pacote específico, e pergunta se quer instalá-lo. Sempre clique em Yes.

Usando `Rattle` com `iris`

Baixei o conjunto de dados `iris` do Machine Learning Repository da UCI, limpei um pouco e explorei. Depois, instalei o `Rattle` e o coloquei para funcionar.

Obtendo e explorando (mais) os dados

A primeira coisa a fazer é trazer o conjunto de dados para o `Rattle`. Na aba Data, seleciono a fonte ao clicar no botão de seleção ao lado de R Dataset. Isso faz com que uma caixa Data Name seja aberta logo abaixo dos botões de seleção.

Clicar na seta para baixo nessa caixa abre um menu suspenso, conforme mostrado na Figura 6-6.

No menu, clico em `iris.uci`. Em seguida, clico no ícone Execute. Isso faz com que a aba Data se pareça com a Figura 6-7.

FIGURA 6-6: O menu suspenso na caixa Data Name na aba Data de `Rattle`.

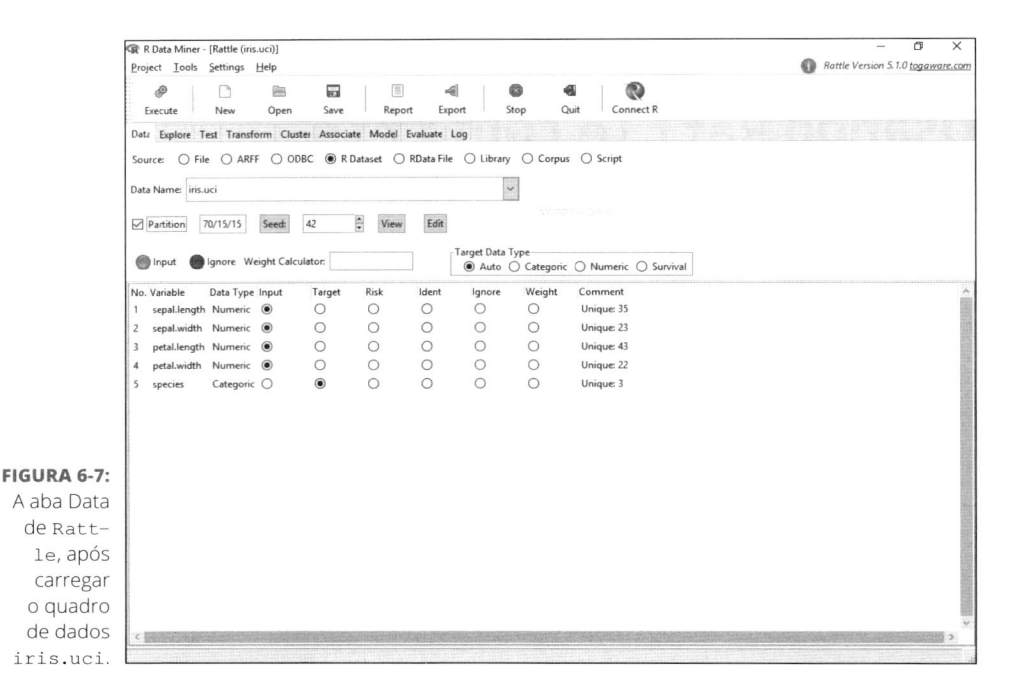

FIGURA 6-7: A aba Data de `Rattle`, após carregar o quadro de dados `iris.uci`.

Observe a caixa de seleção ao lado de Partition. Isso particiona os dados em um conjunto de treinamento, um conjunto de validação e um conjunto de testes, que são necessários para muitos tipos de AM. Porém, para o que vou fazer, isso não é necessário. Vou mostrar rapidamente alguns dos recursos de `Rattle` fazendo uma análise de cluster hierárquica para examinar a estrutura do conjunto de dados. Por isso, desmarquei a caixa de seleção.

Observe também os nomes das variáveis e os botões de seleção escolhidos no painel principal. Como você pode ver, o `Rattle` tem uma boa ideia sobre os tipos de dados nesse conjunto.

Agora, vamos explorar. Clicar na aba Explore mostra a página que você vê na Figura 6-8.

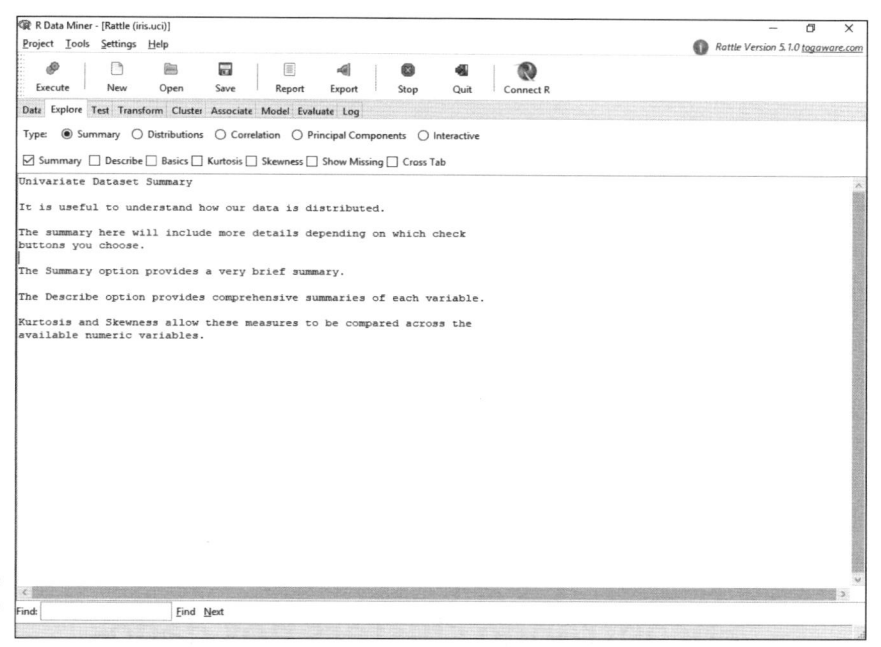

FIGURA 6-8: Aba Explore de `Rattle`.

Para explorar as distribuições das variáveis, clico no botão de seleção Distributions e a aba se parece com a Figura 6-9.

DICA

Um gráfico do `Rattle` aparece na aba RStudio Plots. Para uma versão expandida, clique em Zoom.

FIGURA 6-9: A aba Explore de Rattle, com o botão de seleção Distributions selecionado.

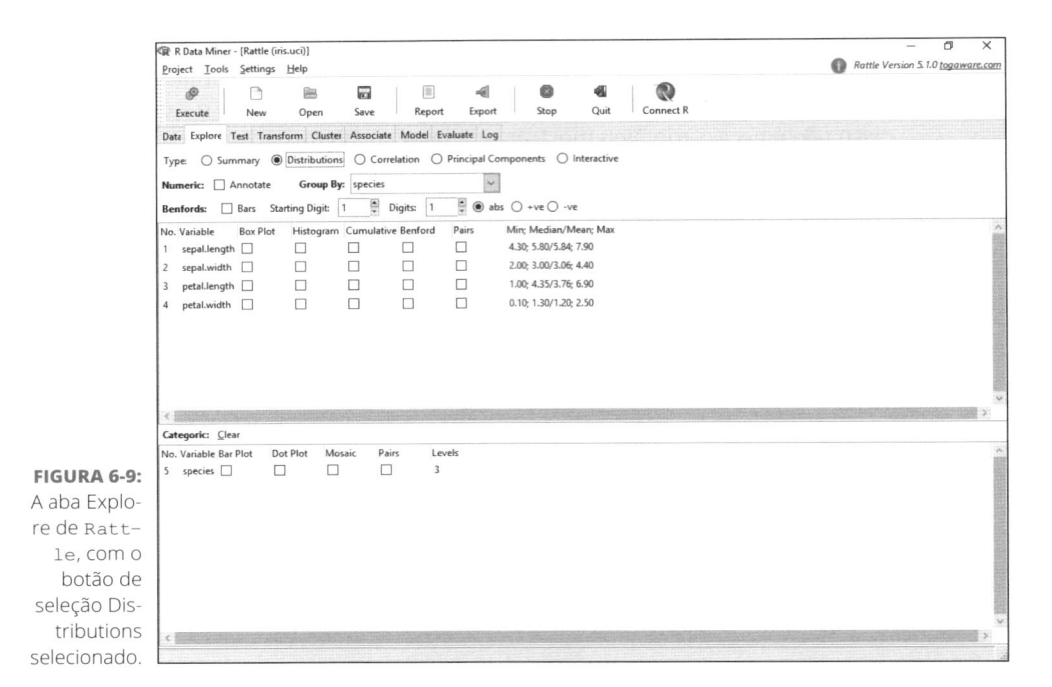

Clicar em todas as caixas de seleção em Box Plot (e depois clicar em Execute) resulta no gráfico mostrado na Figura 6-10.

Como antes, os gráficos mostram a menor variabilidade e a menor sobreposição nas variáveis da pétala.

Se eu desmarcar essas caixas de seleção e depois marcar as caixas de seleção Pairs, resultará em uma matriz de dispersão que se parece muito com a Figura 6-4 (mas sem a quinta linha e a quinta coluna).

Deixo a seu cargo explorar o restante da aba Explore.

Encontrando clusters nos dados

Agora, um pouco de AM. Nos capítulos subsequentes, dou explicações detalhadas das técnicas de AM, mas aqui mostro apenas os aspectos superficiais de uma análise de cluster hierárquica, um tipo de aprendizado não supervisionado que, como mencionei antes, encontra a estrutura subjacente no conjunto de dados. A análise revela a estrutura como um conjunto de clusters organizados em uma hierarquia. Estou trapaceando um pouco aqui porque conheço a estrutura: são três espécies e, como sugere a exploração de dados, *setosa*, de alguma forma, é diferente de *versicolor* e *virginica*.

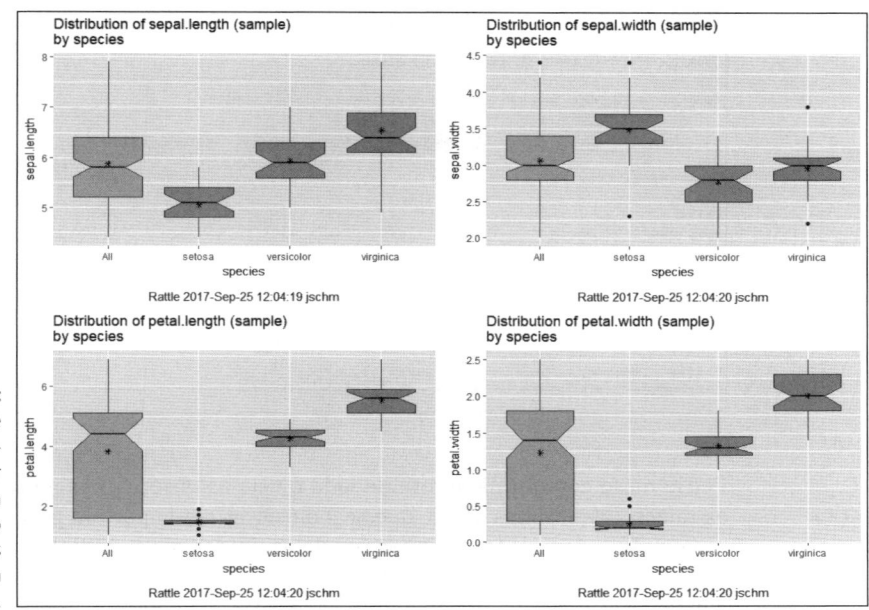

FIGURA 6-10: Gráficos de caixas apresentados por `Rattle` para as quatro variáveis numéricas em `iris.uci`.

Podemos adivinhar, então, que as observações formam "clusters" com base em suas espécies. Portanto, são três clusters.

O que é "hierarquia"? A sobreposição entre *versicolor* e *virginica* nos diagramas de dispersão (e sua separação de *setosa*) sugere que elas formam um cluster de "ordem superior", deixando de fora *setosa*. Então, em um nível mais alto, *setosa* forma um cluster com as outras duas, resultando em um grande cluster que representa todo o conjunto de dados. Essa é a hierarquia.

Ou, vendo de outro modo, o conjunto de dados particiona-se em dois grupos: um consistindo de *versicolor* e *virginica*, e outro com apenas *setosa*. O primeiro cluster se divide em dois clusters, um para cada espécie, talvez.

É simples para o conjunto de dados `iris` porque tudo é bem preto no branco. Com um conjunto de dados maior com mais variáveis e mais categorias, as coisas podem ficar bastante complicadas, e esse tipo de análise pode revelar estruturas imprevistas.

Para fazer o cluster hierárquico, seleciono a aba Cluster e clico no botão de seleção Hierarchical. Clicar em Execute faz com que a aba Cluster se pareça com a Figura 6-11.

Na caixa Clusters, altero o número para 3 e clico em Execute. (Eu disse que estava trapaceando, lembra?) Gostaria de uma imagem do cluster hierárquico que descrevi anteriormente e que aparece em uma imagem chamada *dendrograma*. (Em grego, *dendro* significa "árvore".) Então, clico em Dendrogram e o resultado é mostrado na Figura 6-12.

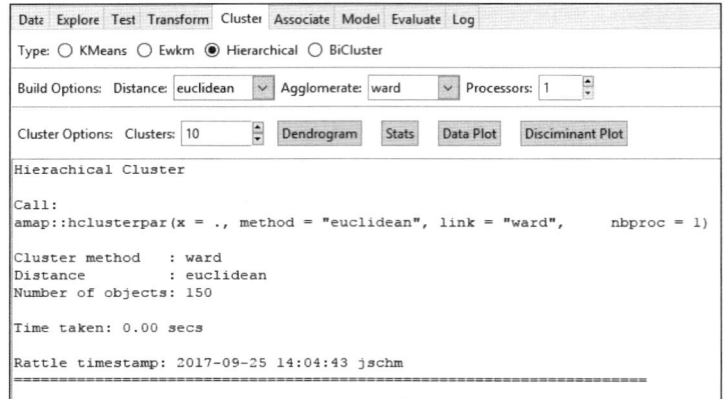

FIGURA 6-11: Executando o cluster hierárquico em `Rattle`.

Pense nisso como uma árvore de lado e veja as observações individuais como as raízes. (Na minha cidade, que acabou ser atingida por um grande furacão, é uma visão comum!) Duas linhas paralelas unidas por uma linha perpendicular em suas extremidades representam um cluster. Em um nível, você pode ver três clusters e vários clusters abaixo (à esquerda). Dois dos clusters se juntam em um nível mais alto (mais à direita). Então, no nível mais alto, é possível ver o terceiro cluster unindo-os.

DICA

Com o valor padrão 10 da caixa Cluster, o dendrograma é semelhante à Figura 6-12.

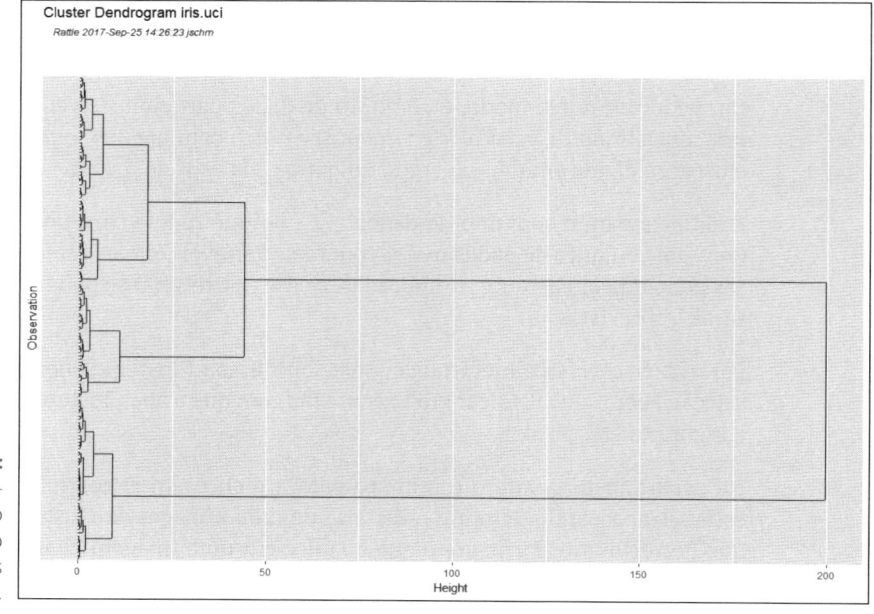

FIGURA 6-12: Dendrograma para o conjunto de dados `iris.uci`.

ANALISANDO O LOG DE RATTLE

Como mencionei anteriormente neste capítulo, a aba Log mostra suas interações com o Rattle como código R. Aqui, temos um bom exemplo de como trabalhar com o log de Rattle.

Na análise do cluster hierárquico, clique em Data Plot. Você verá um gráfico que se parece muito com a Figura 6-3. Para encontrar o código que produziu o gráfico, selecione a aba Log e role para baixo até encontrar isso:

```
plot(crs$dataset[, c(1:4)], col=cutree(crs$hclust,3))
```

Copie e cole essa linha no painel Script do RStudio e pressione Ctrl+Enter para executá-la.

Na aba Plots, você verá a mesma matriz de dispersão, mas sem o título. Os caracteres de plotagem não estão preenchidos e suas cores de borda (preto, vermelho e verde) são as cores dos clusters aos quais Rattle os atribuiu. (Não mostro isso porque as cores vermelho e verde da borda seriam difíceis de distinguir em uma página em preto e branco.)

Para tornar a matriz mais parecida com a Figura 6-3, altere cr$dataset[, c(1:4)] para cr$dataset[, c(1:5)]. Essa alteração adiciona a quinta linha e a quinta coluna.

Adicione o argumento lower.panel=NULL para eliminar tudo abaixo da diagonal principal. Em seguida, adicione argumentos de caractere do gráfico para que o código seja

```
plot(crs$dataset[, c(1:5)], col=cutree(crs$hclust, 3), lower.
    panel=NULL, pch=21,cex=2,
        bg = c("black","grey","white")[iris.uci$species])
```

Agora, a cor da borda de cada caractere corresponde ao cluster atribuído e sua cor de preenchimento corresponde à espécie. Se você executar esse código, verá que, nos gráficos de dispersão, alguns caracteres têm bordas vermelhas e são preenchidos com cinza e outros caracteres de borda vermelha são preenchidos com branco. Na quinta coluna, todos os pontos no grupo mais à direita devem ter bordas verdes, mas alguns têm bordas vermelhas. O que tudo isso significa? Que o cluster não é perfeito! Ou seja, os três clusters não correspondem exatamente às três espécies.

Examinar o log de Rattle foi uma boa ideia!

A aba Evaluation de Rattle tem procedimentos de avaliação das suas criações de AM e analiso-os nos capítulos subsequentes.

É tentador dizer que os três grupos correspondem às três espécies. Mas é realmente assim? Uma rápida olhada no dendrograma mostra que os três clusters possivelmente correspondentes às espécies não parecem ter números de observações iguais em seus níveis mais baixos. Então, talvez, a correspondência entre cluster e espécie não seja exata. Além disso, veja o box "Analisando o log de `Rattle`".

De onde vêm os números no eixo Height? Qual é a regra para admitir uma observação em um cluster? Ou juntar um cluster a outro? Todas as perguntas são importantes, mas o meu objetivo aqui é apenas familiarizar você com o `Rattle`.

Como foi o caso de Explore, sinta-se à vontade para ver as opções restantes nessa aba.

> **NESTE CAPÍTULO**
>
> » **Descobrindo árvores de decisão**
>
> » **Criando uma árvore de decisão para o conjunto de dados** `iris`
>
> » **Trabalhando com uma árvore de decisão para o conjunto de dados** `Acute inflammations` **da UCI**

Capítulo 7
Decisões, Decisões, Decisões

Uma *árvore de decisão* é uma maneira gráfica de representar o conhecimento. Como o próprio nome indica, é uma estrutura em forma de árvore que mostra decisões sobre algo e é útil em muitos campos, desde Administração até Medicina.

Pense em uma árvore de decisão como uma forma de estruturar uma sequência de perguntas e possíveis respostas. Um uso importante de uma árvore de decisão é para mostrar o fluxo de tomada de decisão para um público leigo em conhecimentos técnicos.

Componentes da Árvore de Decisão

A Figura 7-1 mostra uma árvore de decisão para classificar as íris junto com a terminologia da árvore de decisão. Você deve se lembrar do Capítulo 6, no qual o conjunto de dados `iris` (baixado do Machine Learning Repository da UCI e designado como `iris.uci`) consiste de 150 linhas e 5 colunas. As 150 linhas representam flores individuais, com 50 para cada uma das espécies *setosa*, versicolor e virginica. As cinco colunas são `sepal.length`, `sepal.width`, `petal.length`, `petal.width` e `species`.

A árvore de decisão é realmente uma árvore de cabeça para baixo e consiste de *nós* e *ramificações*. Cada nó apresenta uma pergunta (como petal.length < 2.6, com o ponto de interrogação implícito) e as ramificações que saem do nó representam as possíveis respostas (sim/não, por exemplo).

(Ramificações alternativas me lembram de algo que o falecido e ilustre Yogi Berra [jogador e treinador de beisebol] disse: "Quando você chegar a uma bifurcação na estrada, siga-a". Não é muito relevante, mas não consigo escrever um livro sem citar Yogi Berra.)

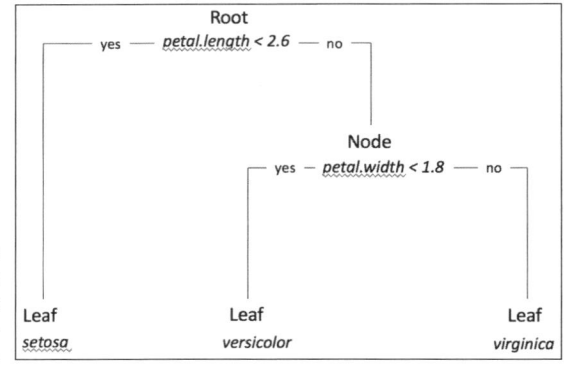

FIGURA 7-1: Uma árvore de decisão para classificar as íris.

Raízes e folhas

A árvore começa a partir de um nó de nível superior chamado *raiz* e termina nos nós de nível inferior chamados *folhas*. (Eu disse que estava de cabeça para baixo.) Cada folha contém uma categoria; neste caso, uma espécie específica de íris.

Um nó que se ramifica para um nó abaixo dele é o *pai* do que está abaixo. O nó inferior de uma ramificação é o *filho* daquele acima dele. Então uma raiz não tem pais e uma folha não tem filhos. Um *nó interno* tem pelo menos um filho.

Pense em uma sequência de ramificações da raiz para uma folha como uma *regra de classificação*. Na Figura 7-1, uma regra é: "Se o comprimento da pétala da íris for maior ou igual a 2,6 e a largura da pétala for menor que 1,8, então a íris será *versicolor*".

LEMBRE-SE

Uma árvore de decisão com categorias nas folhas é chamada de *árvore de classificação*. Uma árvore de decisão com valores numéricos (como "quilômetros previstos por litro" ou "tempo previsto de permanência hospitalar") nas folhas é chamada de *árvore de regressão*.

Construção da árvore

Se você precisasse construir uma árvore de decisão com base no quadro de dados `iris.uci`, como faria isso? Na verdade, o trabalho é criar uma série de perguntas sim/não que dividam os dados em subconjuntos cada vez menores, até que não se possa mais dividi-los.

Depois, você examinaria as variáveis e encontraria para uma delas um valor que divide os dados em dois subconjuntos, talvez um que tenha todas as *setosas* e outro com todo o resto. Vamos chamá-las de A e B.

Que tal dividi-las ainda mais? Com cuidado, você encontraria um valor onde A teria dois subconjuntos (A1 e A2), um dos quais (A1) contendo todas as *setosas* e o outro (A2), sem nada. Como A2 não tem membros, você não pode dividi-la mais. Então A é uma folha.

Agora pense em B. Ela contém todas as íris não *setosas*. A mesma variável (ou talvez outra) pode conter a chave para uma divisão produtiva em B1 e B2. Esse valor de divisão (sejam quais forem a variável e o valor) provavelmente não colocará todas as *versicolors* em B1 e todas as *virginicas* em B2.

Por quê? Você deve se lembrar do Capítulo 6 que a exploração de dados revelou uma sobreposição entre essas duas espécies, independentemente da variável. Então a divisão não será perfeita, mas poderá colocar a maioria de uma espécie em B1 (juntamente com um pequeno grupo de casos com categorias erradas) e a maioria da outra em B2 (novamente, com um pequeno grupo de casos com categorias incorretas). O ideal é que as categorizações erradas sejam tão poucas que você não possa mais dividir. Então B1 e B2 são folhas.

Isso é chamado de *particionamento recursivo*, e você poderia analisar os dados e fazer tudo isso manualmente.

Ou poderia usar o R.

Árvores de Decisão em R

O R tem um pacote que usa um particionamento recursivo para construir árvores de decisão. É chamado `rpart` e sua função para construir árvores é chamada `rpart()`. Para instalar o pacote `rpart`, clique em Install na aba Packages e digite **rpart** na caixa de diálogo Install Packages. Em seguida, na caixa de diálogo, clique no botão Install. Após o download do pacote, localize `rpart` na aba Packages e clique na caixa de seleção.

Desenvolvendo a árvore em R

Para criar uma árvore de decisão para o quadro de dados `iris.uci`, use o seguinte código:

```
library(rpart)
iris.tree <- rpart(species ~ sepal.length + sepal.width + petal.
   length + petal.width, iris.uci, method="class")
```

O primeiro argumento para `rpart()` é uma fórmula indicando que `species` depende das outras quatro variáveis. (O til [~] significa "depende de". Veja a seção "Fórmulas de R" no Capítulo 2.) O segundo argumento é o quadro de dados que você está usando. O argumento method = "class" (o terceiro) informa a `rpart()` que é uma árvore de classificação. (Para uma árvore de regressão, é method = "anova".)

> **DICA**
>
> Você pode abreviar todo o lado direito da fórmula com um ponto. Então a versão abreviada é
>
> ```
> species ~ .
> ```

O lado esquerdo do código, `iris.tree`, é chamado *objeto rpart*. Então `rpart()` cria um objeto rpart.

Neste ponto, você pode digitar o objeto rpart

```
iris.tree
```

e ver a saída de texto que descreve a árvore:

```
n= 150

node), split, n, loss, yval, (yprob)
    * denotes terminal node

1) root 150 100 setosa (0.33333333 0.33333333 0.33333333)
  2) petal.length< 2.45 50    0 setosa (1.00000000 0.00000000
  0.00000000) *
  3) petal.length>=2.45 100   50 versicolor (0.00000000 0.50000000
  0.50000000)
    6) petal.width< 1.75 54    5 versicolor (0.00000000 0.90740741
    0.09259259) *
    7) petal.width>=1.75 46    1 virginica (0.00000000 0.02173913
    0.97826087) *
```

A primeira linha indica que essa árvore é baseada em 150 casos. A segunda linha fornece uma chave para entender a saída. A terceira linha informa que um asterisco indica que um nó é uma folha.

Cada linha corresponde a um nó na árvore. A primeira entrada na linha é o número do nó seguido por um parêntese direito. A segunda é a variável e o valor que compõem a divisão. A terceira é o número de casos classificados nesse nó. A quarta, `loss`, é o número de casos classificados de forma errada no nó. Classificados de forma errada? Comparado com o quê? Comparado com a próxima entrada, `yval`, que é o melhor palpite da árvore para a espécie desse nó. A entrada final é um conjunto de proporções entre parênteses que corresponde à proporção de cada espécie no nó.

Você pode ver a classificação perfeita no nó 2, no qual `loss` (a classificação errada) é 0. Em contraste, nos nós 6 e 7, `loss` não é 0. Além disso, ao contrário do nó 2, as proporções entre parênteses para os nós 6 e 7 não mostram 1.00 nos slots que representam as espécies corretas. Portanto, as regras de classificação para *versicolor* e *virginica* resultam em pequenos erros.

Desenhando a árvore em R

Agora você plota a árvore de decisão e pode ver como ela corresponde à saída `rpart()`. Isso é feito com uma função chamada `prp()`, que reside no pacote `rpart.plot`.

CUIDADO

O pacote `rpart` tem uma função chamada `plot.rpart()`, que supostamente plota uma árvore de decisão. Minha versão de R não consegue encontrá-la. Pode encontrar a documentação da função via `?plot.rpart`, mas não consegue encontrar a função. Estranho. É o suficiente para me fazer *plotz* (que em outro idioma significa algo como "implodir e explodir simultaneamente").

Com `rpart.plot` instalado, veja o código que plota a árvore mostrada na Figura 7-2:

```
library(rpart.plot)
prp(iris.tree,type=2,extra="auto",nn =
   TRUE,branch=1,varlen=0,yesno=2)
```

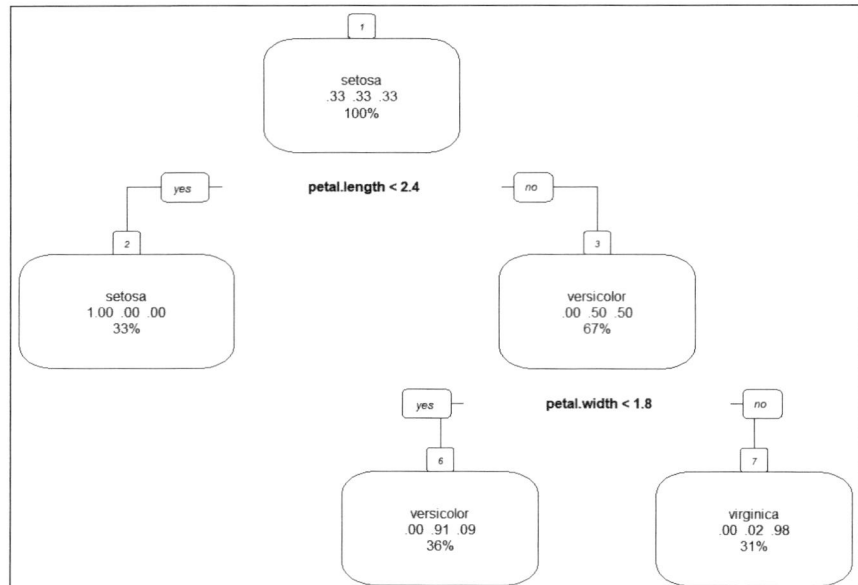

FIGURA 7-2:
A árvore de decisão para iris.uci, criada por rpart() e apresentada por prp().

O primeiro argumento para `prp()` é o objeto rpart. É o único argumento necessário. Pense no objeto rpart como um conjunto de especificações para plotar a árvore. Adicionei outros argumentos para deixar o gráfico mais bonito:

» **type = 2** significa "rotular todos os nós"

» **extra = "auto"** informa a `prp()` para incluir as informações que você vê em cada retângulo arredondado, além do nome da espécie

» **nn = TRUE** coloca o número do nó em cada nó

» **branch = 1** indica o estilo de ramificação com linhas e cantos mostrado na Figura 7-2. São chamadas "ramificações de cantos quadrados", acredite ou não. Para as ramificações com cantos caídos (eu inventei isso), experimente um valor entre 0 e 1

» **varlen = 0** produz os nomes completos das variáveis em todos os nós (em vez de nomes cortados com 8 caracteres)

» **yesno = 2** coloca `yes` ou `no` em todas as ramificações apropriadas (em vez de apenas os descendentes da raiz, que seria o padrão). Note que cada ramificação à esquerda é `yes` e cada ramificação à direita é `no`

No nó raiz e no nó interno, a divisão fica visível. O retângulo arredondado em cada nó mostra um nome da espécie, três proporções e a porcentagem dos dados incluídos nesse nó.

Na raiz, as proporções são de .33 para cada espécie e 100% dos dados estão na raiz. A divisão (`petal.length<2.4`) coloca 3% dos dados na folha *setosa* e 67% no nó interno. A folha *setosa* mostra as proporções de 1.00, .00 e .00, indicando que todos os casos nessa folha são perfeitamente classificados como *setosas*.

O nó interno mostra .00, .50 e .50, o que significa que nenhum desses casos é de *setosas*, metade é *versicolor* e a outra metade é *virginica*. Essa divisão do nó interno (`petal.width < 1.8`) coloca 36% dos casos na folha *versicolor* e 31% dos casos na folha *virginica*. Isso já mostra um problema: com a classificação perfeita, esses percentuais seriam iguais, porque cada espécie aparece igualmente nos dados.

Na folha *versicolor*, as proporções são de .00, .91 e .09. Isso significa que 9% dos casos classificados como *versicolor* são, na verdade, *virginica*. Na folha *virginica*, as proporções são .00, .02 e .98. Portanto, 2% dos casos classificados como *virginica* são realmente *versicolor*.

Resumindo: para a grande maioria dos 150 casos nos dados, as regras de classificação na árvore de decisão funcionam. Mas as regras não são perfeitas, como normalmente é o caso de uma árvore de decisão.

Árvores de Decisão no `Rattle`

O `Rattle` fornece uma GUI para as funções de construção e organização de árvores do R. Para usar essa GUI e criar uma árvore de decisão de `iris.uci`, comece abrindo o `Rattle`:

```
library(rattle)
rattle()
```

Estou assumindo que você baixou e limpou o conjunto de dados `iris` do Machine Learning Repository da UCI e o nomeou como `iris.uci`. Mencionei isso no início deste capítulo e apresento todas as etapas de download e limpeza no Capítulo 6.

Na aba Data de `Rattle`, na linha Source, clique no botão de seleção ao lado de R Dataset. Clique na seta para baixo ao lado da caixa Data Name e selecione `iris.uci` do menu suspenso. Então, clique no ícone Execute no canto superior esquerdo. Sua tela deve parecer com a Figura 6-7, no Capítulo 6.

DICA Se não tiver baixado o conjunto de dados iris da UCI e quiser apenas usar o conjunto de dados `iris` que vem com o R básico, clique no botão de seleção Library. Depois, clique na seta para baixo ao lado da caixa Data Name e selecione.

```
iris:datasets:Edgar Anderson's iris data
```

no menu suspenso. Em seguida, clique em Execute.

No entanto, recomendo o download da UCI para entender bem. Fazer downloads a partir do Machine Learning Repository da UCI é algo que acontecerá com frequência.

Ainda na aba Data, marque a caixa de seleção Partition. Isso divide o conjunto de dados em um conjunto de treinamento, um conjunto de validação e um conjunto de testes. As proporções padrão são 70% de treinamento, 15% de validação e 15% de teste. A ideia é usar o conjunto de treinamento para construir a árvore e usar o conjunto de testes para testar suas regras de classificação. O conjunto de validação fornece um conjunto de casos para experimentar diferentes variáveis ou parâmetros. Como não faço isso neste exemplo, defino os percentuais em 70% para treinamento, 0% para validação e 30% para teste.

A caixa Seed contém um valor padrão, 42, como um valor inicial para designar aleatoriamente as linhas do conjunto de dados para treinamento, validação ou teste. Alterar esse valor inicial muda a aleatoriedade.

Criando a árvore

A modelagem da árvore de decisão fica na aba Model. Ela abre com a seleção de Tree. A Figura 7-3 mostra essa aba.

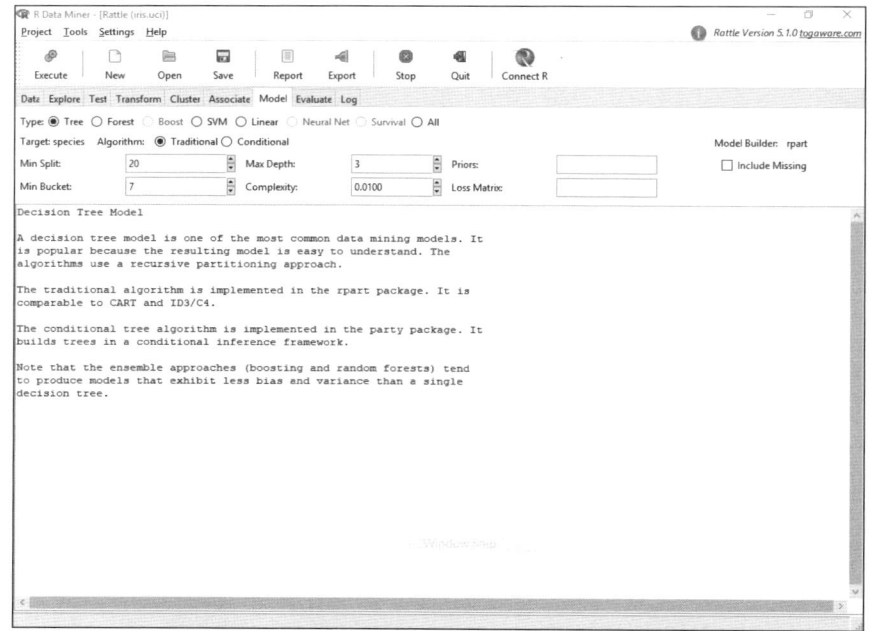

FIGURA 7-3: Aba Model de Rattle.

Algumas caixas na tela fornecem acesso aos argumentos de `rpart()`. (São chamadas *parâmetros de ajuste*.) Mover o cursor sobre uma caixa abre mensagens úteis sobre o que acontece nela.

Por enquanto, basta clicar em Execute para criar a árvore de decisão. A Figura 7-4 mostra o que acontece na aba Model.

O texto no painel principal é produzido a partir de `rpart()`, com alguns argumentos a mais do que usei anteriormente neste capítulo. É muito parecido com a saída mostrada anteriormente, com algumas informações extras. Observe que a árvore é baseada nos 105 casos (70% de 150) que constituem o conjunto de treinamento. Ao contrário da árvore criada anteriormente, esta usa apenas `petal.length` em suas divisões.

O restante da saída é de uma função chamada `printcp()`. A abreviação `cp` significa *c*omplexity *p*arameter (parâmetro de complexidade), que controla o número de divisões que compõem a árvore. Sem me aprofundar muito, direi apenas que, se uma divisão adicionar menos que o valor dado de `cp` (na aba Model, o valor padrão é .01), `rpart()` não adicionará a divisão à árvore. Para a árvore mais complexa possível (isto é, com o maior número de divisões possíveis), `cp` deve ser .00. (Veja a seção "Projeto Rápido Sugerido: Entendendo o parâmetro de complexidade", ao final deste capítulo.)

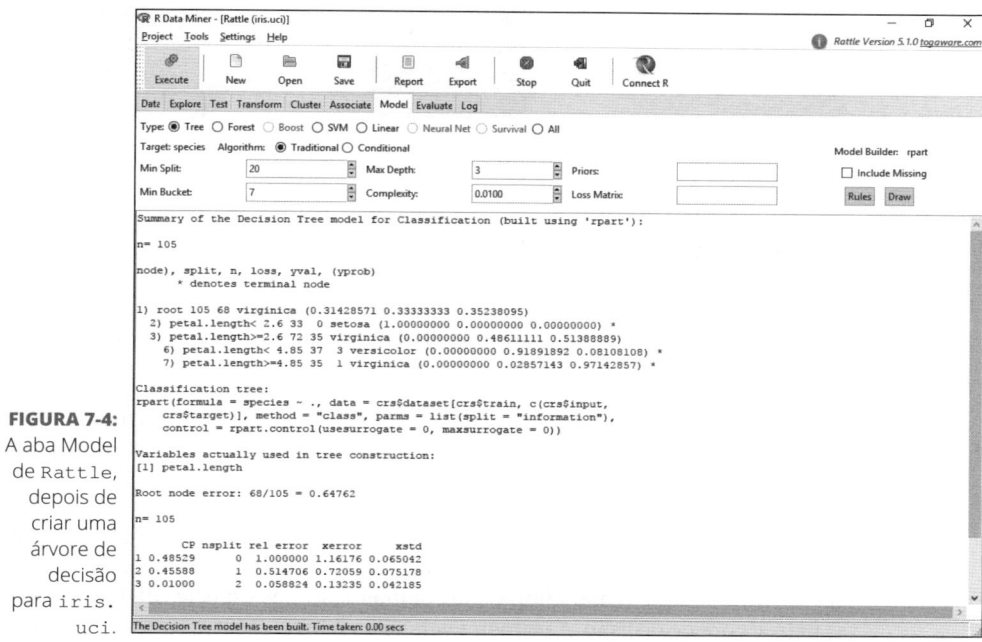

FIGURA 7-4: A aba Model de Rattle, depois de criar uma árvore de decisão para iris.uci.

Desenhando a árvore

Clicar no botão Draw produz a árvore de decisão mostrada na Figura 7-5, renderizada por `prp()`. O formato geral da árvore é semelhante à árvore mostrada anteriormente, na Figura 7-2, embora os detalhes sejam diferentes e as caixas nos nós tenham cor de preenchimento.

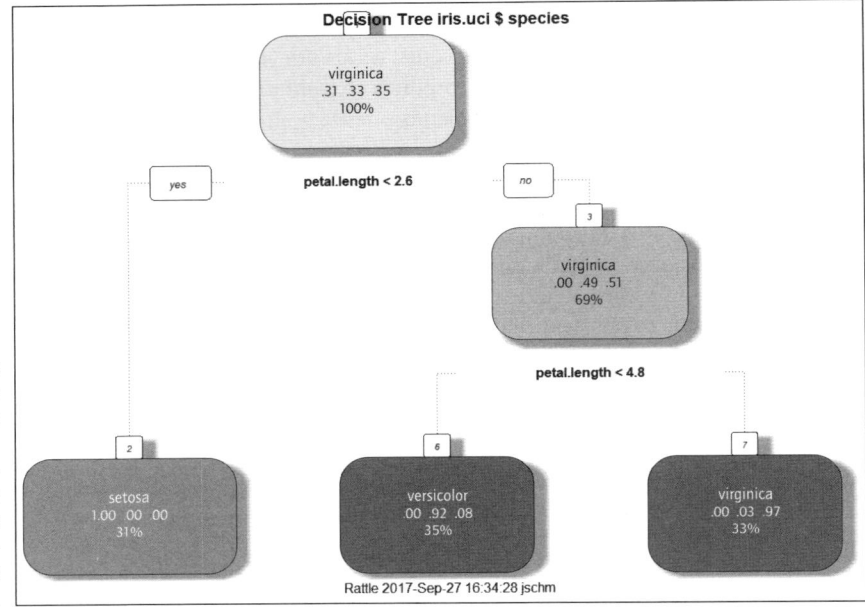

FIGURA 7-5: Uma árvore de decisão para `iris.uci`, baseada em um conjunto de treinamento de 105 casos.

Avaliando a árvore

A ideia por trás da *avaliação* é estimar o desempenho da árvore (derivada dos dados de treinamento) em um novo conjunto de dados. Por isso, dividi os dados em um conjunto de Treinamento e um conjunto de Testes.

Para ver o desempenho da árvore de decisão, selecione a aba Evaluate. A Figura 7-6 mostra a aparência da aba depois de clicar em Execute com as configurações padrão (que são apropriadas para este exemplo).

Os resultados da avaliação para os 45 casos no conjunto de Testes (30% de 150) aparecem em duas versões de uma *matriz de erro*. Cada linha de uma matriz representa a espécie real da flor. Cada coluna mostra as espécies da flor previstas pela árvore de decisão. A primeira versão da matriz mostra os resultados por contagens; a segunda, por proporções.

As identificações corretas estão na diagonal principal. Desse modo, na primeira matriz, a célula na linha 1, coluna 1, representa o número de vezes que a árvore de decisão classificou corretamente uma *setosa* como uma *setosa* (17). Os zeros nas outras duas células da linha 1 indicam que não há *setosas* com classificações erradas.

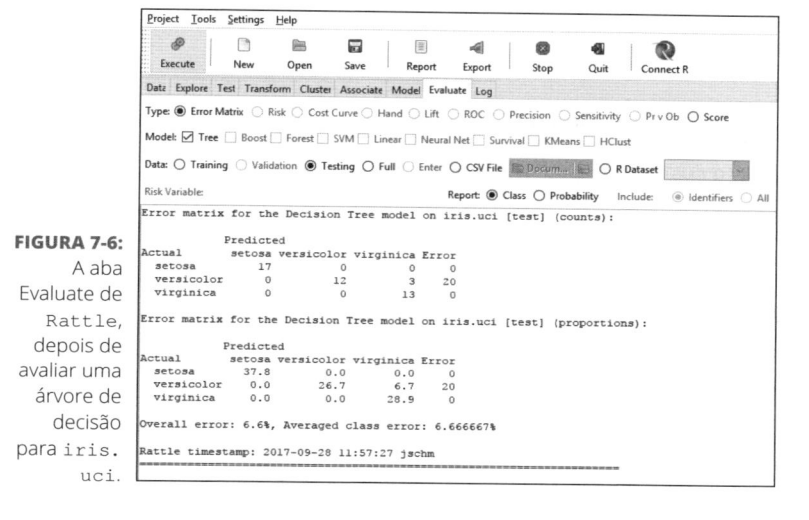

FIGURA 7-6: A aba Evaluate de Rattle, depois de avaliar uma árvore de decisão para `iris.uci`.

A célula na linha 2, coluna 3, mostra que a árvore classificou incorretamente três *virginicas* como *versicolors*. A quarta coluna mostra que a taxa de erro é de 20% (3/(12 + 3)).

A linha 3 não mostra erros de classificação, então dividir 20% por 3 (número de categorias) dá o erro de classe médio que você vê na parte inferior da figura. O erro geral é o número de erros de classificação dividido pelo número total de observações.

Projeto: Uma Árvore de Decisão Mais Complexa

A árvore de decisão para o conjunto de dados `iris` é bastante simples e produz uma taxa de erro relativamente baixa. As seções a seguir apresentam um projeto que resulta em uma árvore mais complexa.

Dados: Avaliação do carro

No Machine Learning Repository da UCI, você encontrará o conjunto de dados `Car Evaluation`. Ele está localizado em http://archive.ics.uci.edu/ml/datasets/Car+Evaluation (conteúdo em inglês).

Como a descrição do conjunto de dados informa, os designers criaram o conjunto de dados para demonstrar a tecnologia do sistema especialista, por isso é um pouco "artificial". Uso ele aqui para a conferir alguma prática à criação de árvores de decisão. A ideia é que, dado um conjunto de atributos dos carros e seus valores, a decisão reside em se um carro específico é inaceitável, aceitável, bom ou muito bom.

Os atributos e seus valores são

- **buying (o preço de compra):** v-high, high, med, low
- **maint (o custo de manutenção do carro):** v-high, high, med, low
- **doors:** 2, 3, 4, more
- **pessoas:** 2, 4, more
- **lug_boot (tamanho do porta-malas):** small, med, big
- **safety (segurança estimada do carro):** low, med, high

Clique no link Data Folder e, na nova página exibida, clique no link `car.data` para abrir o arquivo de dados CSV. Usando meu método preferido de colocar os dados em um quadro de dados de R, pressione Ctrl+A para selecionar toda a página e depois pressione Ctrl+C para copiar para a área de transferência.

Então a linha

```
car.uci <- read.csv("clipboard",header=FALSE)
```

cria o quadro de dados para este projeto. Agora é hora de nomear as colunas:

```
colnames(car.uci) = c("buying","maintenance","doors","persons","lug_
    boot","safety", "evaluation")
```

Data Set Description refere-se ao destino como `class`, mas acho que `evaluation` é mais objetivo. Apenas para verificar como estão os dados, digite:

```
head(car.uci)
```

Executar esse comando produz:

	buying	maintenance	doors	persons	lug_boot	safety	evaluation
1	vhigh	vhigh	2	2	small	low	unacc
2	vhigh	vhigh	2	2	small	med	unacc
3	vhigh	vhigh	2	2	small	high	unacc
4	vhigh	vhigh	2	2	med	low	unacc
5	vhigh	vhigh	2	2	med	med	unacc
6	vhigh	vhigh	2	2	med	high	unacc

Com o `Rattle` instalado,

```
library(rattle)
rattle()
```

abre a tela dele. Na aba Data, selecione o botão de seleção R Dataset. Clique na seta para baixo, ao lado da caixa Data Name, e selecione `iris.uci` no menu suspenso. Marque a caixa de seleção Partition para particionar os dados em um conjunto de treinamento, um conjunto de validação e um conjunto de testes. Depois de clicar no ícone Execute, a aba Data se parecerá com a apresentada na Figura 7-7.

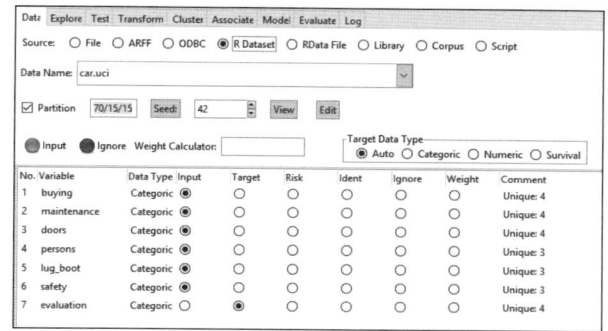

FIGURA 7-7: A aba Data de `Rattle`, após adquirir o quadro de dados `car.uci`.

Exploração de dados

A Figura 7-8 mostra o resultado de utilizar a aba Explore para exibir a distribuição das avaliações em `car.uci`. A maioria dos carros, como pode ver, é "inaceitável". A aba Explore permite a exploração de uma grande variedade de dados, e incentivo que você examine outros aspectos dos dados.

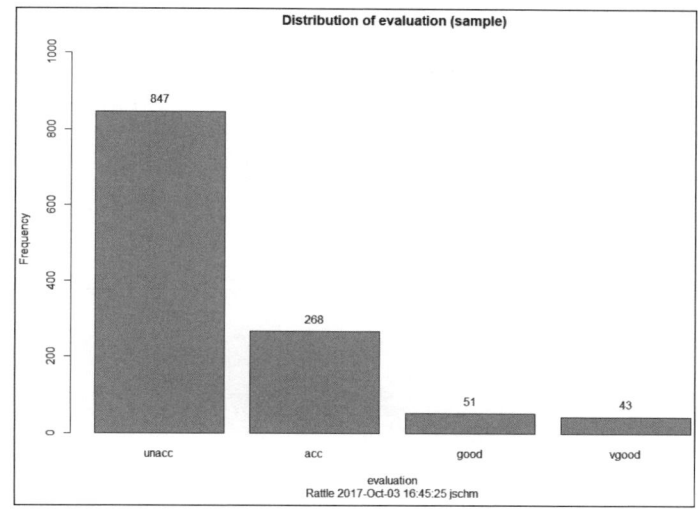

FIGURA 7-8: A distribuição de avaliações no quadro de dados `car.uci`.

Construindo e desenhando a árvore

Na aba Model, clicar em Execute permite que a função `rpart()` crie a árvore de decisão. Uso os valores padrão nas caixas nessa aba. O painel principal mostra a descrição resultante dos nós, conforme mostrado na Figura 7-4 para `iris.uci`.

Tudo é bastante detalhado, e peneirar todas as minúcias seria uma tarefa árdua. Em vez disso, desenhei a árvore. Nesse caso, clicar no botão Draw resulta em muitos nós, cada um com uma fonte pequena difícil de ler. Se eu ampliar a fonte, tudo ficará confuso.

Veja onde a aba Log se torna útil. Selecionar a aba Log e rolar um pouco a tela mostra que `Rattle` usa `rpart()` para criar a árvore de decisão em uma variável chamada `crs$rpart`. Em vez da função do `Rattle` para renderizar a árvore (chamada `fancyRpartPlot()`), uso `prp()`, que vem no pacote `rpart.plot`:

```
library(rpart.plot)
prp(crs$rpart, cex=1,varlen=0,branch=0)
```

O resultado é o exibido na Figura 7-9.

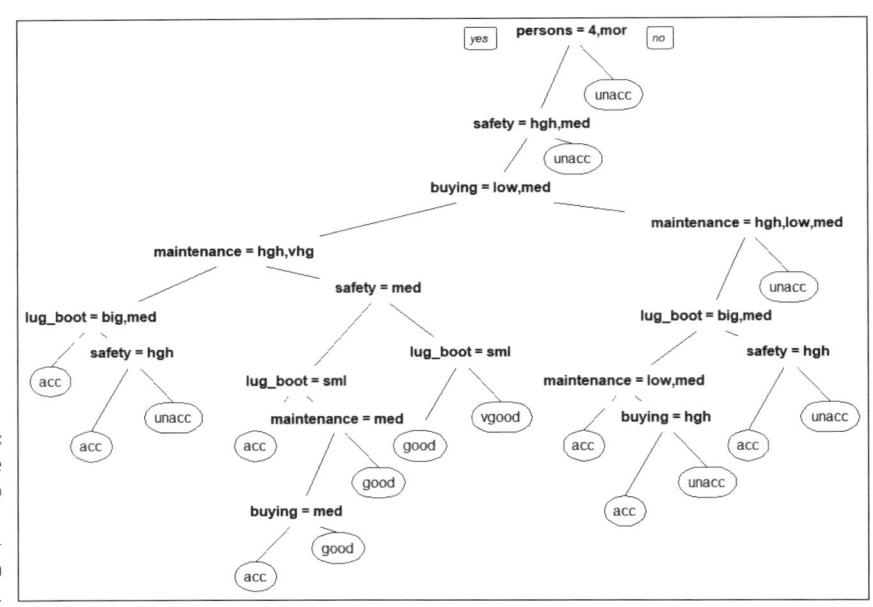

FIGURA 7-9: A árvore de decisão para `car.uci`, renderizada em `rpart()`.

Esta é uma árvore mais limpa que a função do `Rattle` gera, sem cores e com pouca informação nos nós, mas tudo é mais fácil de ver. O primeiro argumento para `prp()` é a árvore de decisão criada por `Rattle` e o segundo amplia a fonte. O terceiro argumento, `varlen = 0`, imprime o nome completo de cada atributo e valor (em vez de truncar) e `branch = 0` fornece o estilo de ramificação mostrado na figura.

Avaliando a árvore

Na aba Evaluate, clique no botão de seleção Testing para avaliar a árvore de decisão em relação ao conjunto de dados de teste. Clicar em Execute produz as matrizes de erro mostradas na Figura 7-10.

```
Error matrix for the Decision Tree model on car.uci [test] (counts):

        Predicted
Actual  acc good unacc vgood Error
   acc   57    2     1     0   5.0
  good    0    8     0     3  27.3
 unacc    9    0   169     0   5.1
 vgood    3    0     0     8  27.3

Error matrix for the Decision Tree model on car.uci [test] (proportions):

        Predicted
Actual   acc good unacc vgood Error
   acc  21.9  0.8   0.4   0.0   5.0
  good   0.0  3.1   0.0   1.2  27.3
 unacc   3.5  0.0  65.0   0.0   5.1
 vgood   1.2  0.0   0.0   3.1  27.3

Overall error: 6.9%, Averaged class error: 16.175%

Rattle timestamp: 2017-10-04 10:33:42 jschm
==========================================================================
```

FIGURA 7-10: Matrizes de erro para a árvore de decisão de car.uci.

Os números na primeira matriz são contados; os da segunda, são proporções da amostra. Os números na diagonal principal são classificações corretas, os outros, são erros.

A árvore faz um bom trabalho com as categorias mais frequentes (inaceitável e aceitável) e nem tanto nas outras duas (bom e muito bom). A taxa de erro geral é de 6,9%.

Projeto Rápido Sugerido: Compreendendo o parâmetro de complexidade

O `Rattle` é uma excelente ferramenta de ensino. Neste pequeno projeto de duas partes, você pode usá-lo para ajudar a compreender o parâmetro de complexidade (`cp`) e o que ele implica.

O valor padrão de `cp` é .01. Aprender a calcular o `cp` vai além do escopo deste livro. Parafraseando o que eu disse anteriormente neste capítulo, pense em `cp` como o "benefício mínimo" que uma divisão deve adicionar à árvore. Se a divisão não gerar pelo menos esse benefício (o valor de `cp`), `rpart()` não a adicionará.

O que acontece se definir `cp` para .00? Você fica sem restrições sobre o que uma divisão deve adicionar. Assim, você termina com a árvore mais complexa possível. Então aqui temos a primeira parte desse Projeto Rápido: definir `cp` para .00, executar com Execute e usar

```
library(rpart.plot)
prp(crs$rpart, cex=1,varlen=0,branch=0)
```

para desenhar a árvore. Compare com a Figura 7-9. Mais complexo, certo? Avalie essa árvore em relação ao conjunto de testes e observe a taxa de erro geral. Comparada com a taxa de erro original (6,9%), a complexidade extra vale a pena ser adicionada?

A segunda parte do projeto é avançar em outra direção. Defina `cp` para um valor mais alto, como .10. Isso torna a adição de uma divisão restritiva. Clique em Execute. Então, desenhe a árvore. Parece muito menos complexo do que operar com `cp = .01`, não é? Avalie em relação ao conjunto Testing. Que tal essa taxa de erro global?

LEMBRE-SE Em uma árvore real que cresce ao ar livre em seu jardim, como você chama o processo de cortar galhos para fazê-la parecer melhor? O termo *poda* parece familiar? Esse também é o nome que damos para eliminar divisões e assim tornar uma árvore de decisão menos complexa (é o que aumentar `cp` faz).

Projeto Sugerido: Titanic

Um conjunto de dados que costuma ser usado para ilustrar os conceitos de AM é a informação sobre os passageiros na desastrosa viagem do *Titanic* em 1912. A variável-alvo é se o passageiro sobreviveu. É possível usar esses dados para criar uma árvore de decisão.

Os dados residem em um pacote de R chamado `titanic`. Se ainda não estiver na aba Packages, clique em Install. Na caixa de diálogo Install Packages, digite **titanic** e clique no botão Install. Após o download do pacote, localize-o na guia Packages e clique na caixa de seleção.

No pacote `titanic`, você encontrará `titanic_train` e `titanic_test`. Não ceda à tentação de usar um como o conjunto de treinamento e o outro como o conjunto de testes nessa aplicação específica de `Rattle`. O conjunto `titanic_test` não inclui a variável `Survived`, por isso não é útil para o teste de uma árvore de decisão do modo como esquematizo o processo aqui.

Em vez disso, crie o quadro de dados da seguinte forma:

```
library(titanic)
titanic.df <- titanic_train
```

Em seguida, use a aba Data de `Rattle` para ler o conjunto de dados. A Figura 7-11 mostra a aparência da aba Data após algumas modificações.

No.	Variable	Data Type	Input	Target	Risk	Ident	Ignore	Weight	Comment
1	PassengerId	Ident	○	○	○	●	○	○	Unique: 891
2	Survived	Numeric	○	●	○	○	○	○	Unique: 2
3	Pclass	Numeric	●	○	○	○	○	○	Unique: 3
4	Name	Ident	○	○	○	●	○	○	Unique: 891
5	Sex	Categoric	●	○	○	○	○	○	Unique: 2
6	Age	Numeric	●	○	○	○	○	○	Unique: 88 Missing: 177
7	SibSp	Numeric	●	○	○	○	○	○	Unique: 7
8	Parch	Numeric	●	○	○	○	○	○	Unique: 7
9	Ticket	Categoric	○	○	○	○	●	○	Unique: 681
10	Fare	Numeric	●	○	○	○	○	○	Unique: 248
11	Cabin	Categoric	○	○	○	○	●	○	Unique: 148
12	Embarked	Categoric	●	○	○	○	○	○	Unique: 4

FIGURA 7-11: A aba Data de Rattle, após modificar o conjunto de dados titanic.uci.

Quais são essas modificações? Primeiro, uma regra prática: se uma variável for categórica e tiver muitos valores exclusivos (e ainda não estiver classificada como um Ident [identificador]), clique no botão de seleção Ignore. Além disso, ao encontrar esse conjunto de dados pela primeira vez, o `Rattle` acha que `Embarked` é a variável-alvo. Use os botões de seleção para alterar `Embarked` para `Categoric` e mudar `Survived` para `Target`.

Boa sorte!

NESTE CAPÍTULO

» Analisando florestas aleatórias

» Criando uma floresta aleatória para íris

» Desenvolvendo uma floresta aleatória para identificação de vidro

Capítulo **8**

Na Floresta, de Forma Aleatória

No Capítulo 7, ajudo você a explorar as árvores de decisão. Suponhamos que uma árvore de decisão seja especialista em tomada de decisão: dê um conjunto de dados a uma árvore e ela toma decisões sobre eles. Levando essa ideia um pouco mais adiante, suponhamos que você tenha um painel de especialistas, ou seja, um grupo de árvores de decisão, e cada um toma uma decisão sobre os mesmos dados. Pode-se fazer uma pesquisa no painel para chegar à melhor decisão.

Essa é a ideia por trás da *floresta aleatória* — uma coleção de árvores de decisão na qual você pode pesquisar e o voto da maioria é a decisão.

Criando uma Floresta Aleatória

Então, como tudo isso acontece? Como você cria uma floresta fora de um conjunto de dados? Bem, de forma aleatória.

Veja a explicação. No Capítulo 7, analiso a criação de uma árvore de decisão a partir de um conjunto de dados. Uso o pacote `rattle` para particionar um quadro de dados em um conjunto de treinamento, um conjunto de validação e um conjunto de testes. O particionamento ocorre como resultado da amostragem aleatória das linhas no quadro de dados. A condição padrão é que o `rattle` atribua aleatoriamente 70% das linhas ao conjunto de treinamento, 15% ao conjunto de validação e 15% ao conjunto de testes.

A seleção de linha aleatória procede de um valor inicial, cujo padrão do `Rattle` é 42. Isso produz 70% das observações para a criação da árvore de decisão. O que acontece se mudarmos o valor inicial? O resultado será uma amostra 70% diferente e (potencialmente) uma árvore diferente. Se eu mudar o valor inicial novamente e produzir uma árvore de decisão a cada vez (e salvar cada árvore), criarei uma floresta.

A Figura 8-1 ilustra esse conceito. As árvores fornecem regras de decisão para o quadro de dados `iris.uci`, que mostro no Capítulo 6. Para refrescar sua memória, os dados são medições do comprimento e largura das pétalas e sépalas em 150 íris. Eles consistem em 50 para cada uma das espécies, *setosa*, *versicolor* e *virginica*. Dadas as medidas de uma flor, uma árvore usa suas regras de decisão para determinar sua espécie. Adicionei `.uci` ao nome do quadro de dados para indicar que fiz o download do Machine Learning Repository da UCI. Foi necessária uma pequena limpeza de dados, que é um tópico que você pode encontrar no Capítulo 6.

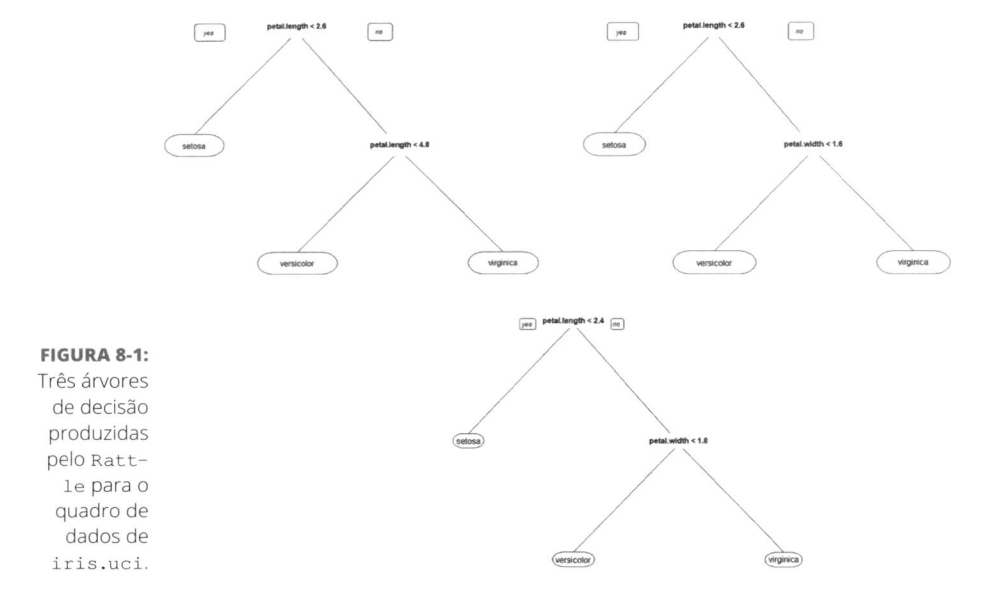

FIGURA 8-1: Três árvores de decisão produzidas pelo Rattle para o quadro de dados de `iris.uci`.

Observe que cada árvore tem suas próprias regras de decisão e que as divisões não são todas baseadas nas mesmas variáveis. Em vez de ter apenas uma árvore para decidir a espécie de uma flor, posso ter todas as três fazendo essa determinação. Se nem todas chegarem à mesma decisão, a maioria decidirá.

Agora, imagine centenas dessas árvores, todas criadas a partir do mesmo quadro de dados. Nessa configuração, no entanto, aleatoriamente amostro linhas de 70% das linhas designadas como o conjunto de treinamento, em vez de criar um novo conjunto de treinamento a cada vez, como no exemplo anterior.

Depois, adiciono mais uma dimensão de aleatoriedade: além da seleção aleatória das linhas do quadro de dados, suponha que eu adicione a seleção aleatória das variáveis a serem consideradas para cada divisão de cada árvore de decisão.

Assim, aqui temos duas coisas a considerar cada vez que crio uma árvore na floresta:

» Para os dados, seleciono aleatoriamente as linhas do conjunto de treinamento.

» Para cada divisão, seleciono aleatoriamente a partir das colunas. (Quantas colunas seleciono aleatoriamente a cada vez? Uma boa regra é a raiz quadrada do número de colunas.)

É uma floresta enorme, com muita aleatoriedade! Uma técnica como essa é útil quando você tem muitas variáveis e relativamente poucas observações (resumindo, muitas colunas e poucas linhas).

R pode criar uma floresta aleatória para você.

Florestas Aleatórias em R

R tem um pacote para criar florestas aleatórias. Se chutou que o nome é `randomForest`, acertou. Sua função para criar a floresta aleatória é chamada... lá vai... `randomForest()`.

Se esse pacote já estiver na aba Packages, marque sua caixa de seleção e pronto. Se não estiver, selecione a aba Install, na caixa de diálogo Install Packages, digite **randomForest** e clique no botão Install. Quando o download do pacote terminar, encontre sua caixa de seleção na aba Packages e clique nela.

Construindo a floresta

Com a caixa de seleção `randomForest` selecionada, veja como criar uma floresta de 500 árvores para o quadro de dados `iris.uci`. Primeiro, você cria um conjunto de treinamento que consiste de 70% das linhas selecionadas aleatoriamente no quadro de dados. Para essa tarefa, você usará a função `sample()`. Primeiro, entretanto, você define o *valor inicial* (seed) da aleatoriedade, assim:

```
set.seed(810)
```

`seed` é o número que inicia a aleatoriedade em `sample()`. Você não precisa fazer isso, mas se quiser que seus números saiam como os meus, defina o valor inicial para um número igual ao meu.

> **DICA** Se quiser que a aleatoriedade ocorra da mesma maneira toda vez que usar `sample()`, você deve ajustar o valor inicial toda vez.

Agora, para a amostragem:

```
training.set = sample(nrow(iris.uci),0.7*nrow(iris.uci))
```

O primeiro argumento de `sample()` é o número de linhas no quadro de dados; o segundo é quantas linhas amostrar aleatoriamente.

> **DICA** Você pode usar `sample()` com ou sem `replacement`. "Sem substituição" (replacement) é a condição padrão. Isso significa que, uma vez que você seleciona aleatoriamente um item para a amostra, não o coloca de volta ("substitui") no conjunto de itens do qual está amostrando. "Com substituição" significa que você o coloca de volta e poderá selecioná-lo novamente para essa amostra. Para que isso aconteça, adicione `replacement = TRUE` como argumento.

Então use `randomForest()`:

```
iris.forest <- randomForest(formula =
  species ~ petal.length + petal.width + sepal.length + sepal.width,
             data = iris.uci, ntree = 500, subset=training.set,
             importance = TRUE)
```

Neste exemplo simples, o primeiro argumento é uma fórmula que indica que `species` depende das outras quatro variáveis, o segundo é o quadro de dados e o terceiro é o número de árvores a serem criadas. O penúltimo é o subconjunto dos dados para criar cada árvore. E o último argumento, `importance`, informa à função que você deseja examinar a importância de cada variável na criação da floresta. (Falo sobre importância um pouco mais seção "Mais de perto".)

> **DICA** Como é o caso de muitas funções R, isso é apenas o mínimo. Muitos outros argumentos estão disponíveis para `randomForest()`.

Avaliando a floresta

Vamos dar uma olhada em como a floresta trabalha. A linha

```
print(iris.forest)
```

produz este resultado:

```
Call:
 randomForest(formula = species ~ petal.length + petal.width +
    sepal.length + sepal.width, data = iris.uci, ntree = 500,
    importance = TRUE, subset = training.set)
Type of random forest: classification
                     Number of trees: 500
No. of variables tried at each split: 2

        OOB estimate of  error rate: 6.67%
Confusion matrix:
           setosa versicolor virginica class.error
setosa         36          0         0  0.00000000
versicolor      0         32         2  0.05882353
virginica       0          5        30  0.14285714
```

As primeiras linhas, claro, repetem o chamado da função, em seguida, apresentam informações descritivas sobre a árvore. Observe que o número padrão de variáveis tentadas em cada divisão é a raiz quadrada do número de variáveis independentes. Nesse caso, vem a ser 2. Você pode variá-lo definindo um valor para um argumento randomForest() chamado mtry (por exemplo, mtry = 3).

Finalmente, a matriz de confusão (veja o Capítulo 7) mostra a espécie real de cada íris (nas linhas) e a espécie identificada pela floresta (nas colunas). Os números de identificações corretas estão na diagonal principal e os erros estão nas células fora da diagonal. A floresta erroneamente identificou 2 *versicolors* como *virginica* e 5 *virginicas* como *versicolor*. A taxa de erro é de 6,67%. Este é o total fora da diagonal (5 + 2 = 7) dividido pelo número total de observações (36 + 32 + 30 + 5 + 2 = 105 e 105 é 70% de 150). Portanto, a floresta é precisa 93,33% das vezes — o que é muito bom!

O que OOB representa? OOB significa *out of bag*. No mundo da floresta aleatória, *bag* é a parte do conjunto de treinamento que entrou na criação da árvore de decisão. A estimativa de OOB, então, baseia-se em testar a floresta em dados não incluídos em bag.

Mais de perto

O produto de `randomForest()` é um objeto e possui um conjunto de atributos. Veja os nomes dos atributos:

```
> names(iris.forest)
 [1] "call"      "type"     "predicted" "err.rate" "confusion" "votes"
 [7] "oob.times" "classes"  "importance" "importanceSD"
     "localImportance" "proximity"
[13] "ntree"     "mtry"     "forest"    "y"        "test"      "inbag"
[19] "terms"
```

Alguns, como `ntree`, são curtos, simples e identificam entradas para `randomForest()`. Outros fornecem uma enorme quantidade de informações: `err.rate`, por exemplo, mostra as taxas de erro de cada árvore na floresta. E outros, para este exemplo, são `NULL`.

É instrutivo examinar `importance`:

```
> round(iris.forest$importance,2)
             setosa versicolor virginica MeanDecreaseAccuracy MeanDecreaseGini
petal.length   0.31       0.29      0.28                 0.29            30.31
petal.width    0.34       0.30      0.27                 0.30            30.91
sepal.length   0.03       0.01      0.04                 0.03             6.17
sepal.width    0.01       0.00      0.01                 0.01             1.83
```

Arredondei para duas casas decimais para que o exemplo pudesse caber na página impressa. As três primeiras colunas mostram a importância relativa de cada variável para identificar cada espécie. Sem entrar em detalhes sobre como é calculada, *importância relativa* significa quanto cada variável contribui para a precisão na identificação de uma espécie. Consistente com a impressão geral dos dados de íris (consulte o Capítulo 6), as duas variáveis de pétala são as que mais adicionam.

A medida na quarta coluna é baseada na reorganização dos valores de uma variável e na análise de como isso afeta o desempenho. Se a variável não for importante, reorganizar seus valores não diminuirá a precisão da floresta. Se for importante, a precisão diminuirá; daí o nome `MeanDecreaseAccuracy`. Novamente, as duas variáveis da pétala são as mais importantes.

A quinta coluna analisa a importância de uma maneira diferente: se você não usar a floresta, quais são as chances de classificar errado uma íris se simplesmente selecionar uma espécie aleatoriamente? Isso é chamado de índice de *gini*. Os números na quinta coluna representam a redução em gini (ou seja, na classificação incorreta) usando a variável de linha em uma divisão; `randomForest()`

mede isso para cada variável sobre todas as árvores na floresta, resultando nos números na quinta coluna. Mais uma vez, as variáveis da pétala são as mais importantes: usá-las em divisões (ou seja, como variáveis em uma árvore) fornece as maiores diminuições no erro de classificação.

LEMBRE-SE Você somente obterá todo esse conjunto de estatísticas de importância se definir `important = TRUE` ao usar `randomForest()`.

Erro de plotagem

Com as florestas aleatórias, um gráfico útil é mostrar como as taxas de erro mudam à medida que a floresta abrange progressivamente mais árvores. Às vezes, esse gráfico pode dar uma ideia do número ideal de árvores.

Primeiro, usei `plot()`:

```
plot(iris.forest, col = "black")
```

Se não tivesse adicionado `col = black` a `plot()`, as cores padrão teriam sido muito claras e difíceis de distinguir umas das outras nesta página em preto e branco.

Então, adicionei `legend()`:

```
legend("topright", legend=c(levels(iris.uci$species),"OOB"),
       lty = c("dashed","dotted","dotdash","solid"),
       cex=.8,bty = "n")
```

Para diferenciar entre os níveis de `species`, mantive os tipos de linha padrão (`lty`) de `plot()` e os incluí como parte da legenda. Usei a saída de `print(iris.tree)` como um guia para combinar `lty` com `species` (e com `OOB`).

Os dois últimos argumentos lidam com a aparência geral da legenda. `cex = .8` contrai o tamanho do texto e, com ele, toda a legenda, para que ela não obstrua a linha superior do gráfico. `bty = "n"` remove a borda da legenda, o que também contribui para a facilidade de visualização da linha superior.

O resultado é mostrado na Figura 8-2.

Com menos de 100 árvores, o gráfico parece uma garfada de macarrão cabelo de anjo. Para girar a lupa no gráfico entre 1 e 100 árvores, adicionei o argumento `xlim` a `plot()`:

```
plot(iris.forest, col = "black",xlim = c(1,100))
```

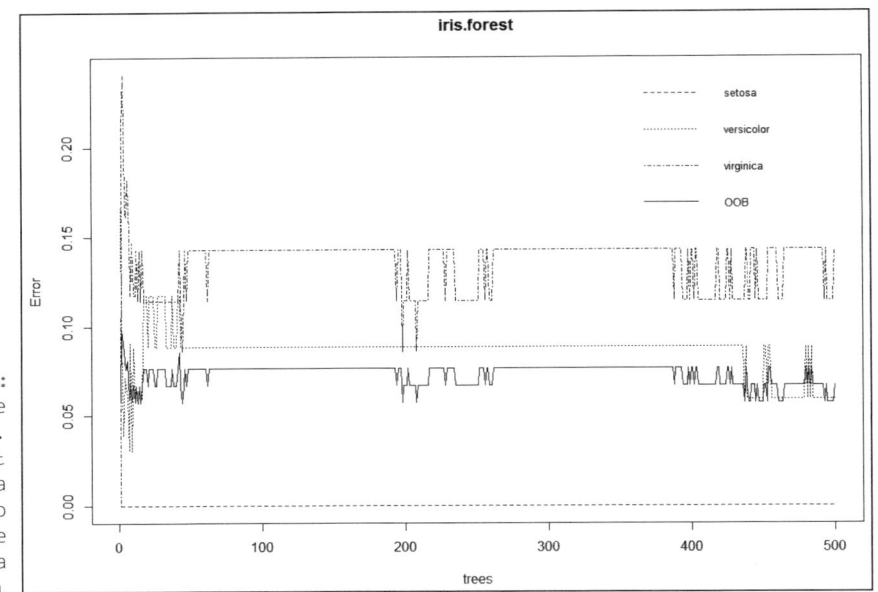

FIGURA 8-2:
As taxas de erro iris. forest como uma função do número de árvores na floresta.

E o resultado é o exibido na Figura 8-3.

> **DICA** Para examinar os dados por trás desses gráficos, veja as 500 linhas de `iris.forest$err.rate`.

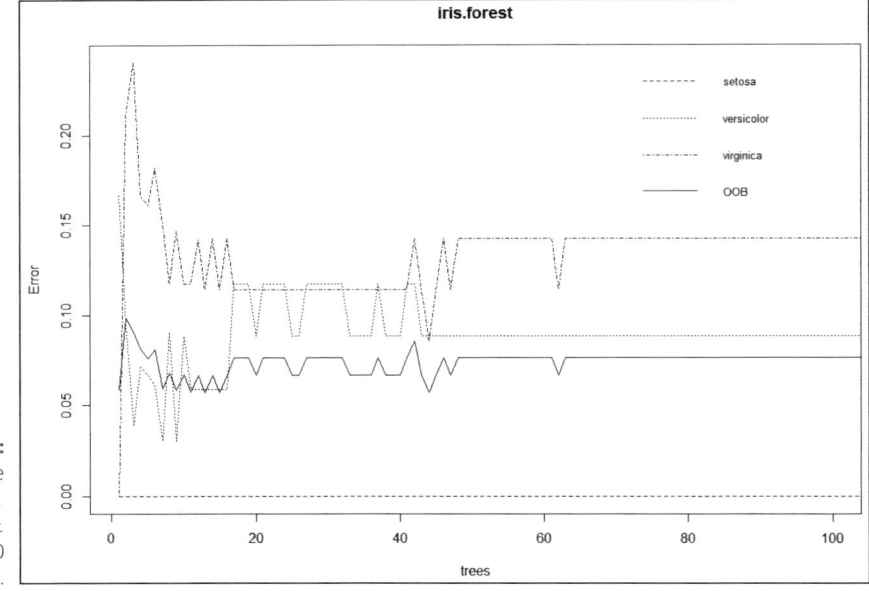

FIGURA 8-3:
As taxas de erro iris. forest para 1 a 100 árvores.

Importância do gráfico

Outro gráfico útil é o que visualiza `MeanDecreaseAccuracy` e `MeanDecrease-Gini` das variáveis. Uma função de `Rattle` baseada em `ggplot2` chamada `ggvarImp()` faz isso para você:

```
library(ggplot2)
library(rattle)
ggVarImp(iris.forest)
```

O resultado dessa função é o belo gráfico mostrado na Figura 8-4 e ele reflete os números ligados à importância, analisados na seção "Mais de perto".

DICA

Nos projetos deste capítulo e no Capítulo 7, o alvo é uma variável de categoria. Também é possível que o alvo seja uma variável numérica (no caso, a regressão está envolvida), mas não entrarei nesse assunto no livro.

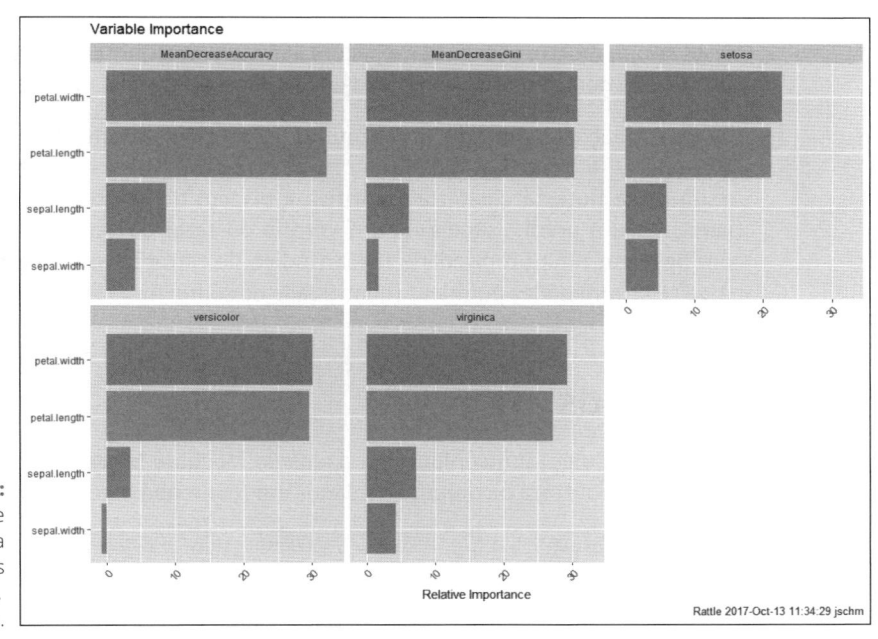

FIGURA 8-4: O gráfico de importância das variáveis em `iris.forest`.

ANALISANDO AS REGRAS

Se quiser analisar as regras de decisão para árvores individuais, uma função chamada `printRandomForests()` é o que você procura. Essa função vem com o pacote `rattle`. Com `rattle` baixado, estas duas linhas:

```
library(rattle)
printRandomForests(iris.forest, models=c(1,500))
```

imprimem as regras que a 1ª e a 500ª árvores usam para decidir as espécies de uma íris. Não imprimi as regras aqui porque cada árvore usa muitas delas. Experimente!

Projeto: Identificando Vidro

Nesta seção, mostro como usar o pacote `rattle` para criar uma floresta aleatória para um domínio mais complexo que as espécies de íris.

Em investigações criminológicas, muitas vezes é importante identificar adequadamente o vidro nas cenas de crime para que possa servir como prova. Assim, essa floresta aleatória identifica a origem de um fragmento de vidro (janela de um prédio, janela de um veículo ou farol do carro, por exemplo), com base em uma propriedade física (índice de refração, ou seja, quanta luz passa) e propriedades químicas (quantidade de sódio, magnésio e alumínio, por exemplo).

Os dados

Os dados estão em um conjunto de dados do Machine Learning Repository da UCI. Você encontrará o conjunto de dados em (conteúdo em inglês)

```
https://archive.ics.uci.edu/ml/datasets/glass+identification
```

Navegue até Data Folder e clique em `glass.data`, um arquivo de texto de variáveis separadas por vírgulas. Meu método preferido de colocar os dados no R é pressionar Ctrl+A para selecionar tudo e depois pressionar Ctrl+C para copiar para a área de transferência. Então

```
glass.uci <- read.csv("clipboard",header = FALSE)
```

cria um quadro de dados e

```
colnames(glass.uci)<-c("ID","RI","Na","Mg","Al","Si","K","Ca","Ba",
   "Fe","Type")
```

atribui os nomes às colunas. O primeiro nome, ID, é um identificador para o pedaço de vidro e o segundo é o índice de refração do fragmento de vidro. O último, Type, é a variável-alvo. Tudo o que está no meio são os elementos químicos que constituem o vidro.

Tenho mais uma coisa a fazer antes de começar a trabalhar. No momento, os níveis de Type (a variável-alvo) são números. Mas quero atribuir-lhes nomes descritivos. Para fazer isso, uso mapvalues(), que está na biblioteca plyr:

```
library(plyr)
glass.uci$Type <- mapvalues(glass.uci$Type,
      from = c(1,2,3,5,6,7),
              to = c("bldg_windows_float","bldg_windows_non_float",
  "vehicle_windows_float","containers","tableware","headlamps"))
```

Os termos float e non_float referem-se ao processo de criação de uma janela. O processo "float" produz um vidro de qualidade quase ótica; o vidro "non-float" tem menor qualidade.

Observe que o vetor from não inclui 4. Isso ocorre porque o tipo correspondente (vehicle_windows_non_float) não está no conjunto de dados.

> **DICA**
>
> Os nomes das colunas e dos níveis Type estão na URL desse conjunto de dados.

Colocando os dados em Rattle

Rattle é uma interface gráfica de usuário (GUI) para muitas funções do aprendizado de máquina de R. Com o pacote rattle baixado, digitar

```
library(rattle)
rattle()
```

abre a aba Data de Rattle. Primeiro, carrego o quadro de dados glass.uci no Rattle e clico no botão de opções R Dataset, que abre a caixa Data Name. Então, clico na seta para baixo ao lado da caixa Data Name e seleciono glass.uci no menu suspenso. Em seguida, clico no ícone Execute no canto superior esquerdo. A Figura 8-5 mostra a aparência da aba Data depois de concluir essas etapas.

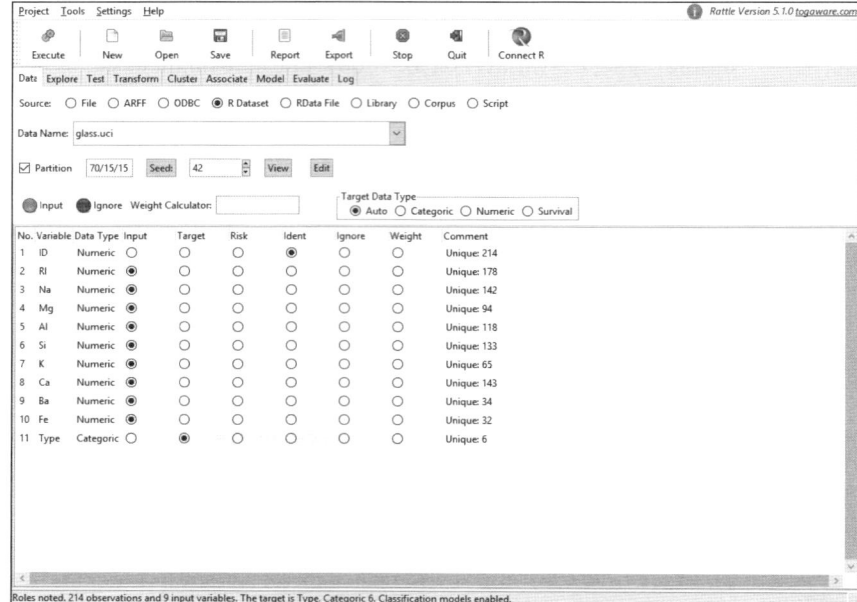

FIGURA 8-5:
A aba Data de `rattle` depois de selecionar `glass.uci` e clicar em Execute.

Explorando os dados

Em seguida, uma pequena exploração de dados. Para examinar a distribuição de `Type`, clico na aba Explore e desmarco a caixa Group By (cuja seleção padrão é `Type`). Em seguida, clico na caixa de seleção Bar Plot ao lado de Type, na parte inferior da janela. A Figura 8-6 mostra como a aba Explore fica depois de fazer isso.

Clicar em Execute produz o gráfico de barras mostrado na Figura 8-7. Como você pode ver, um dos nomes de `Type` (`bldg_windows_float`) foi excluído do eixo x. A figura mostra que os dois tipos de janela do prédio são os mais frequentes no quadro de dados.

O resumo indica que a floresta aleatória tem uma taxa de erro OOB de 25,5%. Ele identifica os faróis do carro com mais precisão e faz um trabalho mediano nos dois tipos de janelas do prédio. Janelas do veículo? Nem tanto. Por isso, seria uma boa ideia ter cuidado ao usar essa floresta aleatória para a identificação de vidro porque sua precisão geral é de 74,5%. Se você selecionar a aba Evaluate e avaliar o conjunto de Validation e, em seguida, comparar com o conjunto de Testing, encontrará resultados semelhantes.

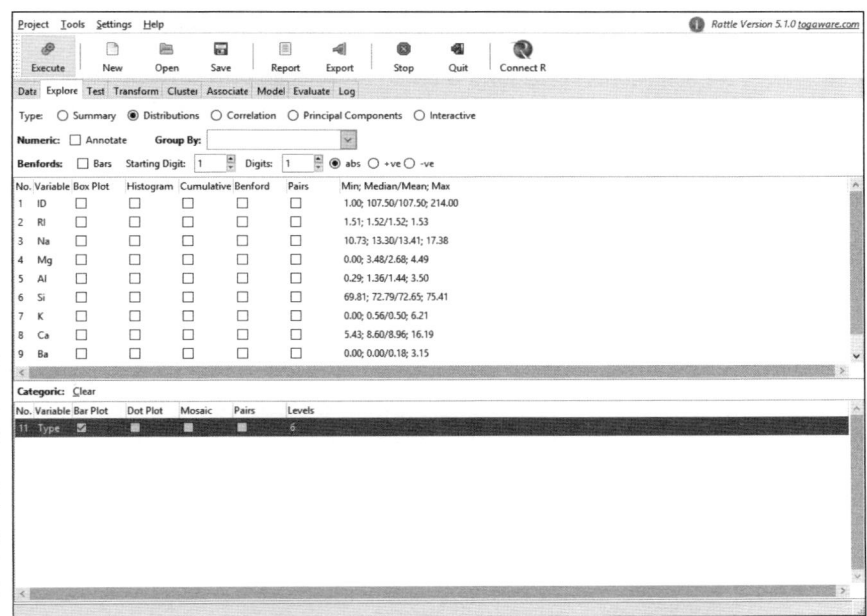

FIGURA 8-6: A aba Explore de Rattle, depois de limpar a caixa Group By e marcar a caixa de seleção Bar Plot para Type.

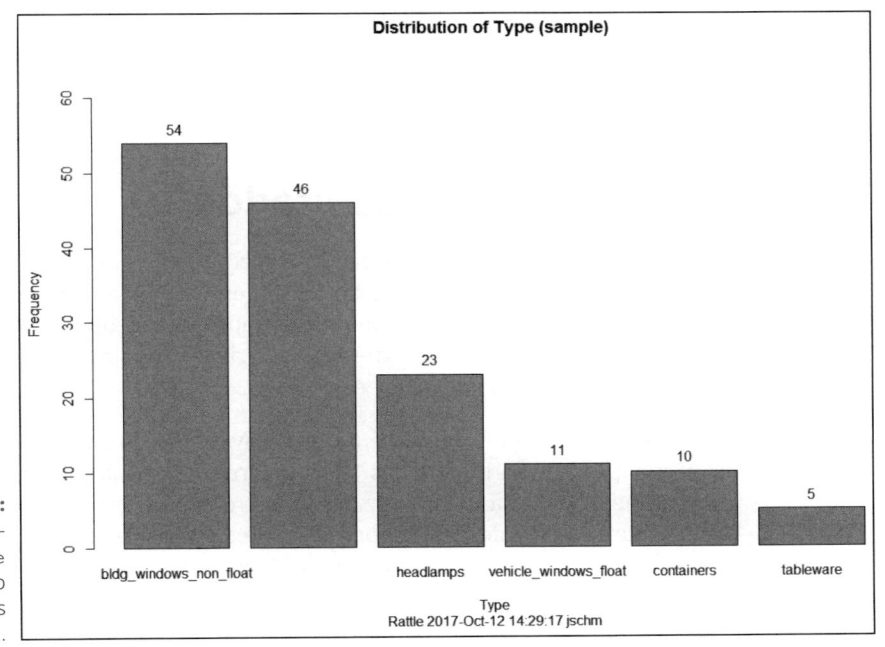

FIGURA 8-7: A distribuição de Type no quadro de dados glass.uci.

CAPÍTULO 8 **Na Floresta, de Forma Aleatória** 195

Criando a floresta aleatória

Na aba Model, seleciono o botão de seleção Forest e clico em Execute. `Rattle` cria a floresta e imprime o resumo mostrado na aba Model na Figura 8-8.

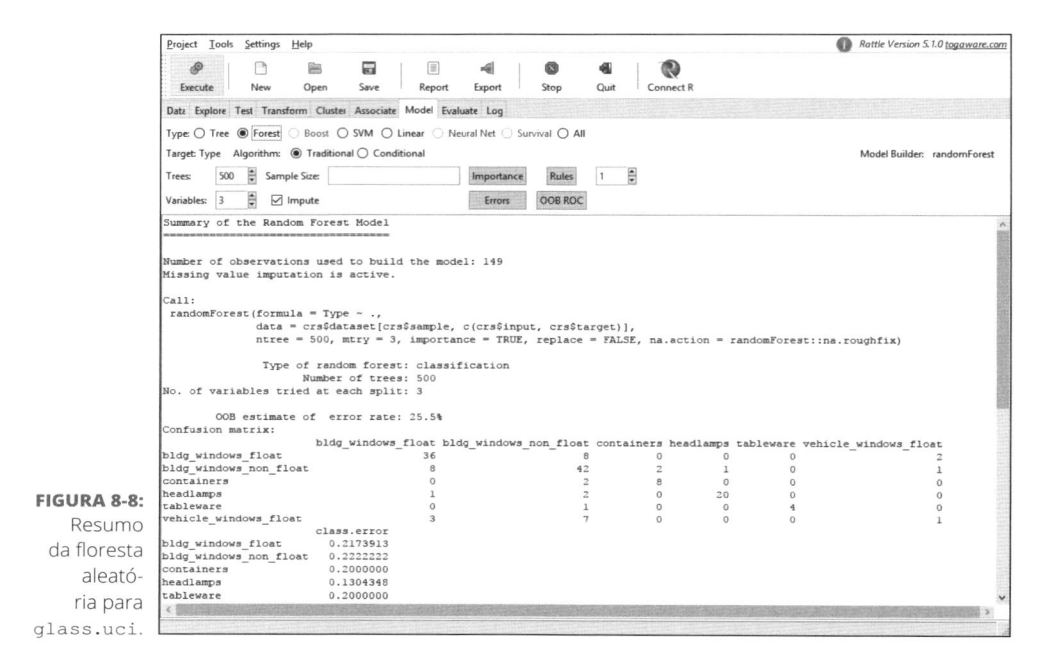

FIGURA 8-8: Resumo da floresta aleatória para `glass.uci`.

Visualizando os resultados

Para ajudá-lo a visualizar os resultados, começo com o gráfico de importância da variável. Quando você clica no botão Importance na aba Model, o `Rattle` plota o que é visto na Figura 8-9. Como mostrado, para identificar a maioria dos tipos de vidro, o teor de Mg (magnésio) é a variável mais importante, como é o caso para `MeanDecreaseAccuracy` e `MeanDecreaseGini`.

O gráfico das taxas de erro não é tão agradável. Pressionar o botão Error na aba Model produz um gráfico das taxas de erro com mais árvores progressivamente, semelhante à Figura 8-2. Não mostrei o gráfico porque é confuso. A legenda não ajudará a decifrá-lo porque as cores do tipo de linha da legenda não parecem combinar com as cores do texto da legenda.

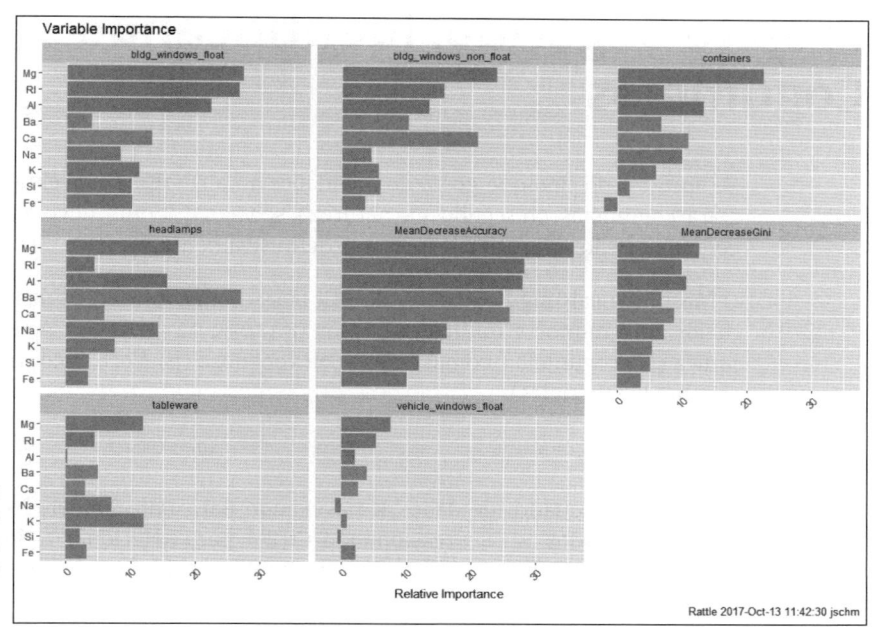

FIGURA 8-9:
O gráfico de importância variável para `glass.forest`.

Essa é uma daquelas ocasiões extremamente raras em que ver os dados pode ser mais útil do que ver um gráfico. Digamos que eu queira examinar as taxas de erro para OOB e as três primeiras variáveis da 30ª à 35ª árvore. (Por que não todas as variáveis? Porque quero que a saída se encaixe perfeitamente nesta página!)

O log de `Rattle` informa que a floresta aleatória está em um objeto chamado `crs$rf`. Anteriormente, mencionei neste capítulo que as taxas de erro para uma floresta aleatória estão em um atributo chamado `err.rate`. Para todas as taxas de erro de todas as árvores, uso `crs$rf$err.rate`. Para arredondá-los para duas casas decimais, usamos `round(crs$rf$err.rate, 2)`. Para a 30ª à 35ª árvores, a chamada da função se torna `round(crs$rs$err.rate[30:35,],2)`. E, para limitar a saída apenas a OOB e às três primeiras variáveis, uso:

```
> round(crs$rf$err.rate[30:35,1:4],2)
     OOB bldg_windows_float bldg_windows_non_float containers
[1,] 0.28              0.22                    0.28        0.2
[2,] 0.29              0.24                    0.26        0.2
[3,] 0.27              0.24                    0.24        0.2
[4,] 0.28              0.24                    0.22        0.2
[5,] 0.29              0.26                    0.26        0.2
[6,] 0.30              0.26                    0.28        0.2
```

Projeto Sugerido: Identificando Cogumelos

Se você for do tipo que gosta de atividades ao ar livre, provavelmente encontrará cogumelos crescendo na natureza selvagem. Como deve saber, alguns cogumelos são comestíveis, e outros, definitivamente não(!)

O Machine Learning Repository da UCI possui um conjunto de dados de cogumelos com muitos e muitos exemplos (8.124) e 22 atributos. A variável-alvo indica se o cogumelo é comestível (e) ou venenoso (p). Você encontrará isso em (conteúdo em inglês)

```
https://archive.ics.uci.edu/ml/datasets/mushroom
```

Você cria um quadro de dados R navegando para Data Folder, localizando o arquivo de dados .csv, pressionando Ctrl+A para selecionar todos os dados e Ctrl+C para copiá-los para a área de transferência. Então, esta linha faz a mágica:

```
mushroom.uci <- read.csv("clipboard", header=FALSE)
```

DICA

Um conselho: os nomes dos atributos são longos e complicados, portanto, *apenas* para este projeto, não se incomode em nomear as colunas, a menos que realmente queira fazê-lo. Em vez disso, use o padrão V1, V2, e assim por diante, que o R fornece. Além disso, e é importante, depois de colocar os dados em `Rattle`, verá que ele faz uma suposição sobre a variável-alvo. O palpite dele, V23, está errado. A variável-alvo de destino real é V1. Então, clique nos botões de seleção adequados para fazer as alterações.

Por fim, ao contrário dos conjuntos de dados que usei até agora, este tem valores ausentes. Eles estão todos em V12 (2.480), indicados por um ponto de interrogação. Para resolver, selecione a aba Transform de `Rattle` e clique no botão de seleção Impute e no botão de seleção Zero/Missing. Clique em V12, depois em Execute. Isso substitui o ponto de interrogação por *Missing*. (**Alerta de spoiler:** com esse quadro de dados, não tem muita diferença se você faz isso ou não.)

Quando você cria a floresta, deve ter uma matriz de confusão com apenas duas linhas e duas colunas. A taxa de erro OOB será uma surpresa agradável para você!

> **NESTE CAPÍTULO**
> » Trabalhando com uma máquina de vetores de suporte (SVM)
> » Usando SVMs em R
> » Uma SVM para votação parlamentar

Capítulo 9
Suporte Seu Vetor Local

A classificação é uma parte importante do aprendizado de máquina (AM). Uma importante técnica de classificação é a *máquina de vetores de suporte* (do inglês, *support vector machine* [SVM]). Então, o que exatamente é uma SVM e como funciona?

Alguns Dados com os Quais Trabalhar

Para introduzir a SVM, uso o conjunto de dados `iris`, que abordei primeiramente no Capítulo 6. Ele fornece quatro medidas em cada uma das 150 íris, com 50 flores para cada uma das três espécies.

Esse conjunto de dados é útil para exemplos que têm como objetivo usar as medidas (largura e comprimento da pétala, largura e comprimento da sépala) como meio de identificar a espécie da flor. Embora uma espécie *(setosa)* seja distinta das outras duas *(versicolor* e *virginica)*, as outras duas não são completamente distintas uma da outra.

> **DICA**
>
> Nos capítulos anteriores, ensino como trabalhar com `iris.uci`, um conjunto de dados baixado do Machine Learning Repository da UCI e, posteriormente, limpo. Neste capítulo, descrevo como trabalhar com o conjunto de dados `iris` que vem com o R.

PLOTANDO (DOIS TERÇOS) DAS ÍRIS

Veja como usar `ggplot` para criar um gráfico como o mostrado anteriormente, na Figura 9-1.

```
library(ggplot2)
ggplot(set.vers, aes(x=Petal.Length,y=Petal.Width,color=Species))
  +
geom_point(size=4) +
scale_color_manual(values = c("black","white"))+
geom_point(shape=1,size=4,color="black")+
theme(panel.grid.major = element_blank(), panel.grid.minor =
  element_blank())
```

Vejamos essas linhas, uma por uma. A primeira linha, claro, fornece o pacote `ggplot2`. Na segunda, a função `ggplot()` estabelece as bases para tudo. Seu primeiro argumento é o quadro de dados e o segundo é o mapeamento estético dos elementos de dados para os elementos gráficos: as variáveis para os eixos e a variável para a cor. A próxima linha, `geom_point()`, especifica os elementos gráficos para adicionar ao gráfico (junto com o tamanho).

A próxima, `scale_color_manual()`, altera as cores de preenchimento dos pontos das cores padrão (que não seriam distinguíveis nesta página) para preto e branco.

A próxima linha é outra função `geom_point()`. Por que mais uma? Aqui temos um truque. A segunda função `geom_point()` sobrepõe um caractere gráfico com uma borda preta em cima de cada um que a primeira `geom_point()` criou. Em outras palavras, esse truque adiciona uma borda a cada círculo no gráfico. É um pouco desnecessário quando o preenchimento é preto também, mas você entendeu a ideia.

A linha final remove as linhas de grade da plotagem.

Acho que você entendeu, não é? Então, aqui temos um pequeno projeto para você: dê uma olhada na Figura 9-4, descrita na seção seguinte. Figura 9-4: `Petal.Width` versus `Petal.Length` no quadro de dados `vers.virg`, mostrando uma separabilidade não linear.

Usando um subconjunto

Para facilitar um pouco as coisas, começo com um subconjunto do conjunto de dados `iris`. Chamo de `set.vers` porque consiste apenas nas espécies *setosa* e *versicolor*, em outras palavras, tudo exceto *virginica*:

```
set.vers <-subset(iris, Species != "virginica")
```

A Figura 9-1 mostra um gráfico de dispersão de `set.vers` com `Petal.Length` no eixo *x* e `Petal.Width` no eixo *y*. Os círculos pretos representam *setosa* e os círculos brancos representam *versicolor*. Se você quiser saber como usar o `ggplot` para criar um gráfico como este, veja o box a seguir, "Plotando (dois terços) das íris".

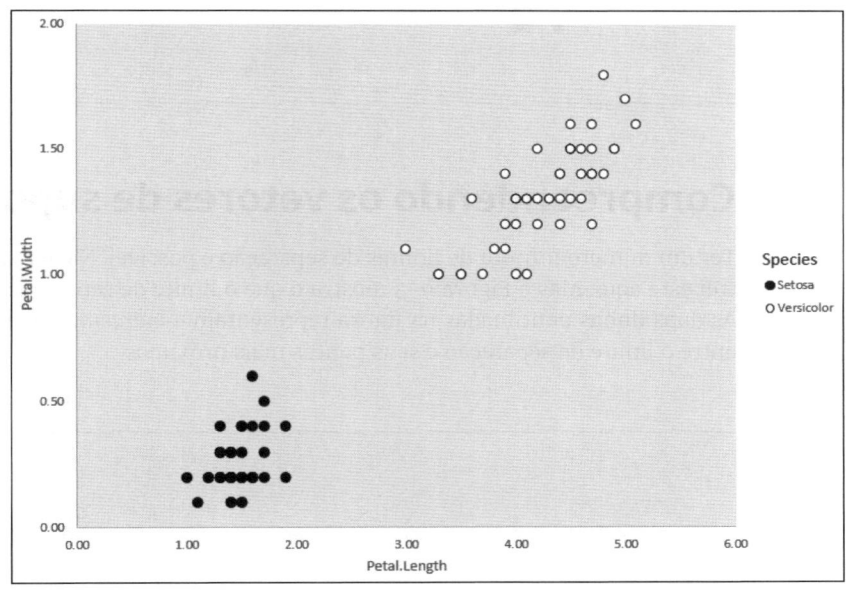

FIGURA 9-1: Petal.Width versus Petal.Length no quadro de dados set.vers.

Definindo um limite

As duas espécies mostradas na Figura 9-1 ocupam áreas bastante diferentes no gráfico, não é? Aparentemente, é muito fácil distingui-las. Na verdade, você poderia adicionar uma linha de limite entre as duas áreas, como mostrado na Figura 9-2, que divide bem o gráfico. Qualquer flor à direita e acima da linha é *versicolor* e qualquer flor à esquerda e abaixo da linha é *setosa*. A linha é chamada de *limite de separação*.

Quando você consegue desenhar uma linha como essa para o limite de separação, os dados são considerados *linearmente separáveis*.

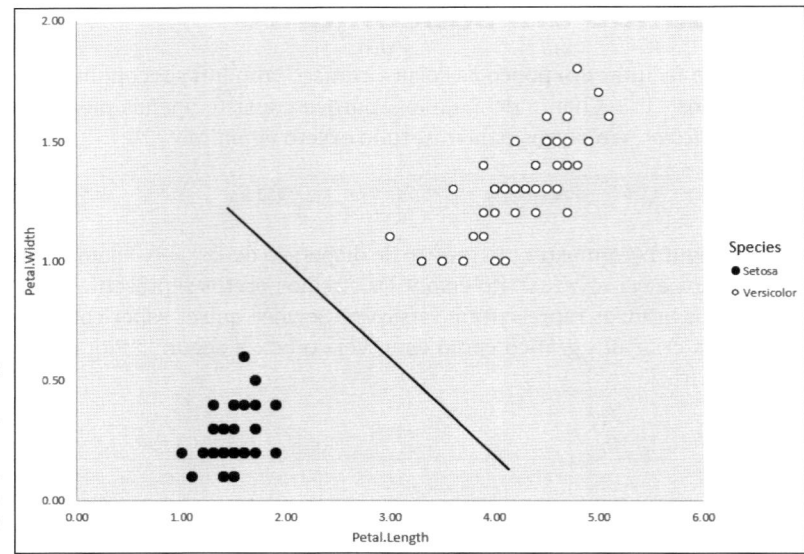

FIGURA 9-2: Petal.Width versus Petal.Length com um limite de separação.

Compreendendo os vetores de suporte

Ter um número infinito de limites de separação é possível. Na verdade, encontrei este aqui. Mas a Figura 9-3 mostra o que o limite de separação deve fazer. As duas linhas pontilhadas na figura representam a *margem*, que é a distância entre o limite de separação e seus pontos mais próximos.

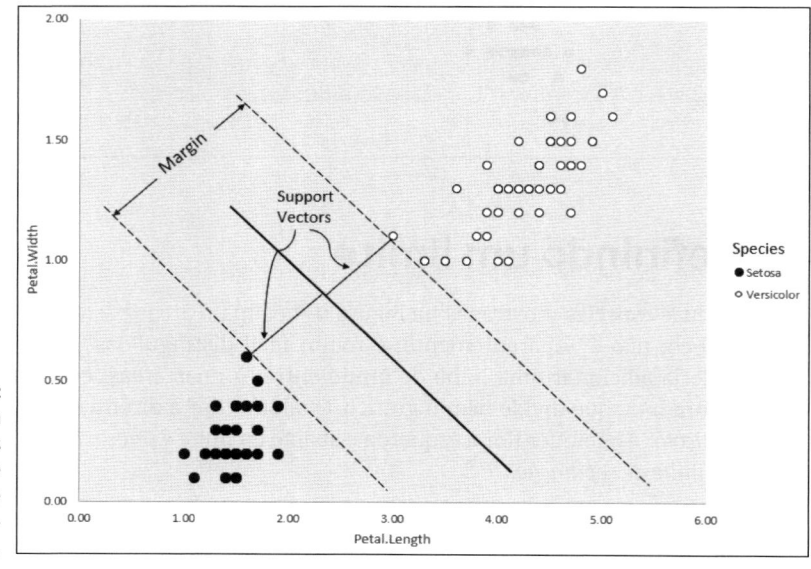

FIGURA 9-3: Margem e vetores de suporte para o limite de separação.

O limite de separação ideal é aquele que maximiza essa distância. As linhas dos dois pontos mais próximos ao limite de separação são chamadas de *vetores de suporte*.

LEMBRE-SE O termo *vetores de suporte* geralmente se refere apenas aos pontos, e não às linhas.

O limite de separação ideal é aquele que resulta no menor número de vetores de suporte. Por quê? Se menos pontos de dados estiverem próximos do limite (significando menos vetores de suporte), o limite funcionará melhor na classificação dos dados.

No caso simples com duas variáveis que apresento aqui, o limite de separação é uma linha reta. Com mais variáveis, é um *hiperplano*.

Seja uma linha, seja um hiperplano, como encontramos esse limite de separação tão importante, que separa os dados em classes? Os vetores de suporte fazem esse trabalho. A ideia é encontrar pontos, como os dois mostrados anteriormente, na Figura 9-3, que resultam em vetores de suporte, depois usar os vetores de suporte para definir o limite de separação.

Então você precisa de algo que, na verdade, procure vetores de suporte. Esse algo é a máquina de vetores de suporte. Antes de analisar as SVMs, preciso falar um pouco mais sobre a separabilidade, conforme descrito na seção a seguir.

Separabilidade: É Geralmente Não Linear

Quantos conjuntos de dados são perfeitamente separáveis linearmente, como `set.vers`? Não muitos. Na verdade, aqui temos `vers.virg`, os dois terços das íris que não são *setosa*:

```
vers.virg <- subset(iris, Species !="setosa")
```

A Figura 9-4 mostra o gráfico de `Petal.Width` versus `Petal.Length` para esse quadro de dados. Você pode ver claramente a pequena sobreposição entre as espécies e a separabilidade não linear resultante.

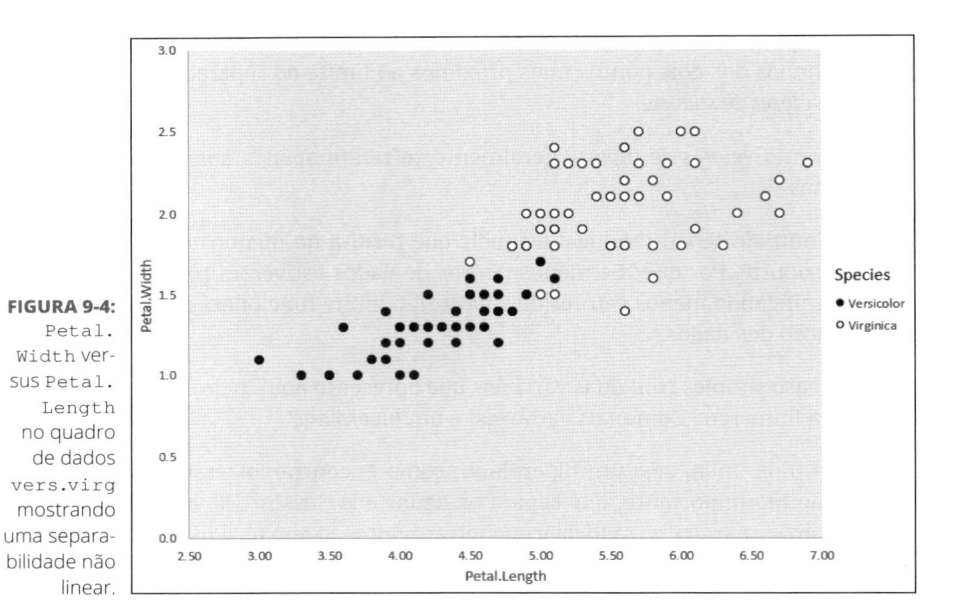

FIGURA 9-4:
Petal.
Width versus Petal.
Length
no quadro
de dados
vers.virg
mostrando
uma separabilidade não
linear.

Como um classificador pode lidar com a sobreposição? Uma maneira é permitir uma classificação errada, ou seja, alguns pontos de dados no lado errado do limite de separação.

A Figura 9-5 mostra o que quero dizer. Observei um limite de separação com *versicolor* à esquerda e *virginica* (a maioria) à direita. A figura mostra cinco *virginicas* à esquerda do limite. Isso é chamado de *classificação de margem flexível*.

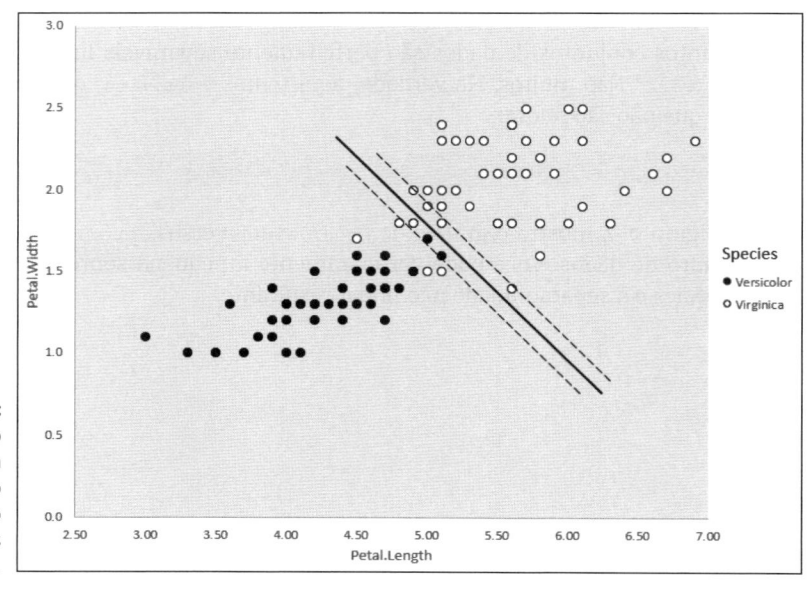

FIGURA 9-5:
Classificação
de margem
flexível no
quadro
de dados
vers.virg.

204   PARTE 3 **Aprendizado de Máquina**

Tentei minimizar os erros de cálculo ao observar o limite. Ao examinar os pontos de dados, talvez você possa ver um limite de separação diferente que funcione melhor, em outras palavras, um que tenha menos classificações incorretas. Uma SVM encontraria o limite trabalhando com um parâmetro chamado C, que especifica o número de erros de classificação que ela está disposta a permitir.

A classificação de margem flexível e a separabilidade linear, no entanto, nem sempre funcionam com dados reais, nos quais você pode ter todos os tipos de sobreposição. Às vezes, você encontra clusters de pontos de dados de uma categoria dentro de um grande grupo de pontos de dados de outra. Quando isso acontece, muitas vezes é necessário ter vários limites de separação não lineares, conforme mostrado na Figura 9-6. Esses limites não lineares definem um *kernel*.

Uma função da SVM geralmente oferece várias opções para encontrar um kernel. Essas opções têm nomes como "linear", "radial", "polinomial" e "sigmoide".

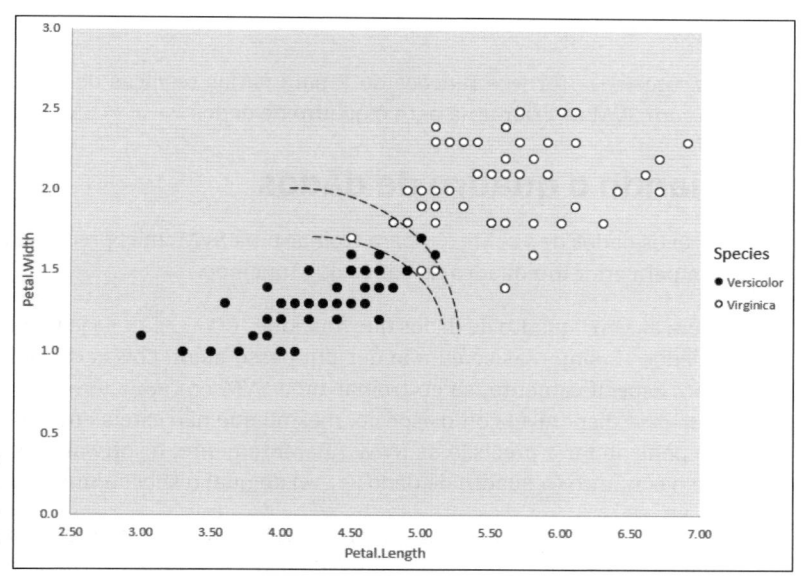

FIGURA 9-6:
Um kernel no quadro de dados `vers.virg`.

O cálculo subjacente é bastante complicado, mas aqui temos uma maneira intuitiva de pensar nos kernels: imagine a Figura 9-4 como uma página arrancada deste livro e deixada sobre a mesa. Suponha que você possa separar os pontos de dados movendo-os para uma terceira dimensão acima e abaixo da página; digamos, *versicolor* acima e *virginica* abaixo. Então seria fácil encontrar um limite de separação, certo? Pense em *kerneling* como o processo de mover os dados para a terceira dimensão. (A que distância devemos mover cada ponto na terceira dimensão? É aí que entra o cálculo complicado.) E o limite de separação seria, assim, um plano, não uma linha.

Máquinas de Vetores de Suporte em R

Dois pacotes de R importantes lidam com SVM. Um é chamado de e1071 e o outro é `kernlab`. Mostro como trabalhar com ambos nesta seção.

Trabalhando com e1071

Para começar com o pacote e1071, clique no botão Install na aba Packages no RStudio. Na caixa de diálogo Install Packages, digite **e1071** e clique em Install. Após o download do pacote, clique em sua caixa de seleção na aba Packages.

LEMBRE-SE: Por que esse nome enigmático para o pacote? Seus autores faziam parte do grupo da Teoria da Probabilidade no Departamento de Estatística da Universidade de Tecnologia de Viena e e1071 era a designação da Universidade para o grupo.

O pacote e1071 fornece funções de R para várias técnicas de AM, mas apenas lido com SVM ao criar uma para o quadro de dados vers.virg.

Criando o quadro de dados

Usarei os dados de vers.virg para treinar uma SVM, mas preciso dar um passo além para criar um quadro de dados que funcione.

Espera aí. Um "quadro de dados que funcione"? O vers.virg já não é um quadro de dados? É sim. Mas se eu não der um passo além, coisas estranhas acontecerão. Especificamente, se eu treinar uma SVM em vers.virg, ela achará que *setosa* está disponível como espécie, mesmo que não esteja em nenhuma linha. Isso pode afetar a precisão da SVM. Aparentemente, o software da SVM considera o conjunto (o quadro de dados iris) do qual o subconjunto veio.

Portanto, o plano aqui é criar um arquivo de texto .csv (variável separada por vírgula), em seguida, ler esse arquivo de texto em R e convertê-lo em um quadro de dados. Dessa forma, o novo quadro de dados terá exatamente os mesmos dados de vers.virg, mas não será o produto de subset().

O primeiro passo é

```
write.csv(vers.virg,"vvcsv")
```

O segundo argumento é o nome do arquivo .csv recém-criado.

Então, navegue até o arquivo, abra-o e pressione Ctrl+A para selecioná-lo. Em seguida, pressione Ctrl+C para copiar tudo para a área de transferência. Esse código lê de volta em um novo quadro de dados chamado vvx:

```
vvx <-read.csv("clipboard",header=TRUE,sep=",")
```

Veja as primeiras seis linhas:

```
  X Sepal.Length Sepal.Width Petal.Length Petal.Width    Species
1 51          7.0         3.2          4.7         1.4 versicolor
2 52          6.4         3.2          4.5         1.5 versicolor
3 53          6.9         3.1          4.9         1.5 versicolor
4 54          5.5         2.3          4.0         1.3 versicolor
5 55          6.5         2.8          4.6         1.5 versicolor
6 56          5.7         2.8          4.5         1.3 versicolor
```

Separando em conjuntos de treinamento e de testes

A primeira coisa a fazer ao treinar uma SVM é dividir o quadro de dados em um conjunto de treinamento e um conjunto de testes. Uma pequena função chamada `sample.split()` cuida disso, mas primeiro você precisa instalar o pacote, chamado `catools`. Depois de fazer o download e instalar, veja como dividir os dados:

```
set.seed(810)
svm_sample = sample.split(vvx$Species,SplitRatio = .75)
```

Se quiser reproduzir meus resultados, defina o valor inicial para o mesmo número que forneci. Defino `sample.split()` para que 75% das observações em `vvx` estejam em `svm_sample` e 25% não. Então o conjunto de treinamento é

```
training.set = subset(vvx,svm_sample == TRUE)
```

e o conjunto de testes é

```
test.set = subset(vvx,svm_sample == FALSE)
```

Treinando a SVM

Agora mostro como usar `svm()` para treinar a SVM no conjunto de treinamento:

```
svm_model <- svm(Species ~ Petal.Width + Petal.Length, data=training.
   set,
            method="C-classification", kernel="linear")
```

O primeiro argumento mostra que `Species` depende de `Petal.Width` e `Petal.Length`. Eu fiz isso para ficar consistente com as Figuras 9-1 a 9-6. O próximo argumento especifica os dados a usar.

O terceiro argumento, `method`, informa que isso é uma classificação. O argumento final especifica o tipo de `kernel`. Mencionei anteriormente neste capítulo que vários tipos são possíveis. O que uso aqui é o mais simples.

Depois de executar o código, você examina a SVM:

```
> svm_model

Call:
svm(formula = Species ~ Petal.Width + Petal.Length, data = training.
   set, method = "C-classification",
   kernel = "linear")
Parameters:
   SVM-Type:  C-classification
 SVM-Kernel:  linear
       cost:  1
      gamma:  0.5

Number of Support Vectors:  16
```

O item importante é a última linha, informando que a SVM encontrou 16 vetores de suporte em sua busca para encontrar um limite que classifica cada íris como *versicolor* ou *virginica*.

Plotando a SVM

Neste ponto, é uma boa ideia visualizar a SVM. Você pode usar `plot()` para fazer isso:

```
plot(svm_model, data = training.set[, c(4, 5, 6)]
             formula= Petal.Width ~ Petal.Length)
```

O primeiro argumento é a SVM e o segundo fornece os dados para o gráfico: as últimas três colunas do conjunto de treinamento. O último argumento, `formula`, especifica as variáveis a serem incluídas no gráfico. Essa fórmula coloca `Petal.Width` no eixo y e `Petal.Length` no eixo x.

O código produz um gráfico bem bonito, como você pode ver ao executá-lo. Para que tudo fique mais bonito nesta página, acrescentei alguns toques e o resultado é mostrado na Figura 9-7. (Se estiver interessado, veja o box "Toques extras para o gráfico da SVM".)

TOQUES EXTRAS PARA O GRÁFICO DA SVM

Aqui está o código que produziu o que você vê na Figura 9-7:

```
plot(svm_model, data = training.set[, c(4, 5, 6)],
    formula=Petal.Width~Petal.Length,
        dataSymbol = "O", svSymbol = "X",
        symbolPalette = palette(c("gray95","gray0")), color.
palette = gray.colors)
```

O argumento `dataSymbol` especifica um *O* maiúsculo como o caractere dos pontos de dados e o argumento `svSymbol` especifica um *X* maiúsculo como o caractere dos vetores de suporte. (Os padrões são letras minúsculas.) O argumento `symbolPalette` renderiza as cores dos símbolos e `color.palette` renderiza as cores das áreas da categoria.

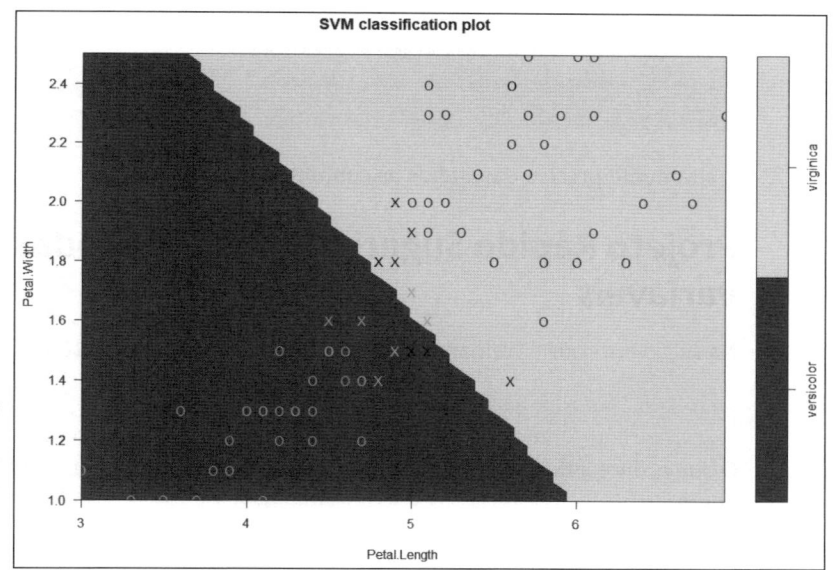

FIGURA 9-7:
Plotando a SVM para o conjunto de treinamento vvx, versão e1071.

Na figura, *O* representa um ponto de dados e *X* representa um vetor de suporte. Os pontos na área cinza mais escura representam as íris classificadas como *versicolor* e os pontos na área cinza mais clara são as íris classificadas como *virginica*.

O limite de separação não linear, como você pode ver, é uma borda irregular. Os pontos pretos (*virginica*) estão predominantemente na área mais clara e os pontos cinzas (*versicolor*), predominantemente na área mais escura. *Predominantemente*, claro, não significa "sempre". Alguns pontos de vetores de suporte são classificados incorretamente; alguns *Xs* cinzas estão na área mais clara e alguns *Xs* pretos estão na área mais escura.

Testando a SVM

Como essa SVM trabalha? Uma função chamada `predict()` fornece um vetor de classificações previstas baseadas na SVM. Primeiro, use `predict()` para testar suas classificações das flores no conjunto de treinamento:

```
pred.training <-predict(svm_model,training.set)
```

O desempenho médio geral é a média do vetor de previsões:

```
> mean(pred.training==training.set$Species)
[1] 0.9473684
```

Observe que é preciso especificar `Species` na função `mean()`.

E as flores no conjunto de testes?

```
> pred.test <-predict(svm_model,test.set)
> mean(pred.test==test.set$Species)
[1] 0.9583333
```

É altamente preciso em ambos os conjuntos.

Projeto Rápido Sugerido 1: Usando todas as variáveis

Na seção anterior "Treinando a SVM", a fórmula que uso na função `svm()` é

```
Species ~ Petal.Width + Petal.Length
```

O que acontecerá se você incluir `Sepal.Width` e `Sepal.Length`? A fórmula seria então

```
Species ~ .
```

O ponto, como indico no Capítulo 7, significa "incluir todas as variáveis".

Quantos vetores de suporte são resultantes? Qual o efeito disso no desempenho?

Projeto Rápido Sugerido 2: Trabalhando com kernels

Na seção anterior, "Separabilidade: É Geralmente Não Linear", explico os kernels e tento passar uma compreensão intuitiva do que são. Para ter mais um pouco de noção sobre eles, treine a SVM com as opções Polygon, Radial e Sigmoid, teste cada SVM e plote os resultados para cada uma.

Projeto Rápido Sugerido 3: Classificando todas as íris

Para simplificar a análise das SVMs, limitei os exemplos a duas classes, pegando os subconjuntos do quadro de dados `iris`. As SVMs, no entanto, não estão limitadas a duas classes.

Em vez de `vers.virg`, use o quadro de dados `iris` inteiro. Lembre-se de dividir `iris` em um conjunto de treinamento e um conjunto de testes, depois treine a SVM no conjunto de treinamento. Quantos vetores de suporte são resultantes? Como a SVM se sai no conjunto de testes?

Trabalhando com kernlab

Na aba Packages, clique no botão Install. Na caixa de diálogo Install Packages, digite **kernlab** e clique em Install. Assim que o download do pacote terminar, clique em sua caixa de seleção na aba Packages.

A função `kernlab` da SVM é chamada de `ksvm()`. Mostro como usá-la no conjunto de treinamento e depois no conjunto de testes que já criei. Veja o código para treinar uma SVM:

```
kern_svm <-ksvm(Species ~ Petal.Width + Petal.Length, training.set,
    kernel="vanilladot")
```

O primeiro argumento é a fórmula que indica `Species` sendo dependente de `Petal.Width` e `Petal.Length` (novamente, para ser consistente com as Figuras 9-1 a 9-6). O segundo argumento mostra a origem dos dados (o conjunto de treinamento que você criou na seção anterior). No terceiro argumento (`kernel`), `"Vanilladot"` é o nome do `kernlab` para um kernel linear.

Rodar `kern_svm` resulta em:

```
> kern_svm
Support Vector Machine object of class "ksvm"

SV type: C-svc  (classification)
 parameter : cost C = 1

Linear (vanilla) kernel function.

Number of Support Vectors : 16

Objective Function Value : -12.3997
Training error : 0.065789
```

Os resultados (16 vetores de suporte) correspondem à função `svm()` de `e1071`.

Com relação ao desempenho no conjunto de treinamento, executar `predict()` produz isto:

```
> pred.test <- predict(kern_svm,training.set)
> mean(pred.test == training.set$Species)
[1] 0.9342105
```

que corresponde a `1-kern_sym$error` (isto é, 1 menos `Training error` de 0.065789 na saída de `kern_sym`).

A precisão no conjunto de teste é

```
> pred.test <- predict(kern_svm,test.set)
> mean(pred.test == test.set$Species)
[1] 0.9583333
```

Usamos `plot()` para visualizar a SVM:

```
plot(kern_svm,data=training.set, formula=Petal.Width ~ Petal.Length)
```

A Figura 9-8 mostra o gráfico resultante. Os triângulos são *versicolor*, os círculos são *virginica* e os caracteres com gráficos preenchidos são os vetores de suporte. Ao contrário do gráfico `e1071`, nenhuma legenda explica a classificação.

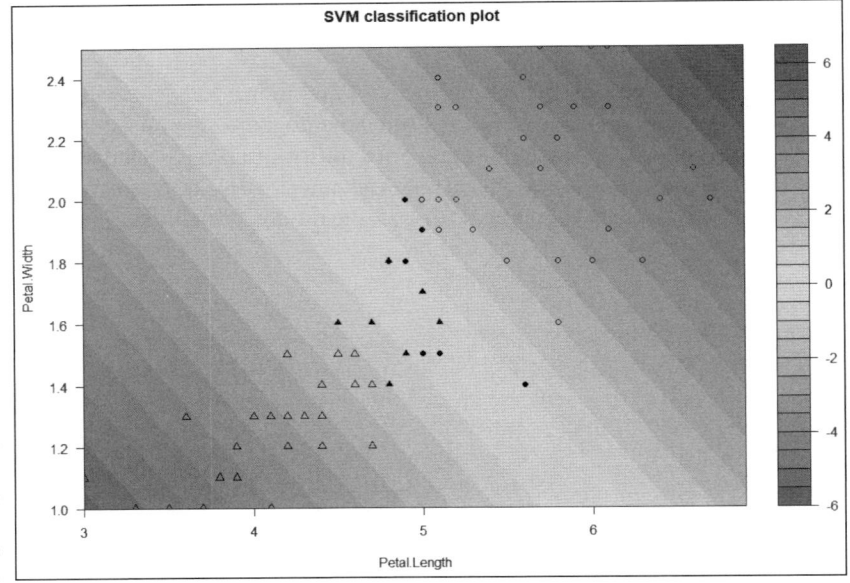

FIGURA 9-8: Plotando a SVM para o conjunto de treinamento vvx, na versão `kernlab`.

Projeto: Partidos

As SVMs funcionam bem quando você precisa classificar os indivíduos com base em muitos recursos — geralmente muito mais do que no quadro de dados `iris`. Nesta seção, ensino como criar uma SVM que identifica as afiliações partidárias dos membros da Câmara dos Deputados dos EUA em 1984. A variável-alvo é se o congressista é republicano ou democrata, com base em seus votos em 16 temas da época. Esses temas vão desde o compartilhamento de custos do projeto de água até gastos com educação.

Nove votos são possíveis, mas eles são agregados nas três classes y (sim), n (não) ou ? (voto não registrado). (Normalmente, um ponto de interrogação [?] significa falta de dados, mas não neste caso.)

Aqui temos alguns cuidados a serem tomados:

» O nome de cada tema não dá informações suficientes para entender a totalidade do problema. Às vezes, o projeto de lei associado tem uma redação tão complicada que é difícil dizer o significado do voto em y (sim) ou n (não).

» Nada aqui deve ser tomado como um endosso ou depreciação de qualquer posição, ou de qualquer partido. É apenas um exercício de aprendizado de máquina.

Você encontrará o conjunto de dados `Congressional Voting Records` no Machine Learning Repository da UCI. A URL é (conteúdo em inglês)

https://archive.ics.uci.edu/ml/datasets/congressional+voting+records

Nesta página, navegue até Data Folder e depois para os dados. Pressione Ctrl+A para selecionar todos os dados, em seguida, pressione Ctrl+C para copiá-los para a área de transferência. Então, este código

```
house <- read.csv("clipboard",header=FALSE)
```

transforma os dados em um quadro de dados. Neste ponto, as primeiras seis linhas do quadro de dados são

```
> head(house)
         V1 V2 V3 V4 V5 V6 V7 V8 V9 V10 V11 V12 V13 V14 V15 V16 V17
1 republican  n  y  n  y  y  y  n  n  n   y   ?   y   y   y   n   y
2 republican  n  y  n  y  y  y  n  n  n   n   ?   y   y   y   n   ?
3   democrat  ?  y  y  ?  y  y  n  n  n   n   y   n   y   y   n   n
```

4	democrat	n	y	y	n	?	y	n	n	n	y	n	y	n	n	y
5	democrat	y	y	y	n	y	y	n	n	n	n	y	?	y	y	y	y
6	democrat	n	y	y	n	y	y	n	n	n	n	n	n	y	y	y	y

Uma olhada nos nomes das variáveis (na descrição do conjunto de dados) mostra que a maioria deles é bastante longa (como `anti-satellite-test-ban`). Digitar isso leva muito tempo e atribuir abreviações curtas pode não ser muito mais informativo que `V15` ou `V16`. Então apenas mude `V1` para `Party`:

```
colnames(house)[1] = "Party"
```

Uso o pacote `kernlab` para criar a SVM. Mais especificamente, uso o pacote `rattle`, que fornece uma interface gráfica para o `kernlab`.

Lendo os dados

Com o pacote do `rattle` instalado,

```
rattle()
```

abre a aba Data. Para ler os dados, siga estas etapas:

1. **Clique no botão de seleção R Dataset para abrir a caixa Data Name.**

2. **Clique na seta para baixo dessa caixa e selecione House no menu que aparece.**

3. **Clique para marcar a caixa de seleção ao lado Partition, em seguida, clique no botão Execute no canto superior esquerdo da janela.**

4. **Clique no botão de seleção Target para Party e no botão de seleção Input para V17, depois clique no ícone Execute novamente.**

A aba Data de `Rattle` agora deve ser parecida com a Figura 9-9.

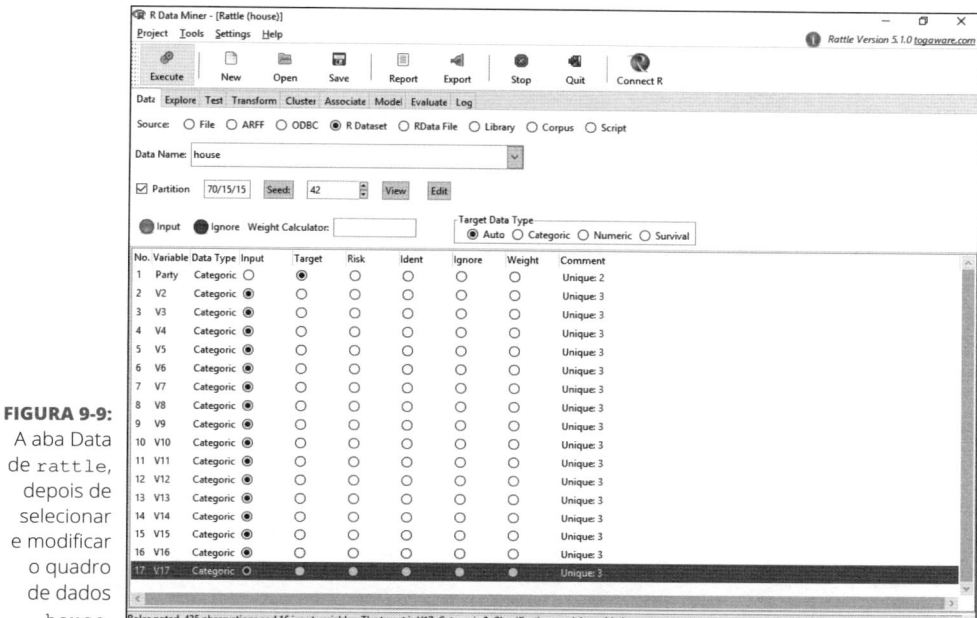

FIGURA 9-9:
A aba Data de rattle, depois de selecionar e modificar o quadro de dados house.

Explorando os dados

Em seguida, você desejará explorar os dados. A primeira coisa a considerar é uma distribuição de afiliação partidária. Veja como fazer:

1. **Na aba Explore, clique no botão de seleção Distributions e na caixa de seleção ao lado de Party.**

2. **Na caixa Group By, selecione blank (a primeira opção) para que a caixa fique vazia.**

   A Figura 9-10 mostra como a aba Explore fica depois de tudo isso.

CAPÍTULO 9 **Suporte Seu Vetor Local** 215

FIGURA 9-10:
A aba Explore de `rattle`, configurada para plotar uma distribuição de afiliação partidária.

3. **Clique em Execute.**

   Essa última etapa produz o que você vê na Figura 9-11, que mostra a distribuição de republicanos e democratas no quadro de dados.

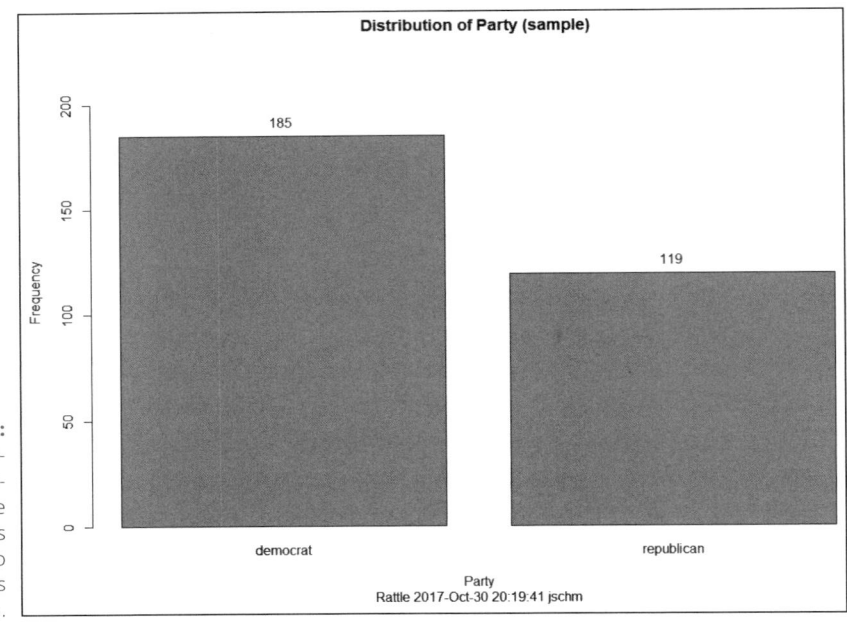

FIGURA 9-11: A distribuição de republicanos e democratas no quadro de dados house.

216 PARTE 3 **Aprendizado de Máquina**

Criando a SVM

Vamos à SVM. Siga estas etapas:

1. **Na aba Model, clique no botão de seleção SVM.**

2. **Na caixa Kernel, clique na seta para baixo e selecione Linear (vanilladot) no menu que aparecer.**

   A Figura 9-12 mostra a aba Explore depois que essas escolhas são feitas.

3. **Clique no ícone Execute.**

   Clicar em Execute altera a tela para se parecer com a Figura 9-13, mostrando os resultados da SVM. A máquina encontrou 34 vetores de suporte e produziu um erro de Training de 0,016447.

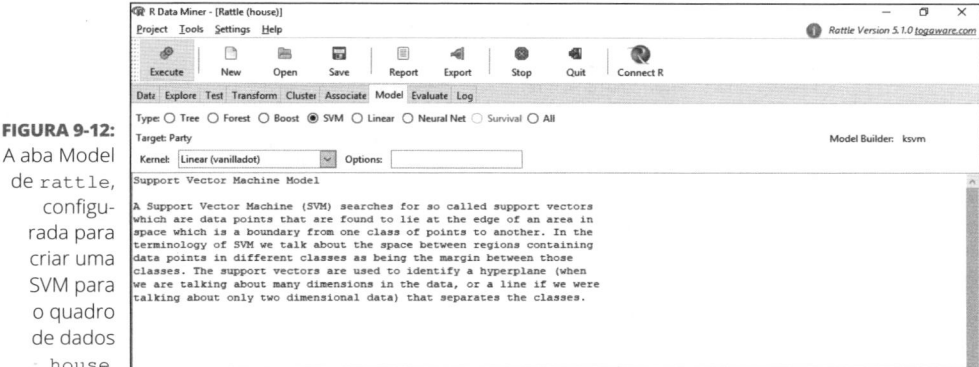

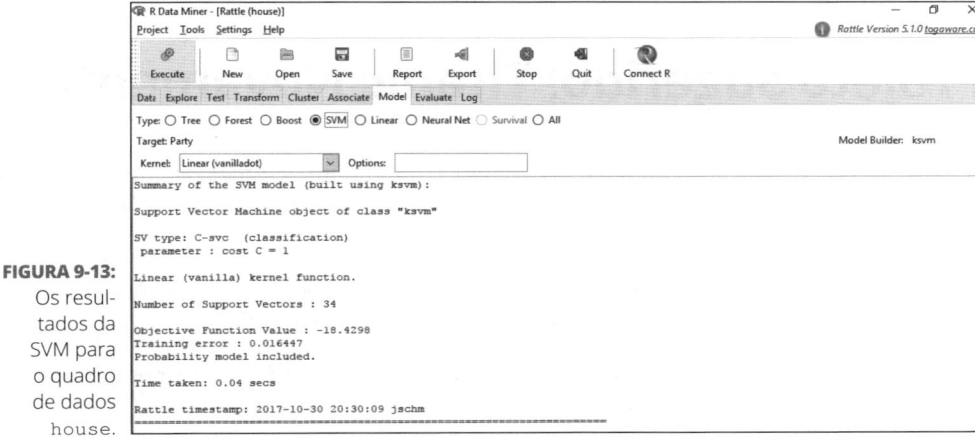

FIGURA 9-12: A aba Model de rattle, configurada para criar uma SVM para o quadro de dados house.

FIGURA 9-13: Os resultados da SVM para o quadro de dados house.

Avaliando a SVM

Para avaliar a SVM na questão do conjunto de Testing, conclua estas etapas:

1. **Clique para selecionar a aba Evaluate.**
2. **Para Type, clique no botão de seleção Error Matrix.**
3. **Para Data, clique no botão de seleção Testing.**
4. **Clique em Execute para produzir a tela mostrada na Figura 9-14.**

   A SVM classifica incorretamente 2 dos 40 democratas como republicanos, com uma taxa de erro global de 3% (2 dentre 66 erros) e uma taxa média de erro de classe de 2,5% (a média de 5% e 0%). Bem impressionante.

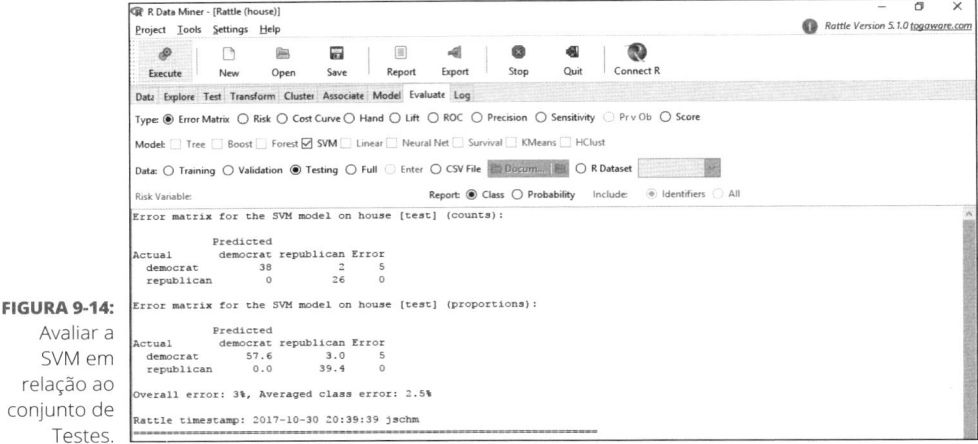

FIGURA 9-14: Avaliar a SVM em relação ao conjunto de Testes.

Projeto Sugerido: Titanic Novamente

Como mencionei no final do Capítulo 7, o conjunto de dados de informações de sobrevivência do *Titanic* é frequentemente usado para demonstrações de AM. É muito bom para a SVM.

Para obter detalhes sobre como usar os dados, veja a seção final do Capítulo 7. Preste muita atenção nas modificações que apresento nela.

Quando chegar à aba Model, tente criar a SVM com diferentes tipos de kernel e observe o efeito no erro de treinamento.

> **NESTE CAPÍTULO**
>
> » Dominando o *k*-means clustering
>
> » *k*-means clustering para agrupar íris no R
>
> » *k*-means clustering para agrupar conjunto de dados `glass`

Capítulo **10**

K-Means Clustering

No aprendizado não supervisionado, um processo de aprendizado de máquina (AM) procura estrutura em um conjunto de dados. O objetivo é encontrar padrões, não fazer previsões. Uma maneira de estruturar um conjunto de dados é colocar os pontos de dados em subgrupos denominados *clusters*. O truque é encontrar uma receita para criar os clusters. Uma dessas receitas é chamada de *k-means clustering*.

Como Funciona

Para introduzir o k-means clustering, mostro como trabalhar com o quadro de dados `iris`, como fiz nos capítulos anteriores. É o quadro de dados `iris` que vem com a instalação básica do R. Cinquenta flores em cada uma das três espécies de íris (*setosa*, *versicolor* e *virginica*) compõem o conjunto de dados. As colunas do quadro de dados são `Sepal.Length`, `Sepal.Width`, `Petal.Length`, `Petal.Width` e `Species`.

Para esta análise, você deve se preocupar com apenas `Petal.Length`, `Petal.Width` e `Species`. Dessa forma, pode visualizar os dados em duas dimensões.

A Figura 10-1 mostra o quadro de dados `iris` com `Petal.Length` no eixo *x*, `Petal.Width` no eixo *y* e `Species` como a cor do caractere de plotagem. (Para ver os detalhes de `ggplot`, consulte o box "Plotando as íris".)

No k-means clustering, você primeiro especifica em quantos clusters acha que os dados se enquadram. Na Figura 10-1, uma suposição razoável é 3, ou seja, o número de espécies. O próximo passo é atribuir aleatoriamente cada ponto de dados (correspondendo a uma linha no quadro de dados) a um cluster. Em seguida, encontre o ponto central de cada cluster. Os bambambãs do AM referem-se a esse centro como o *centroide*. O valor x do centroide é a média dos valores x dos pontos no cluster e o valor y do centroide é a média dos valores y dos pontos no cluster.

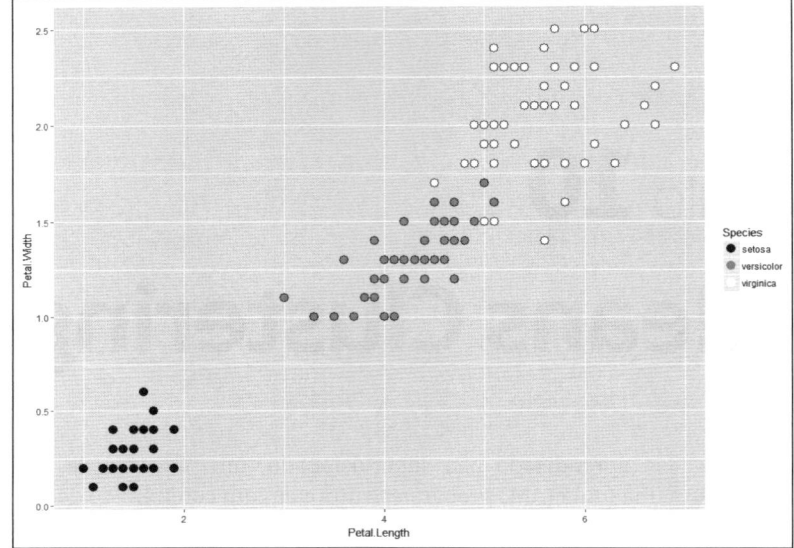

FIGURA 10-1: Duas dimensões do quadro de dados `iris`.

A próxima coisa a fazer é calcular a distância entre cada ponto e seu centroide, encontrar a raiz quadrada dessa distância e somar as distâncias ao quadrado. A soma das distâncias ao quadrado em um cluster é mais conhecida como *soma dentro dos quadrados*.

Finalmente, e é a parte crucial, o processo se repete até que a soma dentro dos quadrados de cada cluster seja a menor possível: em outras palavras, até que cada ponto de dados esteja no cluster com o centroide mais próximo.

Também é possível calcular um centroide para todo o conjunto de observações. Sua coordenada x é a média da coordenada x de cada ponto de dados (`Petal.Length`, neste exemplo) e sua coordenada y é a média da coordenada y de cada ponto de dados (`Petal.Width`, neste exemplo). A soma das distâncias ao quadrado de cada ponto para esse centroide do cluster é chamada de *soma total dos quadrados*. A soma das distâncias ao quadrado de cada centroide do cluster até o centroide geral é a *soma entre os quadrados*.

A razão *(a soma entre dos quadrados)/(soma dentro dos quadrados)* é uma medida de como os k-means clusters se ajustam aos dados. Um número maior é melhor.

ESSA COISA DE DISTÂNCIA

"A distância entre cada ponto e seu centroide"? Como se calcula?

A maneira mais comum de fazer isso é chamada de *distância euclidiana* e, só porque você perguntou, aqui está como encontrá-la. Se as coordenadas de um ponto são *xp* e *yp*, e as coordenadas do centroide são xc e yc, a distância d entre elas é

$$d = \sqrt{(x_p - x_c)^2 + (y_p - y_c)^2}$$

Com mais de duas dimensões, a equação fica um pouco mais complexa, mas o princípio é o mesmo. E as medidas de distância não euclidianas (com nomes como *Minkowski* e *city-block*) são variações desse tema.

PAPO DE ESPECIALISTA

Se essa soma dos quadrados acender uma luz, você provavelmente ouviu falar sobre uma técnica de análise estatística chamada *análise de variância*. Se a razão dessas duas somas de quadrados parece familiar, você pode se lembrar de que, em outro contexto, a raiz quadrada dessa razão é chamada de *coeficiente de correlação*.

K-Means Clustering em R

A função `kmeans()` de R manipula o k-means clustering. Ela vem com a instalação básica de R, portanto, nenhum download de pacote adicional é necessário.

Configurando e analisando os dados

Para o k-means clustering com o conjunto de dados de íris (usando `Petal.Length` e `Petal.Width`), veja o código:

```
set.seed(810)
```

Se quiser replicar meus resultados, defina o valor inicial (para a seleção aleatória de conjuntos que inicia tudo isso) para o mesmo número que usei:

```
kmi <- kmeans(iris[,3:4],centers=3,nstart=15)
```

O primeiro argumento para `kmeans()` são os dados (Colunas 3 e 4 do quadro de dados `iris`). O segundo argumento especifica o número de clusters e o terceiro indica o número de conjuntos aleatórios a escolher no início do processo.

Compreendendo a saída

Aqui estão os resultados:

```
> kmi
K-means clustering with 3 clusters of sizes 52, 50, 48

Cluster means:
  Petal.Length Petal.Width
1     4.269231    1.342308
2     1.462000    0.246000
3     5.595833    2.037500

Clustering vector:
  [1] 2 2 2 2 2 2 2 2 2 2 2 2 2 2 2 2 2 2 2 2 2 2 2 2 2 2 2 2 2 2
      2 2 2 2 2 2 2 2 2 2 2 2 2 2 2 2 2 2 2 2 1 1 1 1 1 1 1 1
 [59] 1 1 1 1 1 1 1 1 1 1 1 1 1 1 1 1 1 1 1 1 3 1 1 1 1 3 1 1 1 1 1
      1 1 1 1 1 1 1 1 1 1 3 3 3 3 3 1 3 3 3 3 3 3 3 3
[117] 3 3 3 1 3 3 3 3 3 3 1 3 3 3 3 3 3 3 3 3 3 3 1 3 3 3 3 3 3 3 3
      3 3

Within cluster sum of squares by cluster:
[1] 13.05769  2.02200 16.29167
 (between_SS / total_SS =  94.3 %)

Available components:

[1] "cluster"      "centers"      "totss"       "withinss"     "tot.
    withinss"  "betweenss"    "size"
[8] "iter"         "ifault"
```

A primeira linha de saída informa o número de flores em cada cluster. Como elas não são todas as 50, não combinam perfeitamente com a espécie.

`Cluster means` mostra as coordenadas do centroide para cada cluster. A ordenação dos clusters é arbitrária: é baseada na seleção aleatória no início do processo. Por exemplo, como mostra a Figura 10-1, as *setosas* estão na região mais à esquerda do gráfico, levando à expectativa de que podem ser o Cluster 1. Mas `kmeans()` atribuiu *setosa* ao Cluster 2.

Você pode verificar os centroides do Cluster 2 (e que o Cluster 2 é *setosa*) calculando

```
mean(iris$Petal.Length[iris$Species == "setosa"])
mean(iris$Petal.Width[iris$Species == "setosa"])
```

Isso não funciona para as outras duas espécies porque elas não correspondem perfeitamente aos Clusters 1 e 3. (Chegam muito perto, no entanto.)

A próxima seção de saída, `Clustering vector`, mostra o cluster atribuído a cada flor no quadro de dados.

A penúltima seção mostra a soma dentro dos quadrados para cada cluster e a razão entre a soma dos quadrados para a soma total dos quadrados. A razão, 94,3%, indica que o esquema de clustering é bom para os dados.

A seção final é um pouco mais importante do que parece à primeira vista. Ela mostra os nomes dos atributos que estão disponíveis como resultado do k-means clustering. A lista informa como recuperar os atributos. Se, por algum motivo, você quiser recuperar o `Clustering vector` (como mencionado no box "Plotando as íris"), ele é `kmi$cluster`. Experimente, se não acredita em mim. Outra coisa importante, como você verá, é `tot.withinss`, que é a soma de `withinss` para cada cluster:

```
> kmi$tot.withinss
[1] 31.37136
> sum(kmi$withinss)
[1] 31.37136
```

Como exatamente os grupos combinam com as espécies? Para responder a essa pergunta, você precisa somar os pontos de dados em cada cluster e os pontos de dados em cada espécie e comparar. (Por exemplo, quantas *versicolors* existem em cada cluster?) A função `table()` faz tudo isso:

```
> table(kmi$cluster,iris$Species)

  setosa versicolor virginica
1      0         48        4
2     50          0        0
3      0          2       46
```

Então, `kmeans()` coloca 2 *versicolors* no Cluster 3 e 4 *virginicas* no Cluster 1.

Visualizando os clusters

Como é o clustering? A Figura 10-2 mostra para você. (Para ver os detalhes de codificação sobre como criar essa imagem, consulte o box "Plotando as íris".)

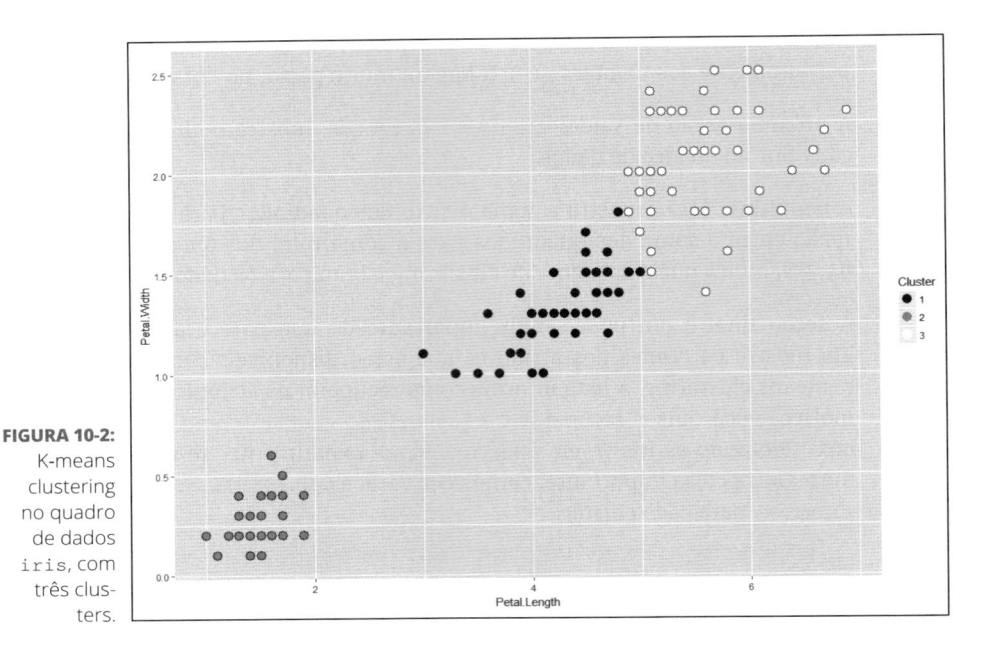

FIGURA 10-2: K-means clustering no quadro de dados `iris`, com três clusters.

É muito parecido com o gráfico na Figura 10-1, mas não é exatamente igual. Se você tiver uma visão perspicaz, talvez possa ver as seis flores na Figura 10-1 que estão classificadas de forma diferente na Figura 10-2. Observe nessa imagem que nenhuma flor está misturada com outras: os limites do cluster são bem claros.

Encontrando o número ideal de clusters

No início desta análise, você pode ter compreendido apenas que 3 era o "melhor" número de clusters. Três espécies, três grupos; curto e simples. Mas esse é realmente o caso?

Lembre-se de que k-means clustering minimiza a soma dentro dos quadrados de cada cluster. Outra maneira de dizer isso é que k-means clustering minimiza o total das somas dos quadrados. Portanto, uma maneira de selecionar o número ideal é usar `kmeans()` para um intervalo de valores diferentes para `centers` (o número de clusters), recuperar o `tot.withinss` associado a cada um e comparar. (A solução normal, claro, é ter tantos clusters quanto pontos de dados. Se cada ponto de dados tiver seu próprio cluster pessoal, as somas dentro dos quadrados serão todas iguais a zero.)

Para ajudar na comparação, vou desenhar um gráfico. Colocarei o número de clusters no eixo *x* e a soma dentro dos quadrados total no eixo *y*. Um estatístico olhando esse gráfico procuraria um "cotovelo", ou uma queda em `tot.withinss` seguida por um nivelamento, no qual a redução adicional em `tot.withinss` é mínima. Esse cotovelo representa o número ideal de clusters.

Para executar `kmeans()` em 2 a 15 clusters, use um loop `for`. Você começa criando um vetor vazio que, em algum momento, manterá todos os valores de `total.withinss`:

```
totwss <- NULL
```

O loop `for` é

```
for (i in 2:15){
totwss <- append(totwss,kmeans(iris[,3:4],centers=i)$tot.withinss)
        }
```

O loop adiciona (anexa com *append*) cada novo valor de `tot.withinss` ao final do vetor `totwss`.

O código para o gráfico é

```
plot(x=2:15, y=totwss, type="b", xlab="Clusters", ylab= "Total Within
    SS")
```

O argumento `type="b"` especifica que linhas e pontos aparecem no gráfico. O gráfico aparece na Figura 10-3.

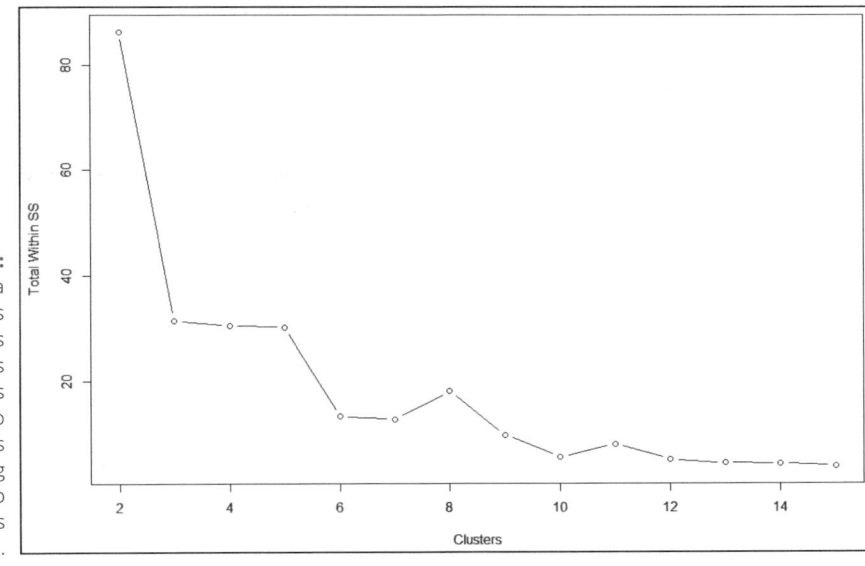

FIGURA 10-3:
A soma dentro dos quadrados total versus clusters para o k-means clustering do quadro de dados iris.

O gráfico apresenta um cotovelo com três clusters, mas, depois de cinco clusters, mostra outra queda. O que se parece ser outro cotovelo aparece com seis clusters, então a soma dentro dos quadrados total parece bastante estável.

Aqui temos o clustering com seis clusters:

```
set.seed(810)
kmi6 <-kmeans(iris[,3:4],centers=6,nstart=15)
```

Veja alguns resultados selecionados:

```
K-means clustering with 6 clusters of sizes 11, 50, 27, 19, 21, 22

Cluster means:
  Petal.Length Petal.Width
1     6.354545    2.127273
2     1.462000    0.246000
3     4.485185    1.407407
4     3.773684    1.152632
5     5.028571    1.766667
6     5.559091    2.145455

Within cluster sum of squares by cluster:
[1] 1.689091 2.022000 1.232593 2.224211 1.449524 2.407727
 (between_SS / total_SS =  98.0 %)
```

Na maioria das vezes, os analistas procuram a solução com o menor número de clusters. A melhoria de quase 4% na razão entre/total (acima de três clusters) é suficiente para justificar os três clusters adicionais? Hmm...

A resposta está em sua capacidade de compreender os clusters. Você pode anexar um nome significativo a cada um?

Um gráfico pode ajudar. A Figura 10-4 mostra como é o clustering. (Mais uma vez, os detalhes da codificação estão no box "Plotando as íris".)

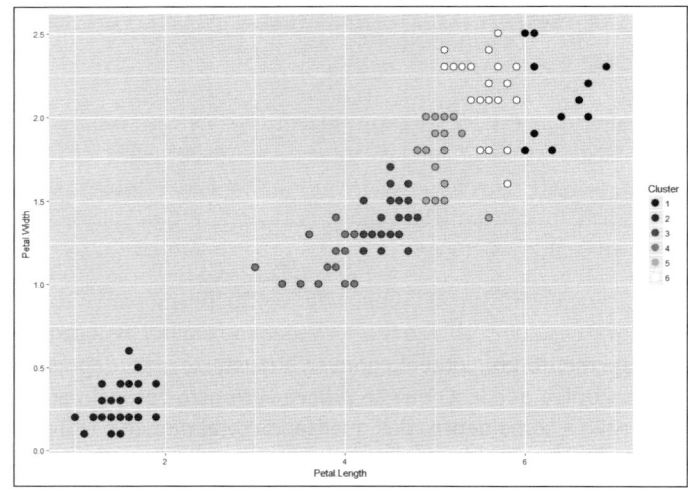

FIGURA 10-4: K-means clustering no quadro de dados iris, com seis clusters.

Os clusters são bem distintos. A *setosa*, como sempre, forma seu próprio grupo na área inferior esquerda. O agrupamento na área superior direita consiste em *virginica*, mas não apenas *virginica*. Seriam as *virginicas* "grandes"? E o próximo cluster à esquerda? Seriam as *virginicas* "pequenas"? As *versicolor* grandes? Uma mistura? E os outros três clusters?

Uma tabela pode ser útil:

```
> table(kmi6$cluster,iris$Species)

    setosa versicolor virginica
  1      0          0        11
  2     50          0         0
  3      0         26         1
  4      0         19         0
  5      0          5        16
  6      0          0        22
```

A maioria das *versicolors* está nos Clusters 3 e 4, e a maior parte das *virginicas* está em 1, 5 e 6. Então...?

Moral da história: os números e gráficos não contam toda a história. Podemos usar técnicas estatísticas para sugerir possíveis explicações, mas isso não nos leva muito longe. Nada pode substituir o conhecimento da área de conteúdo. Um botânico seria capaz de dizer como nomear esses clusters de uma maneira significativa e, talvez, chegar a uma maneira sensata de decidir sobre o número de clusters em primeiro lugar.

Na minha humilde opinião, essa técnica funcionará melhor se você tiver algum conhecimento sobre uma área e quiser entender mais sobre a estrutura de um conjunto de dados nessa área.

Projeto Rápido Sugerido: Adicionando as sépalas

Nos exemplos até agora neste capítulo, confinei as variáveis apenas em `Petal.Length` e `Petal.Width`. O que acontecerá se o k-means clustering também incluir `Sepal.Length` e `Sepal.Width`? (Para que isso aconteça, altere `iris[,3:4]` para `iris[,1:4]` nos argumentos para `kmeans()`. E não se esqueça da primeira vírgula entre colchetes!)

Como a adição de variáveis de sépala afeta o clustering para o caso de três clusters? E para o caso de seis? E o número ideal de clusters? Como são os gráficos dos casos de três e seis clusters com as variáveis de sépala incluídas?

PLOTANDO AS ÍRIS

Se você leu o primeiro box no Capítulo 9, "Plotando (dois terços) das íris", está familiarizado com as ideias explicadas *neste* box. Na verdade, este é um box melhorado. Aqui, mostro como plotar as Figuras 10-1, 10-2 e 10-4. Para todas elas, supondo que o pacote `ggplot2` esteja instalado.

A Figura 10-1 plota o quadro de dados `iris` com `Petal.Length` no eixo *x*, `Petal.Width` no eixo *y* e `Species` como a cor dos pontos de dados. Veja o código:

```
ggplot(iris, aes(x=Petal.Length,y=Petal.Width,color=Species))+
  geom_point(size=4)+
  scale_color_manual(values=c("grey0","grey65","grey100"))+
  geom_point(shape=1,size=4,color="black")
```

A primeira linha, `ggplot()`, especifica os dados e mapeia variáveis nos dados para os aspectos do gráfico. A segunda linha, `geom_point()`, adiciona os pontos de dados ao gráfico e especifica seu tamanho. Se eu parar por aqui, consigo um belo gráfico, cujas cores padrão não apareceriam bem nesta página em preto e branco.

Em vez das cores padrão, a terceira linha indica as cores a usar nos pontos de dados. A primeira espécie é colorida em `grey0`, que é preto. A segunda é em `grey65`, que é um tom de cinza. A terceira é em `grey100`, que é branco.

A linha final, outra `geom_point()`, é um truque que adiciona uma borda a cada ponto de dados. Ela sobrepõe um ponto de dados não preenchido a uma borda em cada ponto de dados que já está no gráfico.

A Figura 10-2 plota o quadro de dados `iris` da mesma maneira, mas desta vez as cores dos pontos de dados representam os três clusters armazenados em `kmi`. Então, preciso mudar o mapeamento `color` na instrução `ggplot()`. Como faço para recuperar o cluster de cada flor nos resultados do clustering? Como indiquei na seção anterior, "Compreendendo a saída", `kmi$cluster` retorna o `Clustering vector`, que é exatamente o que preciso aqui.

Isso significa que eu mudei `color=Species` para `color=kmi$cluster`? Não é bem assim. Os clusters, vale lembrar, são números (1, 2, 3). As espécies são nomes ("setosa", "virginica", "versicolor"). `ggplot()` acha que os números representam os valores de uma variável numérica contínua, não nomes, como as espécies. Isso não funciona com `scale_color_manual()`, que mapeia as cores para nomes de categorias, não números. Assim, preciso de alguma forma de transformar os números do cluster em categorias. Felizmente, a função `as.factor()` faz exatamente isso. A alteração no código, portanto, é `color=as.factor(kmi$cluster)`.

> Mais uma mudança: se eu mudar apenas `color` e nada mais, o título da legenda será `as.factor(kmi$cluster)` e ninguém quer isso. Então, adiciono o argumento `name="Cluster"` à função `scale_color_manual()` para alterar a legenda. Aqui está o código, com as alterações em negrito:
>
> ```
> ggplot(iris, aes(x=Petal.Length,y=Petal.Width,color=as.
>   factor(kmi$cluster)))+
> geom_point(size=4)+
> scale_color_
>   manual(name="Cluster",values=c("grey0","grey65","grey100"))+
> geom_point(shape=1,size=4,color="black")
> ```
>
> Você provavelmente consegue descobrir como plotar a Figura 10-4. O código é o mesmo da Figura 10-2, mas, para a Figura 10-4, os resultados do *k*-means clustering de seis clusters estão em `kmi6`. Altere o argumento `color` em `ggplot()` de acordo. O argumento `values` em `scale_color_manual()` é
>
> ```
> values=c("grey0","grey20","grey40","grey60","grey80","grey100")
> ```

Projeto: Clusters de Vidro

Nesta seção, mostro um projeto que é mais complexo do que o clustering das íris. A base para o projeto é um conjunto de dados que uso no Capítulo 8, na seção "Projeto: Identificando Vidro". Para lembrar, os dados são medições de propriedades químicas e físicas de 149 pedaços de vidro. Cada pedaço vem de um dos seis tipos (janelas ou faróis de carro, por exemplo). Identificar corretamente a fonte de um fragmento de vidro pode ser uma parte crucial de uma investigação criminal.

O objetivo aqui, no entanto, não é a identificação. A ideia é encontrar a estrutura dentro do conjunto de dados: quais tipos de vidro são semelhantes entre si? Quais tipos são diferentes?

LEMBRE-SE A distinção entre "aprender a identificar corretamente" e "aprender a estrutura" é a distinção entre aprendizado *supervisionado* e *não supervisionado*.

Os dados

Como nos projetos de AM anteriores, os dados vêm do Machine Learning Repository da UCI. Você encontrará o conjunto de dados em `https://archive.ics.uci.edu/ml/datasets/glass+identification` (conteúdo em inglês).

Navegue até Data Folder. Em seguida, clique em `glass.data`, que é um arquivo de texto de variáveis separadas por vírgula. Pressione Ctrl+A para selecionar e pressione Ctrl+C para colocar tudo na área de transferência.

O comando a seguir traz os dados para R como um quadro de dados:

```
glass.uci <- read.csv("clipboard",header = FALSE)
```

Ainda preciso do cabeçalho

```
colnames(glass.uci)<-c("ID","RI","Na","Mg","Al","Si","K","Ca","Ba",
   "Fe","Type")
```

A primeira coluna, `ID`, é um identificador para o pedaço de vidro e a segunda é o índice de refração do fragmento de vidro (quanta luz passa por ele). A última, `Type`, é, sem surpresa, o tipo de vidro. Tudo o que está no meio são os elementos químicos no vidro.

Os níveis de `Type` são números. Para dar-lhes nomes informativos, uso uma função de `plyr` chamada `mapvalues()`:

```
library(plyr)
glass.uci$Type <- mapvalues(glass.uci$Type,
    from = c(1,2,3,5,6,7),
                       to = c("bldg_windows_float","bldg_
   windows_non_float", "vehicle_windows_float","containers","tabl
   eware","headlamps"))
```

`float` e `non_float` são processos para criar uma janela: "float" produz um vidro de qualidade quase ótica; "non-float" tem menor qualidade.

O vetor `from` não inclui `4`, porque o tipo correspondente (`vehicle_windows_non_float`) não está no conjunto de dados.

> **LEMBRE-SE** Eu não inventei os nomes para as colunas e os níveis de `Type`. Estão na URL desse conjunto de dados.

Iniciando `Rattle` e explorando os dados

Se você leu o Capítulo 8, já viu essa parte do filme: `Rattle` fornece uma GUI (interface gráfica do usuário) para as funções relacionadas ao AM e permite que você trabalhe com essas funções de maneira conveniente. `kmeans()` é uma dessas funções.

Com o pacote `rattle` baixado,

```
library(rattle)
rattle()
```

abre a aba Data de `Rattle`. Daqui em diante, resumirei as etapas. Para uma exposição mais completa, incluindo as figuras, veja a seção "Colocando os dados em `Rattle`", no Capítulo 8.

1. Para carregar o conjunto de dados em `rattle`, clique no botão de seleção R Dataset e selecione `glass.uci` da caixa Data Name da lista suspensa.

2. Clique no botão Execute no canto superior esquerdo da janela.

3. Clique na aba Explore para ver os dados.

   Como no Capítulo 8, uma maneira de começar é observar a distribuição dos tipos de vidro.

4. Desmarque a caixa Group By e marque a caixa ao lado de Type.

5. Clique em Execute para obter o gráfico de barras mostrado na Figura 8-7 (Capítulo 8).

Preparando o cluster

Devo mostrar como usar todas as nove variáveis numéricas para formar os clusters? Vou trapacear um pouco e pedir que você dê uma olhada na análise no Capítulo 8. A Figura 8-9 (consulte o Capítulo 8) mostra quanto cada variável contribui para a floresta aleatória nesse exemplo. O gráfico para `MeanDecreaseAccuracy` mostra que Mg (teor de magnésio), RI (índice de refração) e Al (teor de alumínio) são as três variáveis mais importantes. Isso parece ser um bom ponto de partida.

Então, voltemos à aba Data. Depois de fazer as seleções apropriadas entre os botões de seleção para ignorar tudo menos RI, Mg e Al, a aba Data se parece com a Figura 10-5. Você clica em Execute para registrar essas seleções.

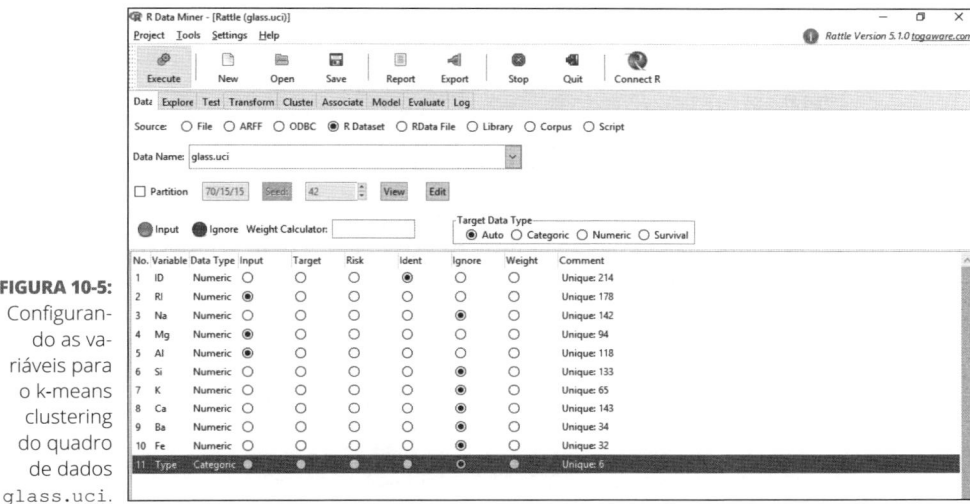

FIGURA 10-5: Configurando as variáveis para o k-means clustering do quadro de dados `glass.uci`.

Fazendo o clustering

Na aba Cluster. Na caixa Clusters, usei as setas para selecionar 6 e digitei **810** na caixa Seed apenas para ficar consistente com o que fiz anteriormente neste capítulo. (Digite o mesmo número na caixa se você quiser resultados iguais aos meus.) Na caixa Runs, usei as setas para selecionar 15 (novamente, para manter a consistência com o que fiz antes). Depois de fazer essas seleções e clicar em Execute, a aba Data se parece com a Figura 10-6. O `rattle` mostra os tamanhos do cluster (quantas observações estão em cada cluster), a média de cada variável, os centros do cluster (as coordenadas do centroide de cada cluster) e a soma dos quadrados de cada cluster.

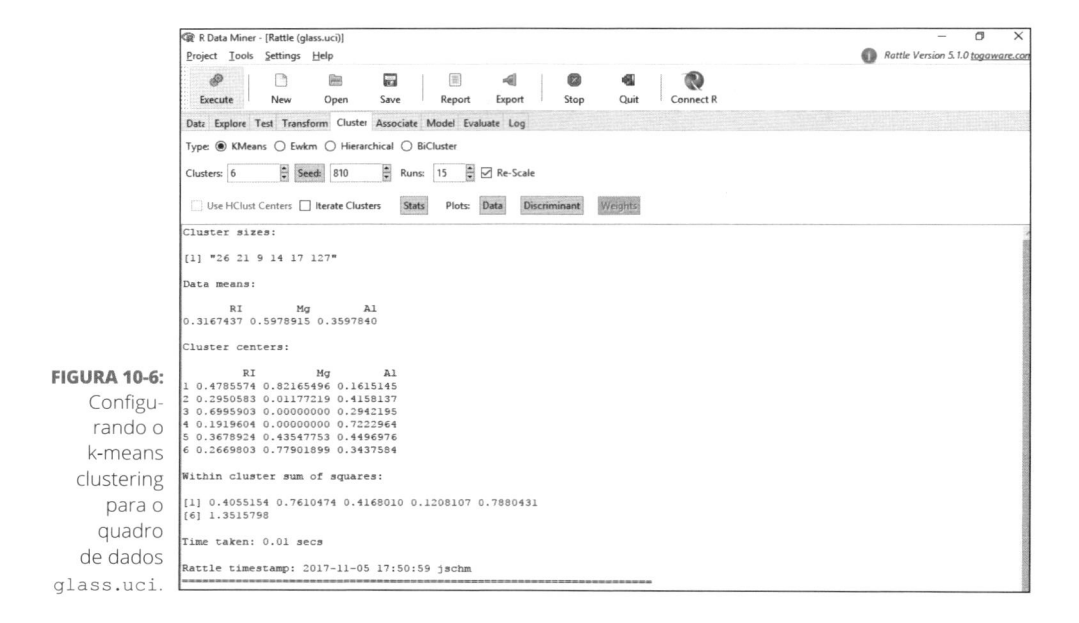

FIGURA 10-6: Configurando o k-means clustering para o quadro de dados `glass.uci`.

Indo além de `Rattle`

A saída de `Rattle` informa um pouco sobre os clusters. Clicar no botão Data revela ainda mais. É possível usar funções de R, conforme descrito anteriormente neste capítulo, para descobrir ainda mais sobre o k-means clustering que `rattle` construiu.

Se eu clicar na aba Log, descubro que o k-means clustering está armazenado em uma variável chamada `crs$kmeans`. Isso me permite descobrir a razão da soma entre os quadrados e a soma total dos quadrados:

```
> crs$kmeans
```

A linha relevante da saída é

```
(between_SS / total_SS =  87.6 %)
```

o que é uma razão bem alta.

E as quantidades dos diferentes tipos de vidro em cada cluster? Essa é a especialidade da função `table()`. Defina o primeiro argumento para o vetor de cluster e o segundo argumento para o tipo de vidro:

```
> table(crs$kmeans$cluster,glass.uci$Type)

    bldg_windows_float bldg_windows_non_float containers
  1                 17                      3          0
  2                  0                      1          5
  3                  0                      8          1
  4                  0                      0          2
  5                  0                      4          5
  6                 53                     60          0

    headlamps tableware vehicle_windows_float
  1         1         0                     5
  2        11         4                     0
  3         0         0                     0
  4        12         0                     0
  5         3         5                     0
  6         2         0                    12
```

O cluster 6 parece um cluster `windows`; e os clusters 2 e 4 parecem clusters de `headlamps`. Não consigo ver nenhum outro rótulo explicativo que salte aos olhos, mas se eu soubesse mais sobre vidro, talvez pudesse. Quem sabe você consegue.

Projeto Sugerido: Rapidinho

Três projetos rápidos são óbvios, conforme descritos a seguir.

Visualizando pontos de dados e clusters

Quer aprimorar suas habilidades no `ggplot`? Dê uma olhada no box anterior "Plotando as íris" e use as ideias de código para criar um gráfico do quadro de dados `glass.uci`: coloque RI no eixo x, Mg no eixo y e Type como a cor. Em seguida, crie o mesmo tipo de gráfico, mas com k-means clusters (armazenados em `crs$kmeans$cluster`) como a cor.

> **DICA** Se não quiser usar `ggplot` para criar o segundo gráfico, poderá deixar que o `Rattle` faça isso em seu lugar: na aba Cluster, clique no botão Data. O `Rattle` plota uma matriz que contém todos os gráficos em pares possíveis, incluindo `RI` versus `Mg`.

O número ideal de clusters

Seis tipos de vidro, seis clusters. Parece natural, não é? Talvez não seja. Modifique o código na seção "Encontrando o número ideal de clusters" para plotar a soma dentro dos quadrados total versus clusters para encontrar o número "certo" para esse quadro de dados. (Não se esqueça de redefinir `totwss` para `NULL`!)

Seria 6 o número ideal mesmo? Se não, tente novamente com o número que a plotagem sugere, em seguida, conclua as duas análises (razão e tabela) no início desta seção e observe as alterações em relação a usar seis clusters.

Adicionando variáveis

Os dois projetos anteriores enfatizam as funções de R em vez de `Rattle`. Mas `Rattle` facilita e agiliza a modificação do processo de clustering. Por exemplo, `Ca` (teor de cálcio) é outra variável que aparece de forma importante na Figura 8-9 (consulte o Capítulo 8). Use a aba Data de `Rattle` para adicionar essa variável. (Não se esqueça de clicar em Execute.) Como isso afeta o k-means clustering?

> **NESTE CAPÍTULO**
>
> » Redes neurais definidas
> » Por que e quando usar redes neurais?
> » Uma rede neural para o conjunto de dados `iris`
> » Pacote `nnet`
> » Redes neurais em `Rattle`

Capítulo **11**

Redes Neurais

As *redes neurais* são uma forma popular de aprendizado de máquina supervisionado. Elas são populares por serem amplamente aplicadas em diversas áreas, como reconhecimento de voz e processamento de imagens. Os investidores confiam nessas redes para reconhecer padrões no mercado de ações e decidir sobre compra ou venda. Como o nome indica, seu design reflete a estrutura e a função do sistema nervoso.

Redes no Sistema Nervoso

O sistema nervoso consiste de células chamadas *neurônios*. A Figura 11-1 mostra um neurônio à esquerda conectado a três neurônios à direita. O neurônio à esquerda recebe, através de seus dendritos, mensagens de outros neurônios. Esse neurônio processa o que recebe e o resultado é convertido em um sinal enviado ao longo de seu axônio. Através de conexões chamadas *sinapses* (sim, cada uma é uma pequena lacuna), o sinal passa para os neurônios à direita.

Cada neurônio do lado direito pode receber entradas de vários neurônios. Cada um reúne todas as suas entradas e, por sua vez, envia um sinal para outros neurônios. Por fim, uma mensagem chega ao cérebro e ele a interpreta.

Uma teoria afirma que, se um neurônio envia continuamente mensagens para outro, a conexão entre eles se torna mais forte. De acordo com essa teoria, aprendizado significa o ajuste das forças de conexão entre os neurônios.

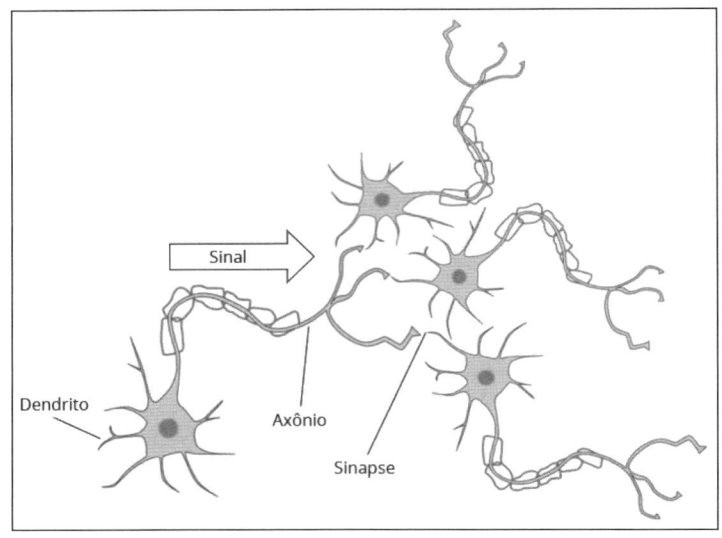

FIGURA 11-1: Neurônios no sistema nervoso.

Redes Neurais Artificiais

Simplifiquei demais o funcionamento do sistema nervoso. Descobrir exatamente como os neurônios processam as entradas e enviam as mensagens por vezes foi a base para ganhar o prêmio Nobel.

Minha descrição, no entanto, esboça o fundamento para as redes neurais artificiais no mundo do aprendizado de máquina (AM).

Visão geral

Uma rede neural de AM consiste de neurônios simulados, frequentemente chamados de *unidades* ou *nós*, que trabalham com dados. Como os neurônios do sistema nervoso, cada unidade recebe dados, realiza algum cálculo e passa seu resultado como uma mensagem para a próxima unidade. Na saída, a rede toma uma decisão com base nas entradas.

Imagine uma rede neural que usa medições físicas de flores, como a íris, para identificar as espécies de flores. A rede coleta dados, como o comprimento e a largura da pétala de uma íris, e aprende a classificá-la como *setosa, versicolor* ou *virginica*. Então, a rede aprende a relação entre as entradas (as variáveis da pétala) e as saídas (as espécies).

A Figura 11-2 mostra uma rede neural artificial que classifica as íris. Consiste de uma *camada de entrada*, uma *camada oculta* e uma *camada de saída*. Cada unidade conecta outra unidade da próxima camada. Os valores numéricos chamados *pesos* estão em cada conexão. Os pesos podem ser positivos ou negativos. Para a figura não ficar confusa, mostro apenas os pesos nas conexões da camada de entrada até a camada oculta.

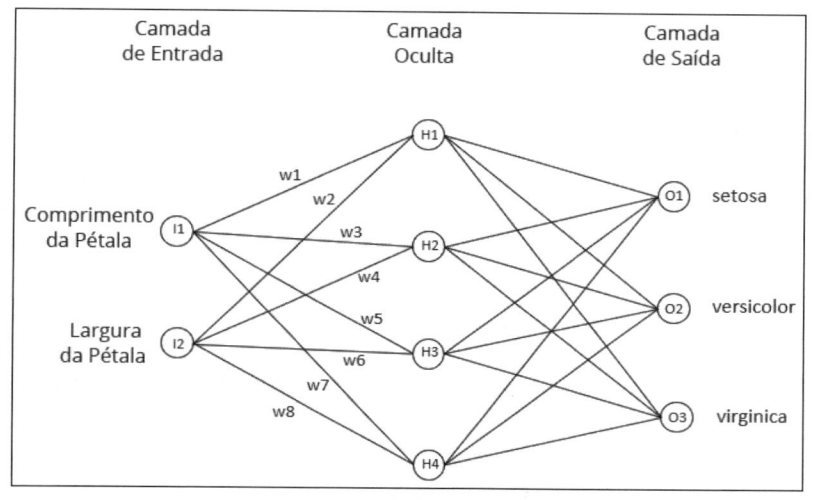

FIGURA 11-2: Uma rede neural artificial que aprende a classificar as íris.

Camadas de entrada e oculta

Os pontos de dados são representados na camada de entrada. Há uma unidade de entrada (I1) que contém o valor do comprimento da pétala e outra (I2) com o valor da largura da pétala (consulte a Figura 11-2). As unidades de entrada enviam mensagens para outra camada de quatro unidades, chamada de *camada oculta*. O número de unidades na camada oculta é arbitrário e a escolha desse número faz parte da arte de criar redes neurais.

Cada mensagem para uma unidade da camada oculta é produto de um ponto de dados e um peso de conexão. Por exemplo, H_1 recebe I1 multiplicado por w1 junto com I2 multiplicado por w2. H1 processa o que recebe.

O que significa "processa o que recebe"? H1 adiciona o produto de I1 e w1 ao produto de I2 e w2. H1, então, precisa enviar uma mensagem para O1, O2 e O3.

Qual é a mensagem enviada? É um número em um intervalo restrito, produzido pela *função de ativação* de H1. Três funções de ativação são comuns. Elas têm nomes exóticos e matemáticos: *tangente hiperbólica*, *sigmoide* e *unidade linear retificada*.

Sem falarmos de matemática, vou apenas dizer o que fazem. A tangente hiperbólica (conhecida como *tanh*) pega um número e transforma-o em um número entre −1 e 1. A sigmoide transforma sua entrada em um número entre 0 e 1. A unidade linear retificada (ReLU) substitui os valores negativos por 0.

Ao restringir o intervalo da saída, as funções de ativação estabelecem uma relação não linear entre as entradas e as saídas. Por que é importante? Na maioria das situações no mundo real, você não encontra uma boa relação linear entre o que tentamos prever (a saída) e os dados que usamos para prever (as entradas).

Mais um item é adicionado à função de ativação. Ele é chamado de tendência. *Tendência* é uma constante que a rede adiciona a cada número que sai das unidades em uma camada. A melhor maneira de pensar sobre a tendência é que ela melhora a precisão da rede.

PAPO DE ESPECIALISTA

A tendência é muito parecida com a interceptação em uma equação de regressão linear. Sem a interceptação, uma linha de regressão passaria por (0,0) e poderia perder muitos pontos que deveria ajustar.

Para resumir: uma unidade oculta como H1 pega os dados enviados a ela por I1 (Comprimento da Pétala) e I2 (Largura da Pétala), multiplica cada um pelo peso em sua interconexão (I1 × w1 e I2 × w2), soma os produtos, soma a tendência e aplica sua função de ativação. Em seguida, envia o resultado para todas as unidades na camada de saída.

Camada de saída

A camada de saída consiste em uma unidade (O1) para *setosa,* outra (O2) para *virginica* e uma terceira (O3) para *versicolor.* Com base nas mensagens que recebem da camada oculta, as unidades de saída fazem seus cálculos exatamente como as unidades ocultas fazem os delas. Seus resultados determinam a decisão da rede sobre as espécies para a íris com o comprimento e a largura da pétala. O fluxo da camada de entrada até as camadas oculta e de saída é chamado de *mecanismo antecipatório*.

Como tudo funciona

De onde vêm os pesos de conexão entre as unidades? São números atribuídos aleatoriamente às conexões entre as unidades no começo. A rede treina em um conjunto de dados de comprimentos e larguras das pétalas, e as espécies associadas. Em cada tentativa, a rede recebe um comprimento e uma largura de pétala, então toma uma decisão, que então compara com a resposta correta. Em razão dos pesos iniciais serem aleatórios, as decisões iniciais são estimativas.

Cada vez que a decisão da rede é incorreta, os pesos mudam com base no quanto foi errada a decisão (em outras palavras, a quantidade de erro). O ajuste (que também inclui mudar a tendência para cada unidade) constitui o "aprendizado". Ajustar os pesos da camada de saída de volta para a camada oculta, em seguida, da camada oculta de volta para a camada de entrada é uma maneira de proceder. Isso é chamado de *retropropagação*, porque a quantidade de erros é "retropropagada" nas camadas.

Uma rede treina até atingir certo nível de precisão ou um número predefinido de iterações no conjunto de treinamento. Na fase de avaliação, a rede treinada cuida de um novo conjunto de dados.

LEMBRE-SE Essa estrutura de três camadas é apenas uma maneira de construir uma rede neural, e é isso que abordo neste capítulo. Outros tipos de redes são possíveis.

Redes Neurais em R

O R tem alguns pacotes que permitem criar redes neurais, como a descrita na seção anterior. *Nesta* seção, no entanto, lido com o pacote `nnet`.

Na aba Packages, clique em Install para abrir a caixa de diálogo Install Packages. Nela, digite **nnet** e clique no botão Install. Quando o download do pacote terminar, clique em sua caixa de seleção na aba Packages.

Construindo uma rede neural para o quadro de dados iris

Para apresentar o `nnet`, começo com o quadro de dados `iris`, que vem com o R. Esse quadro de dados consiste em 150 linhas e 5 colunas. Cada linha fornece medições do comprimento e largura da sépala, comprimento e largura da pétala de uma íris cuja espécie é *setosa*, *versicolor* ou *virginica*. Cinquenta de cada espécie estão no quadro de dados.

Nesta seção, eu uso a função `nnet()` para construir uma rede neural que faz o que descrevo na seção anterior: aprende a identificar as espécies de uma íris com base no comprimento e na largura da pétala.

A primeira coisa a fazer é criar um conjunto de treinamento e um conjunto de testes. Eu faço isso com uma função chamada `sample.split()`, que faz parte do pacote `caTools`. Então, na aba Packages, clique em Install para abrir a caixa de diálogo Install Packages. Digite **caTools** na caixa de diálogo e clique no botão Install. Após o download do pacote, clique em sua caixa de seleção na aba Packages.

Defina um valor inicial para este número se quiser reproduzir meus resultados:

```
set.seed(810)
```

Com `caTools` instalado, essa linha particiona o quadro de dados `iris` em uma divisão de 70-30, mantendo as proporções originais de `Species` em cada parte:

```
sample = sample.split(iris$Species, SplitRatio = .70)
```

`sample` é um vetor de 150 instâncias de TRUE (a linha do quadro de dados está em 70%) ou FALSE (a linha do quadro de dados não está em 70%).

Para criar o conjunto de treinamento e o conjunto de testes, use o seguinte:

```
iris.train = subset(iris, sample == TRUE)
iris.test  = subset(iris, sample == FALSE)
```

Uma das coisas que mais gosto em R é sua consistência. Para criar um modelo, seja ele regressão linear, análise de variância, k-means clustering, seja qualquer outra coisa, o formato geral é

```
object.name <- function.name(dependent.variable ~ independent.
                    variable(s), data, other stuff)
```

Essa é a forma de criar uma rede neural com a função `nnet()` do pacote `nnet`:

```
nni <- nnet(Species ~ Petal.Length + Petal.Width, iris.train, size=4)
```

O primeiro argumento para `nnet()` é a fórmula que relaciona `Species` a `Petal.Length` e `Petal.Width`. O segundo argumento são os dados de treinamento e o terceiro é o número de unidades na camada oculta. (Muitos mais argumentos estão disponíveis para essa função.)

Depois de executar a função `nnet()`, quais são os pesos finais ajustados? Para descobrir, uso a função `summary()`:

```
> summary(nni)
Neural Network build options: softmax modelling.

In the following table:
   b   represents the bias associated with a node
   h1  represents hidden layer node 1
   i1  represents input node 1 (i.e., input variable 1)
   o   represents the output node

Weights for node h1:
 b->h1  i1->h1  i2->h1
-17.92    6.14    6.67

Weights for node h2:
 b->h2  i1->h2  i2->h2
  0.59   -0.09   -0.50
```

```
Weights for node h3:
 b->h3 i1->h3 i2->h3
 -32.96   1.98  24.58

Weights for node h4:
 b->h4 i1->h4 i2->h4
  11.95  -5.01  -2.53

Weights for node o1:
 b->o1 h1->o1 h2->o1 h3->o1 h4->o1
 20.62 -19.43  39.61 -30.52  27.84

Weights for node o2:
 b->o2 h1->o2 h2->o2 h3->o2 h4->o2
  1.01   2.16  54.41 -13.16   3.25

Weights for node o3:
 b->o3 h1->o3 h2->o3 h3->o3 h4->o3
-20.63  15.79 -93.39  45.34 -30.47
```

Dê uma olhada em h1 (H1 na Figura 11-2). Sua tendência é −17,92, o peso em sua conexão de I1 (mostrado na Figura 11-2 como w1) é 6,14 e o peso em sua conexão de I2 (w2 na Figura) é 6,67.

Plotando a rede

Para visualizar tudo isso, eu poderia voltar à Figura 11-2 e adicionar todos os pesos. Ou poderia deixar o R fazer todo o trabalho. Um ótimo pacote chamado `NeuralNetTools` fornece `plotnet()`, que faz isso muito bem. Para instalá-lo, siga o procedimento descrito anteriormente neste capítulo: na aba Packages, clique em Install para abrir a caixa de diálogo Install Packages. Nela, digite **NeuralNetTools** e clique no botão Install. Após o download do pacote, clique em sua caixa de seleção na aba Packages.

Com `NeuralNetTools` instalado, esta linha produz o que você vê na Figura 11-3.

```
plotnet(nni)
```

A figura não mostra os pesos explicitamente, mas os representa de modo gráfico. Uma linha preta representa um peso positivo; uma linha cinza representa um peso negativo. Quanto mais espessa a linha, maior o valor numérico. Observe também que o diagrama mostra B1, que aplica as tendências às unidades ocultas, e B2, que aplica as tendências às unidades de saída. (Para omitir isso dos gráficos, eu adicionaria o argumento `bias=FALSE` a `plotnet()`.)

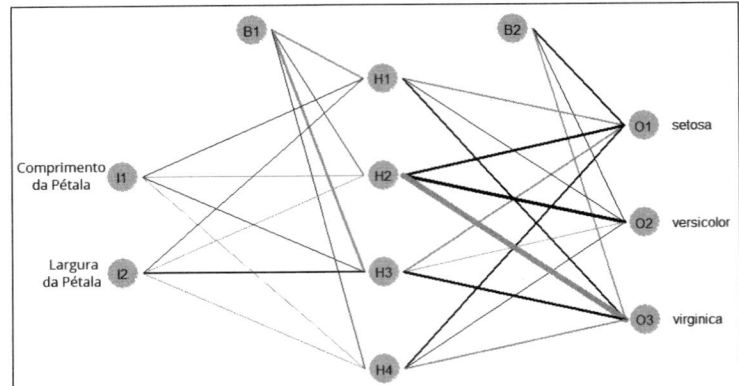

FIGURA 11-3:
A rede neural para iris.train, renderizada por plot-net().

Avaliando a rede

O quanto a rede funciona bem? Uso a função `predict()` (que está no pacote `nnet`) para descobrir. A linha

```
predictions <- predict(nni,iris.test,type = "class")
```

cria um vetor de predições com base na rede neural `nni`, uma predição para cada linha do quadro de dados `iris.test` criado anteriormente. O argumento `type="class"` indica que a rede neural decidiu por uma classificação para cada íris.

Agora, uso a função `table()` para configurar uma *matriz de confusão*, ou seja, uma tabela que mostra valores reais versus valores previstos:

```
table(iris.test$Species,predictions)
```

O primeiro argumento é a espécie das íris no conjunto de testes; o segundo é o vetor de previsões. Veja a matriz:

	predictions		
	setosa	versicolor	virginica
setosa	15	0	0
versicolor	0	14	1
virginica	0	2	13

As colunas são as espécies previstas e as linhas são as espécies corretas. Os números na diagonal principal são as classificações corretas e os números fora da diagonal principal são os erros. A rede classificou errado um *versicolor* como *virginica* e dois *virginicas* como *versicolor*. A taxa de erro global é de 6,7% (3/45), o que é bem preciso.

Projeto Rápido Sugerido: Sépalas

Como nos capítulos anteriores, nos quais uso o quadro de dados `iris`, usei apenas as duas variáveis de pétala no exemplo. E, como nos capítulos anteriores, sugiro que você inclua as variáveis da sépala e crie a rede neural novamente. Você só precisa alterar a fórmula no primeiro argumento para `nnet()`. Algum efeito no desempenho da rede? E se alterar o número máximo de iterações? O que acontece com a matriz de confusão? O que acontecerá se você fizer tudo de novo somente com as variáveis da sépala?

Projeto: Cédulas

Uma aplicação popular de redes neurais é em classificação de imagens. A ideia é representar uma imagem como um conjunto de características matemáticas e cada imagem como sendo um membro de uma categoria. As características são entradas para uma rede; as categorias são as saídas. A rede aprende a relação entre as características e as categorias da imagem, e pode, assim, classificar novas imagens nas quais não foram treinadas.

Os dados

Uma área da classificação de imagens é a detecção de moeda falsificada. Um conjunto de dados no Machine Learning Repository da UCI oferece a oportunidade de testar uma rede neural apenas para esse propósito. É o conjunto de dados `banknoe+authentication` e você vai encontrá-lo em (conteúdo em inglês)

```
https://archive.ics.uci.edu/ml/datasets/banknote+authentication
```

Os dados são quatro medidas de imagens digitais de 1.372 cédulas autênticas e fraudulentas.

Três das quatro medidas são baseadas em alguns cálculos complicados, chamados *transformações de ondaleta*, aplicadas a cada imagem. A transformação produz uma distribuição de "ondaletas". As três medidas são a variância, a assimetria e a curtose da distribuição das ondaletas de cada imagem. A quarta medida é chamada de *entropia*, que é uma medida de quão "cheia" está uma imagem. Um quadrado preto sólido é uma imagem de baixa entropia; por exemplo, minha escrivaninha cheia de coisas é uma imagem com alta entropia.

Navegue até Data Folder e clique no link para o arquivo de texto. Quando o arquivo de texto for aberto, pressione Ctrl+A para selecioná-lo, em seguida, pressione Ctrl+C para copiá-lo para a área de transferência.

Estas linhas de código produzem um quadro de dados:

```
banknote.uci <- read.csv("clipboard",header=FALSE)
colnames(banknote.uci) <-
   c("Variance","Skewness","Kurtosis","Entropy","Class")
```

A última coluna, Class, indica se a cédula é real ou fraudulenta. Os valores possíveis são 0 e 1. A página web do conjunto de dados não informa qual é qual. (Deduzo que 1 = real, mas posso estar errado.)

Dando uma olhadinha à frente

No exemplo de iris, a camada de saída tem três unidades, uma para cada espécie. Neste exemplo, dois resultados são possíveis: 0 e 1. Isso significa duas unidades na camada de saída para a rede neural? Não. Neste exemplo, há uma unidade de saída que retorna um valor, e esse valor representa a decisão da rede.

Neste ponto, visualizamos o conjunto de dados para ter uma ideia dos números com os quais lidaremos. Uso as técnicas de ggplot descritas no Capítulo 10. (Volte e dê uma olhada no box "Plotando as íris".) Escolher duas variáveis de entrada de forma arbitrária, Kurtosis e Entropy como as variáveis x e y, respectivamente, e Class como a cor, cria o resultado mostrado na Figura 11-4. Deste ponto de vista, as classes não parecem ser altamente separáveis. Outros pontos de vista são possíveis. (Como exercício, plote outros pares de variáveis para ver esses outros pontos de vista.)

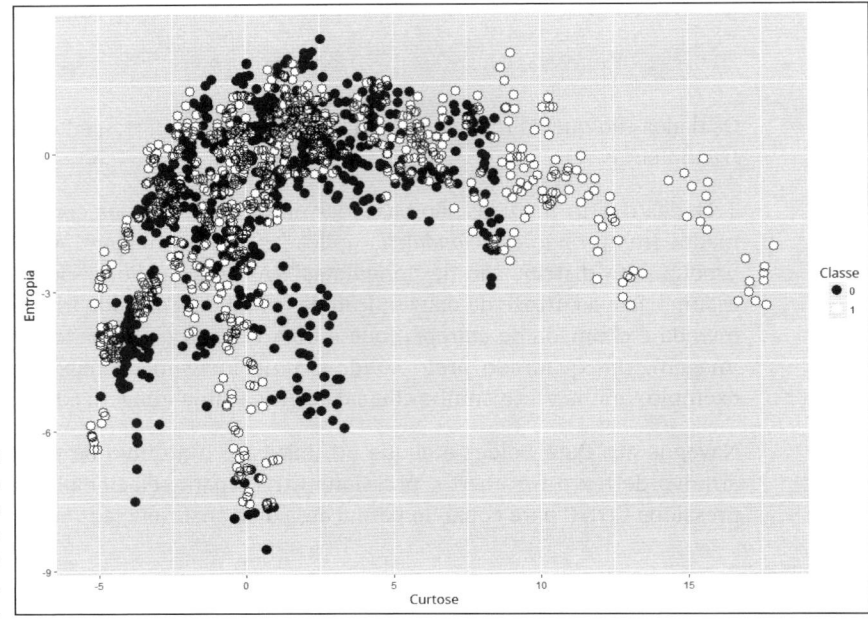

FIGURA 11-4: Entropia e Curtose no quadro de dados banknote. uci.

Configurando o Rattle

O `Rattle` fornece uma GUI para o pacote `nnet` e é útil para criar redes neurais do tipo que lido neste exemplo: duas saídas possíveis mapeadas em uma unidade de saída. É o tipo ideal de camada de saída para `rattle`. Siga estas etapas:

1. **Com o pacote `rattle` instalado, digite** rattle().

   Ao fazer isso, você abre a aba Data de `rattle`.

2. **Para ler o quadro de dados** `banknote.uci` **no `rattle`, clique no botão de seleção R Dataset, em seguida, selecione** `banknote.uci` **na caixa Data Name.**

3. **Clique na caixa de seleção ao lado de Partition e altere a caixa associada de 70/15/15 para** 70/30.

   Isso cria um conjunto de treinamento de 70% dos dados e um conjunto de testes dos 30% restantes.

4. **Clique em Execute.**

   A aba Data agora se parece com a Figura 11-5.

5. **Na aba Model, clique no botão de seleção Neural Net.**

6. **Na caixa Hidden Layer Nodes, digito** 3.

   Você pode escolher um número diferente, se quiser.

7. **Clique em Execute.**

   A aba Model se parece com a Figura 11-6.

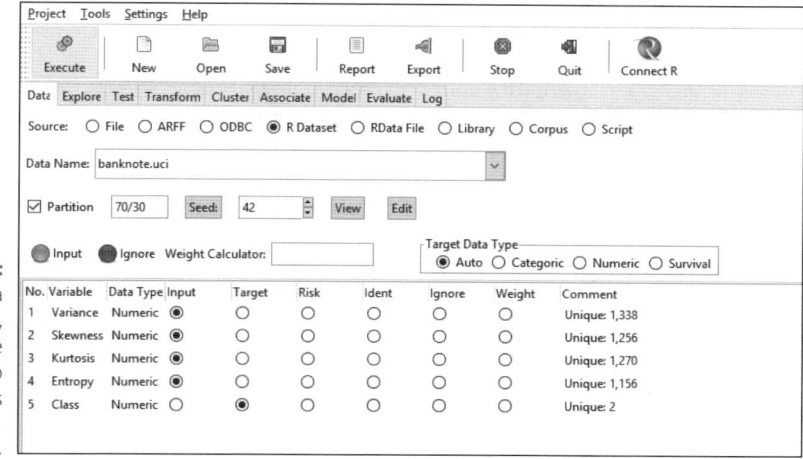

FIGURA 11-5: A aba Data de `rattle`, depois de ler o quadro de dados `banknote.uci`.

FIGURA 11-6: A aba Model de rattle, depois de criar a rede neural para o quadro de dados banknote.uci.

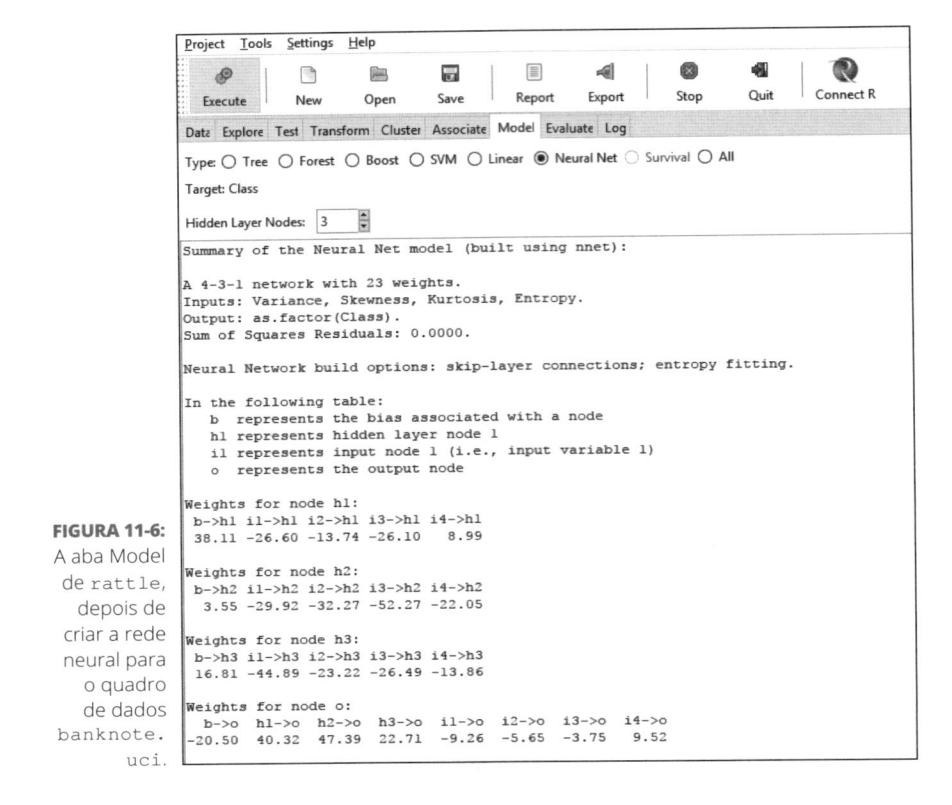

```
Summary of the Neural Net model (built using nnet):

A 4-3-1 network with 23 weights.
Inputs: Variance, Skewness, Kurtosis, Entropy.
Output: as.factor(Class).
Sum of Squares Residuals: 0.0000.

Neural Network build options: skip-layer connections; entropy fitting.

In the following table:
   b   represents the bias associated with a node
   h1  represents hidden layer node 1
   i1  represents input node 1 (i.e., input variable 1)
   o   represents the output node

Weights for node h1:
 b->h1 i1->h1 i2->h1 i3->h1 i4->h1
 38.11 -26.60 -13.74 -26.10   8.99

Weights for node h2:
 b->h2 i1->h2 i2->h2 i3->h2 i4->h2
  3.55 -29.92 -32.27 -52.27 -22.05

Weights for node h3:
 b->h3 i1->h3 i2->h3 i3->h3 i4->h3
 16.81 -44.89 -23.22 -26.49 -13.86

Weights for node o:
  b->o  h1->o  h2->o  h3->o  i1->o  i2->o  i3->o  i4->o
-20.50  40.32  47.39  22.71  -9.26  -5.65  -3.75   9.52
```

Mostrei esse tipo de saída antes, na seção "Construindo uma rede neural para o quadro de dados `iris`". A tabela mostra os pesos das conexões para as unidades ocultas e a unidade de saída, bem como as tendências. A Soma Residual dos Quadrados excepcionalmente baixa informa que a rede é excepcionalmente precisa, como se pode ver na próxima seção.

Avaliando a rede

Clique na aba Evaluate e confirme se os botões de seleção Error Matrix e Testing estão marcados. Clicar em Execute cria uma matriz de confusão com base no conjunto de Testing. A saída fica assim:

```
Error matrix for the Neural Net model on banknote.uci [test]
   (counts).

        Predicted
Actual    0    1 Error
     0  225    0   0.0
     1    1  186   0.5
```

```
Error matrix for the Neural Net model on banknote.uci [test]
    (proportions):

      Predicted
Actual    0     1   Error
     0 54.6   0.0    0.0
     1  0.2  45.1    0.5

Overall error: 0.3%, Averaged class error: 0.25%
```

Como você pode ver, a rede classificou errado apenas um caso. Parece ser uma rede muito boa!

Indo além do Rattle: Visualizando a rede

Minha versão do `Rattle`, 5.1.0, não fornece uma forma de plotar a rede. Talvez quando você ler este livro, uma versão mais recente ofereça esse recurso.

Mas tudo bem. O designer Graham Williams teve a visão de permitir que os usuários personalizassem as saídas do `Rattle` de acordo com seus próprios propósitos. Para encontrar o que preciso, clico na aba Log.

Rolar a aba revela que `Rattle` armazenou a rede neural em um objeto chamado `crs$nnet`. Para ver como é a rede, uso a função `plotnet()` do pacote `NeuralNetTools`:

```
plotnet(crs$nnet)
```

Esse código produz a rede neural mostrada na Figura 11-7.

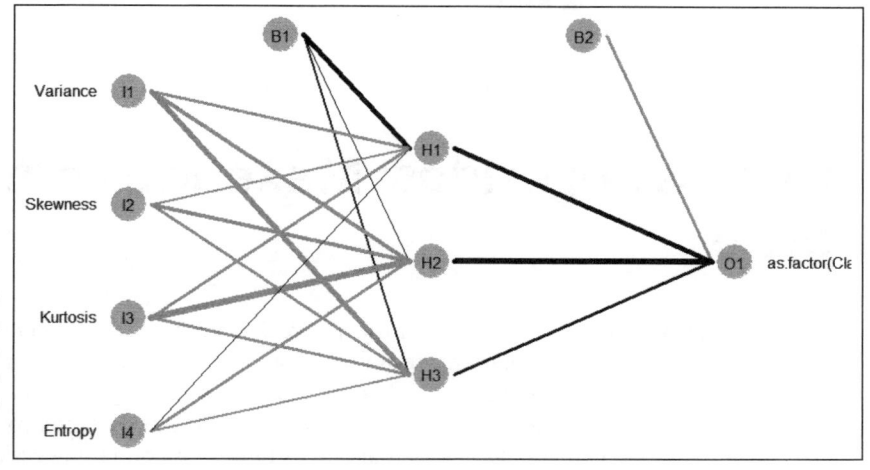

FIGURA 11-7: A rede neural para o quadro de dados banknote.uci.

Como mencionado anteriormente neste capítulo, as linhas pretas representam os pesos de conexão positivos e as linhas cinzas representam os pesos de conexão negativos. A espessura de uma linha reflete seu valor numérico. B1 aplica tendências às unidades ocultas e B2 aplica tendências às unidades de saída.

Outra ferramenta, `NeuralNetTools`, `olden()`, plota a importância de cada variável. Aplicar essa função à rede

```
olden(crs$nnet)
```

produz o que você vê na Figura 11-8. Aparentemente, `Kurtosis` e `Variance` são as variáveis mais importantes dessa rede neural.

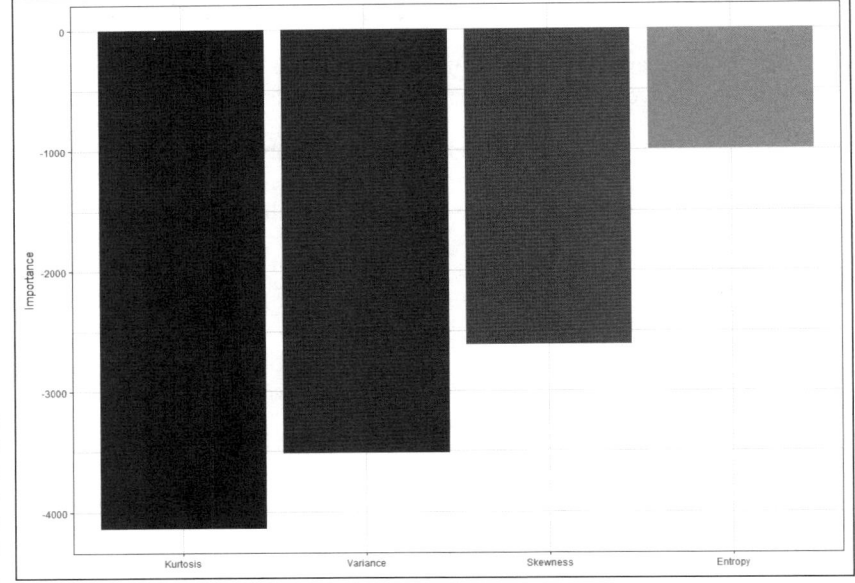

FIGURA 11-8: O gráfico de barras da importância de cada variável na rede neural.

Projetos Sugeridos: Mexendo com Rattle

Um benefício do `Rattle` é permitir que você experimente facilmente o que ele ajuda a criar. No projeto na seção anterior, "Projeto: Cédulas", tente variar o número de unidades ocultas e observe o efeito no desempenho. Outra possibilidade é variar as entradas. Por exemplo, a função `olden()` mostrou `Kurtosis` e `Variance` como as variáveis mais importantes. Suponha que essas sejam as únicas duas entradas. O que acontece?

Aqui temos outro pequeno projeto. Você aprenderá mais sobre redes neurais se conseguir identificar como a taxa de erros da rede diminui com o número de iterações no conjunto de treinamento.

Portanto, o objetivo é plotar a taxa de erro da rede `banknote.uci` como uma função do número de iterações nos dados de treinamento. Você deve esperar um declínio à medida que o número de iterações aumenta.

A medida de erro para esse pequeno projeto é o *erro quadrático médio* (EQM), que é o desvio padrão dos resíduos. Cada resíduo é a diferença entre a decisão da rede e a resposta correta. Você criará um vetor que contém o EQM para cada número de iterações, em seguida, plotará o vetor em relação ao número de iterações.

Assim, a primeira linha de código é

```
rmse <- NULL
```

Depois, clique na aba Log de `rattle` e role para baixo para encontrar o código R que cria a rede neural:

```
crs$nnet <- nnet(as.factor(Class) ~ .,
    data=crs$dataset[crs$sample,c(crs$input, crs$target)],
    size=3, skip=TRUE, MaxNWts=10000, trace=FALSE, maxit=100)
```

Os valores no argumento `data` são baseados nas seleções da aba Data. O argumento `skip` permite que criemos *camadas de salto* (camadas cujas conexões saltam para a camada seguinte). O argumento de maior interesse aqui é `maxit`, que especifica o número máximo de iterações.

Copie este código para o RStudio.

Defina `maxit` para `i` e coloque o código em um loop `for`, no qual `i` vai de 2 até 90.

Os resíduos são armazenados em `crs$nnet$residuals`. O EQM é `sd(crs$nnet$residuals)`. Use isso para atualizar `rmse`:

```
rmse <-   append(rmse,sd(crs$nnet$residuals))
```

Dessa forma, o esboço geral do loop `for` é

```
for (i in 2:90){crs$nnet <- create the neural net with maxit=i)
                update the rmse vector }
```

(Esse loop `for` pode levar alguns segundos a mais para ser executado do que você está acostumado.)

Finalmente, use a função `plot()` para plotar o EQM no eixo *y* e plotar as iterações no eixo *x*:

```
plot(x=2:90, y=rmse, type="b", xlab="Iterations", ylab= "Root Mean
    Square")
```

Seu gráfico deve parecer com o mostrado na Figura 11-9.

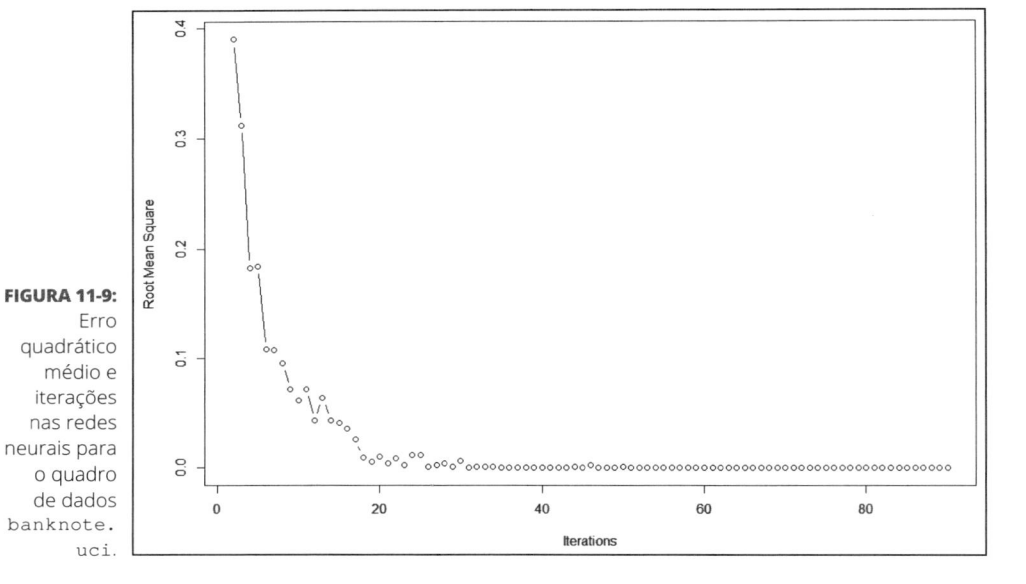

FIGURA 11-9: Erro quadrático médio e iterações nas redes neurais para o quadro de dados banknote.uci.

Aqui temos mais um Projeto Sugerido: dê outra olhada no código para criar `crs$nnet`. Alguma coisa é sugerida como algo interessante relacionado ao EQM? Algo que você poderia variar em um loop `for`, mantendo a constante `maxit`? Então plote o EQM nessa coisa. Vá em frente!

4 Conjuntos de Dados (Muito) Grandes

NESTA PARTE...

Analise dados de vendas online.

Entenda a análise RFM (Recente, Frequência, Monetário).

Aplique o aprendizado de máquina à segmentação de clientes.

Analise os dados de voos.

Explore atrasos na partida de voos.

> **NESTE CAPÍTULO**
> » Introduzindo a análise RFM
> » Analisando o conjunto de dados
> » Compreendendo os resultados
> » Aplicando o aprendizado de máquina

Capítulo **12**

Explorando o Marketing

Se uma empresa consegue classificar seus clientes de acordo com a frequência com que compram, há quanto tempo compraram e quanto gastam, seus profissionais de marketing podem segmentar esses clientes e se comunicar com eles de maneira adequada. Um cliente recente que compra com frequência e gasta muito dinheiro receberia um tipo de comunicação diferente daquele que raramente compra, gasta pouco e não compra nada há muito tempo.

Projeto: Analisando Dados do Varejo

Utilizado pela primeira vez no setor de mala direta há mais de 40 anos, um tipo popular de análise de marketing depende do aspecto *recente* (a data de compra mais recente do cliente), *frequência* (com que frequência o cliente compra) e *monetário* (quanto o cliente gasta).

Nomeada em ordem de importância de cada elemento, chamamos de *análise RFM*. O aspecto recente é o mais importante porque quanto mais recentemente um cliente comprou, maior a probabilidade de ele voltar a fazê-lo: quanto mais tempo ele demorar para voltar a uma empresa, menos provável será que o fará. E os clientes que compram com mais frequência são mais propensos a voltar, assim como os clientes que gastam mais.

Uma maneira de proceder é dividir os dados em quintis (quintos) para cada variável (R, F e M) e atribuir uma pontuação de 1 (20% mais baixos) a 5 (20% mais altos) a cada cliente para R, F e M.

Com um esquema de codificação como este, são possíveis 125 pontuações de RFM (555 a 111). A análise RFM segmenta essas possibilidades em cinco classes, com a Classe 1 sendo a menos valiosa e a Classe 5, a mais valiosa.

DICA Dividir os dados em quintos é uma maneira arbitrária (e, aparentemente, a mais popular) de proceder. Uma empresa pode dividir seus dados em quintos, quartos, terços ou o que for adequado ao seu propósito. Além disso, uma empresa pode usar regras comerciais para criar seus segmentos (definir um cliente de *alta frequência* como alguém que comprou pelo menos quatro vezes nas últimas duas semanas, por exemplo).

Os dados

O RFM depende dos dados das transações individuais. Os dados devem incluir, no mínimo, um número de fatura, um número de identificação do cliente, uma data de compra e um valor de compra.

O conjunto de dados para este projeto contém informações para as transações em um site de compras online britânico. Os clientes são multinacionais. As transações ocorreram entre 12 de janeiro de 2010 e 12 de setembro de 2012. Ele está no Machine Learning Repository da UCI e você pode encontrá-lo aqui (conteúdo em inglês):

```
http://archive.ics.uci.edu/ml/datasets/online+retail
```

Depois de navegar até a URL, siga estas etapas para ler o conjunto de dados em R:

1. **Navegue até Data Folder e faça o download da planilha que contém os dados.**

2. **Abra a planilha.**

    Você verá que os nomes das colunas são `InvoiceNo`, `StockCode`, `Description`, `Quantity`, `InvoiceDate`, `UnitPrice`, `CustomerID` e `Country`.

    Em seguida, é preciso concluir algumas etapas para ler os dados em R. O processo é um pouco indireto, mas é confiável, rápido e funciona.

3. **Salve a planilha como um arquivo CSV (valores separados por vírgula).**

4. **Abra o arquivo CSV, pressione Ctrl+A para selecionar tudo e pressione Ctrl+C para copiar para a área de transferência.**

5. **No RStudio, use a função** `read.csv()` **para ler os dados em R:**

   ```
   retailonline.uci <- read.csv("clipboard",header = TRUE, sep="\t")
   ```

   O primeiro argumento ordena que a função pegue os dados da área de transferência, o segundo indica que a primeira linha contém os nomes das colunas e o terceiro mostra que o caractere que separa os valores é a tabulação (não a vírgula, neste caso).

> **DICA:** Prefiro este método a `read.xlsx()`.

RFM em R

Um pacote chamado `didrooRFM` fornece a função `findRFM()`, que funciona em dados como o conjunto de dados Online Retail. Para baixar o pacote, clique em Install na aba Packages para abrir a caixa de diálogo Install Packages. Digite **didrooRFM** nela e clique no botão Install.

Após o download do pacote, clique em sua caixa de seleção na aba Packages.

Preparando os dados

A função `findRFM()` requer um quadro de dados que tenha o Número da Fatura, ID do Cliente, Data da Fatura e Valor (nessa ordem). Infelizmente, a coluna `Amount` para Valor está faltando em `retailonline.uci`. Para criá-la, multiplico `Quantity` de cada linha por `UnitPrice`:

```
retailonline.uci$Amount <- retailonline.uci$Quantity *
    retailonline.uci$UnitPrice
```

Aqui estão as primeiras seis linhas do quadro de dados com as colunas 2 e 3 omitidas para que tudo caiba perfeitamente na página:

```
> head(retailonline.uci[,-c(2,3)])
  InvoiceNo Quantity    InvoiceDate UnitPrice CustomerID        Country Amount
1    536365        6 12/1/2010 8:26      2.55      17850 United Kingdom  15.30
2    536365        6 12/1/2010 8:26      3.39      17850 United Kingdom  20.34
3    536365        8 12/1/2010 8:26      2.75      17850 United Kingdom  22.00
4    536365        6 12/1/2010 8:26      3.39      17850 United Kingdom  20.34
5    536365        6 12/1/2010 8:26      3.39      17850 United Kingdom  20.34
6    536365        2 12/1/2010 8:26      7.65      17850 United Kingdom  15.30
```

Em seguida, crio um quadro de dados que contém as colunas necessárias. O vídeo de documentação para `findRFM()` especifica que `InvoiceNo` deve ser um valor exclusivo para cada transação. Nesse quadro de dados, no entanto, cada linha representa um item comprado que pode fazer parte de uma transação. Logo, a coluna `InvoiceNo` tem duplicação: as primeiras seis linhas, na verdade, fazem parte da mesma transação.

> **DICA**
>
> Você pode encontrar esse vídeo `findRFM()` digitando **?findRFM**. Um link para o vídeo aparece na documentação de Help.

No quadro de dados que vou mostrar em breve como criar, cada número de fatura cobre uma transação inteira e `Amount` da transação é o total dos valores de cada item na transação.

Então, você cria o quadro de dados em duas partes e depois as mescla. A primeira parte é um quadro de dados que possui um Número de Fatura exclusivo associado ao ID do Cliente e à Data da Fatura. A função `unique()` faz isso. Ela obtém as informações relevantes das colunas 1, 7 e 5 em `retailonline.uci`:

```
firstPart <- unique(retailonline.uci[,c(1,7,5)])

> head(firstPart)
   InvoiceNo CustomerID    InvoiceDate
1     536365      17850 12/1/2010 8:26
8     536366      17850 12/1/2010 8:28
10    536367      13047 12/1/2010 8:34
22    536368      13047 12/1/2010 8:34
26    536369      13047 12/1/2010 8:35
27    536370      12583 12/1/2010 8:45
```

A segunda parte fornece o total de todos os Valores em cada transação. Para isso, você usa a útil função `aggregate()`. A ideia é *agregar* todos os Valores associados a um Número de Fatura, somando-os:

```
secondPart <- aggregate(list(Amount=retailonline.uci$Amount),
    by=list(InvoiceNo=retailonline.uci$InvoiceNo), FUN=sum)
```

O primeiro argumento mostra o que você está agregando (`Amount`), o segundo mostra o que está agregado (`InvoiceNo`) e o terceiro especifica que a soma é a maneira como está agregando. Você usa `list()` para criar os nomes das colunas na agregação (que é um quadro de dados). Veja como é a agregação:

```
> head(secondPart)
  InvoiceNo  Amount
1    536365  139.12
2    536366   22.20
3    536367  278.73
4    536368   70.05
5    536369   17.85
6    536370  855.86
```

Para produzir o quadro de dados para `findRFM()`, você mescla as duas partes:

```
dataRFM <- merge(firstPart,secondPart, by = "InvoiceNo")
```

E fica assim:

```
> head(dataRFM)
  InvoiceNo CustomerID   InvoiceDate Amount
1    536365      17850 12/1/2010 8:26 139.12
2    536366      17850 12/1/2010 8:28  22.20
3    536367      13047 12/1/2010 8:34 278.73
4    536368      13047 12/1/2010 8:34  70.05
5    536369      13047 12/1/2010 8:35  17.85
6    536370      12583 12/1/2010 8:45 855.86
```

Um problema permanece: `InvoiceDate` não está no formato adequado para `findRFM()`. A data está no formato de barra junto com o tempo em horas e minutos. A função prefere o formato `data` de R sem a informação de hora.

A maneira mais fácil de reformatar `InvoiceDate` apropriadamente é usar `as.Date()`:

```
dataRFM$InvoiceDate <- as.Date(dataRFM$InvoiceDate, format =
   "%m/%d/%Y")
```

O segundo argumento para `as.Date()` permite que a função conheça o formato da data em que está operando. O Y maiúsculo indica que o ano aparece em quatro dígitos. (Para dois dígitos, como em 12/1/10, é um y minúsculo.)

Após a reformatação, o quadro de dados ficará assim:

```
> head(dataRFM)
  InvoiceNo CustomerID InvoiceDate Amount
1    536365      17850  2010-12-01 139.12
2    536366      17850  2010-12-01  22.20
3    536367      13047  2010-12-01 278.73
4    536368      13047  2010-12-01  70.05
5    536369      13047  2010-12-01  17.85
6    536370      12583  2010-12-01 855.86
```

Mais uma limpeza e você terá terminado a preparação dos dados. É uma boa ideia eliminar os dados ausentes, então aqui vai:

```
dataRFM <- na.omit(dataRFM)
```

O quadro de dados está pronto para a análise.

Fazendo a análise

Agora, você aplica a função `findRFM()`:

```
resultsRFM <-findRFM(dataRFM,recencyWeight = 4, frequencyWeight = 4,
   monetoryWeight = 4)
```

O primeiro argumento é o quadro de dados. Os próximos três argumentos são os pesos (multiplicadores) a aplicar na pontuação de Recente, na pontuação de Frequência e na pontuação de Monetário. (Sim, eu sei: o último argumento deve ser `monetary`, não `monetory`. Esqueça isso.) Você pode usar qualquer peso que desejar para refletir a importância que atribui a cada variável. Eu apenas uso os valores padrão (4) aqui e mostro os nomes dos argumentos e sua ordem.

Examinando os resultados

Quando a função `findRFM()` termina seu trabalho, produz a Figura 12-1, um histograma que mostra a distribuição das pontuações finais ponderadas.

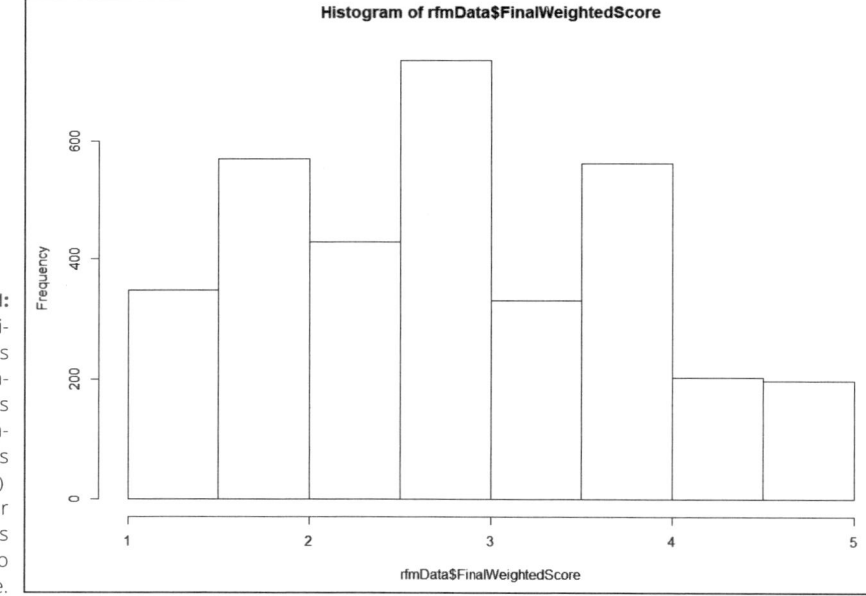

FIGURA 12-1: A distribuição das pontuações finais ponderadas após `findRFM()` analisar os dados de varejo online.

Que tal darmos uma olhada no quadro de dados que a função cria?

Veja as primeiras quatro colunas (e as primeiras seis linhas):

```
> head(resultsRFM[,c(1:4)])
# A tibble: 6 x 4
  CustomerID MeanValue LastTransaction NoTransaction
       <chr>    <dbl>          <date>         <int>
1      12347  592.3920      2011-12-07             5
2      12352  155.5114      2011-11-03             7
3      12353   89.0000      2011-05-19             1
4      12354 1079.4000      2011-04-21             1
5      12357 6207.6700      2011-11-06             1
6      12358  584.0300      2011-12-08             2
```

Este é `CustomerID`, junto com os dados que levam às pontuações RFM: `MeanValue` (a quantia média que o cliente gastou por transação), a data `LastTransaction` (última transação) e `NoTransaction` (o número de transações). As próximas três colunas são os percentis de cada um desses dados. Não mostrarei isso. (Você pode dar uma olhada, se quiser.) Levam, por sua vez, às próximas três colunas: as pontuações de Monetário, Frequência e Recente. Aqui estão, junto com `FinalCustomerClass`, que está na coluna final:

```
> head(resultsRFM[,c(1,8:10,16)])
# A tibble: 6 x 5
  CustomerID MonetoryScore FrequencyScore RecencyScore FinalCustomerClass
       <chr>         <dbl>          <dbl>        <dbl>              <chr>
1      12347             5              5            5            Class-5
2      12352             2              5            3            Class-3
3      12353             1              1            1            Class-1
4      12354             5              1            1            Class-2
5      12357             5              1            4            Class-3
6      12358             5              2            5            Class-4
```

Para essa função, a classe é aparentemente a média arredondada das pontuações de RFM.

As classes representam a segmentação RFM dos clientes mais valiosos (como o Cliente 12347) para os menos valiosos (como o Cliente 12353).

Um resultado interessante é a distribuição de classes. Para visualizar essa distribuição, você primeiro usa a função `table()` para tabular a frequência em cada classe:

```
tblClass <- table(resultsRFM$FinalCustomerClass)
```

A tabela é

```
> tblClassss

Class-1 Class-2 Class-3 Class-4 Class-5
    611    1129     973     603      56
```

E usa `barplot()`:

```
barplot(tblClass)
```

O resultado é mostrado na Figura 12-2, uma visualização da segmentação RFM dos clientes. Como você pode ver, os clientes da Classe 5 são muito raros.

DICA

Na minha análise sobre a saída de `findRFM()`, deixei de fora as Colunas 5-7 e as Colunas 11-15. Sinta-se à vontade para examinar por conta própria.

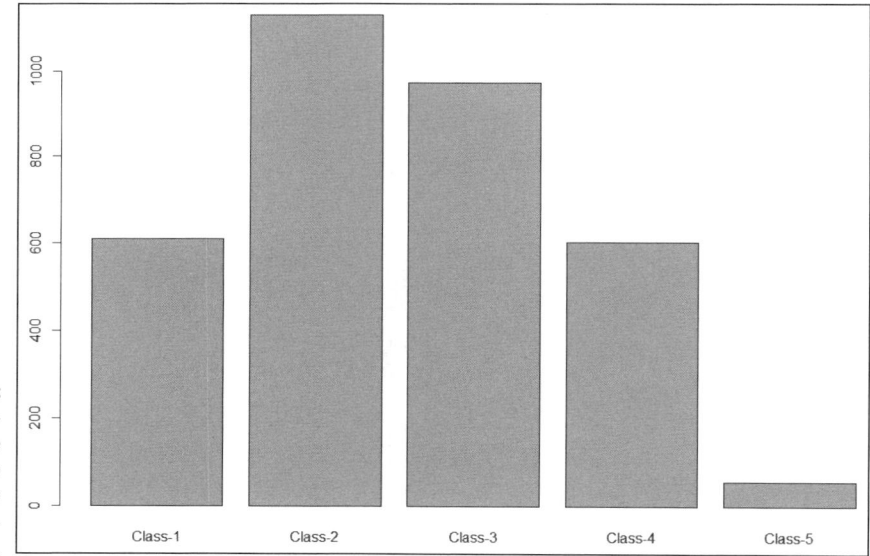

FIGURA 12-2: A distribuição de classes no quadro de dados `retail.uci`.

Dando uma olhada nos países

A maioria dos conjuntos de dados de marketing comercial inclui informações demográficas sobre os clientes. Combinada com a análise RFM, essa informação pode ser a base para um marketing poderoso.

Os únicos dados demográficos nesse conjunto de dados são o país do cliente. Pode ser instrutivo ver as distribuições das classes nos países.

Para ver como os dados de RFM se conectam aos países, é preciso adicionar `Country` ao quadro de dados `resultsRFM`. Lembre-se de que a função `findRFM()` atribui pontuações RFM a cada `CustomerID`, portanto, cada linha em `results-RFM` contém um `CustomerID` exclusivo. Para conectar `Country` a esse quadro de dados, você precisa criar um quadro de dados que conecte cada `CustomerID` a `Country` e mesclar esse quadro de dados com `resultsRFM`.

Para criar o quadro de dados que associa cada `CustomerID` a `Country`, você elimina as linhas duplicadas de `CustomerID` em `retailonline.uci`. Use `!duplicated()` para fazer isso:

```
retail.nondup<- retailonline.uci[!duplicated(retailonline.
   uci$CustomerID),c(7,8)]
```

Especificar as Colunas 7 e 8 em `c(7,8)` limita o novo quadro de dados a apenas `Customer ID` e `Country`. Veja como fica o quadro de dados:

```
> head(retail.nondup)
    CustomerID         Country
1        17850  United Kingdom
10       13047  United Kingdom
27       12583          France
47       13748  United Kingdom
66       15100  United Kingdom
83       15291  United Kingdom
```

Em seguida, mescle `retail.nondup` com as colunas selecionadas de `resultsRFM`:

```
RFMCountry <-merge(resultsRFM[,c(1,8:10,16)],retail.nondup,
   by="CustomerID")
```

Encurtei os nomes das colunas para poder mostrar o quadro de dados nesta página:

```
colnames(RFMCountry) <-
   c("ID","Money","Frequency","Recency","Class","Country")
```

E aqui está:

```
> head(RFMCountry)
     ID Money Frequency Recency   Class     Country
1 12347     5         5       5 Class-5     Iceland
2 12352     2         5       3 Class-3      Norway
3 12353     1         1       1 Class-1     Bahrain
4 12354     5         1       1 Class-2       Spain
5 12357     5         1       4 Class-3 Switzerland
6 12358     5         2       5 Class-4     Austria
```

Agora você pode usar `table()` para examinar a distribuição de Class para cada Country:

```
> table(RFMCountry$Country,RFMCountry$Class)

                      Class-1 Class-2 Class-3 Class-4 Class-5
  Australia                 2       2       1       2       0
  Austria                   2       2       3       2       0
  Bahrain                   1       0       0       0       0
  Belgium                   4       6       4       3       0
  Canada                    1       2       0       0       0
  Channel Islands           0       3       3       2       0
  Cyprus                    2       1       2       0       0
  Czech Republic            0       0       1       0       0
  Denmark                   1       5       2       0       0
  EIRE                      0       0       1       1       1
  European Community        0       1       0       0       0
  Finland                   0       1       2       2       1
  France                    6      17      30      16       3
  Germany                   7      24      16      30       1
  Greece                    0       2       1       0       0
  Hong Kong                 0       0       0       0       0
  Iceland                   0       0       0       0       1
  Israel                    0       1       0       0       0
  Italy                     1       7       2       2       0
  Japan                     2       1       1       1       1
  Lebanon                   0       1       0       0       0
  Lithuania                 1       0       0       0       0
  Malta                     0       2       0       0       0
  Netherlands               2       2       3       0       1
  Norway                    0       0       5       1       0
  Poland                    1       2       1       0       0
  Portugal                  3       4       3       4       0
  Singapore                 0       0       0       1       0
  Spain                     2       6      11       2       0
  Sweden                    0       3       3       0       1
  Switzerland               1       5       9       3       0
  United Kingdom          572    1026     869     530      46
  Unspecified               0       2       0       0       0
  USA                       0       1       0       1       0
```

Obviamente, a maior parte das empresas vem do Reino Unido. O resto da Europa combinado fica em um distante segundo lugar. É difícil tirar quaisquer conclusões das pequenas amostras fora do Reino Unido, mas uma rápida olhada revela que as classes parecem estar distribuídas de forma similar nos países. Talvez a adição de dados após 2011 possa lançar alguma luz sobre as diferenças entre os países.

Vamos ao Aprendizado de Máquina

Criar classes a partir das pontuações RFM é uma maneira de segmentar os clientes. Outra maneira é usar o aprendizado de máquina para descobrir a estrutura dos dados e usar essa estrutura como base para a segmentação de clientes.

K-means clustering

O k-means clustering, que analiso no Capítulo 10, é uma técnica de aprendizado de máquina aplicável. A ideia por trás do k-means clustering é encontrar subgrupos nos dados. Os subgrupos são chamados de *clusters*.

Forneça um número definido de clusters e um procedimento de clustering adivinha a qual cluster cada ponto de dados pertence. O procedimento de clustering calcula a distância de cada ponto de dados até o centro de seu cluster (conhecido como *centroide*), obtém a raiz quadrada da distância e soma todas as distâncias ao quadrado de cada cluster. Cada cluster, portanto, tem sua própria soma das distâncias ao quadrado, também conhecidas como uma *soma dentro dos quadrados*. Somar tudo nos clusters produz uma *soma dentro dos quadrados total*.

O procedimento de clustering repete (e potencialmente reatribui os pontos de dados a clusters diferentes) até que a soma dentro dos quadrados seja a menor possível para cada cluster e a soma dentro dos quadrados total seja um mínimo. Quando isso acontece, cada ponto de dados está no cluster com o centroide mais próximo.

Quantos clusters você deve especificar? Uma maneira de descobrir é executar o procedimento de clustering nos dados e usar várias possibilidades para o número de clusters. Após o término de cada procedimento, calcule a soma dentro dos quadrados total. Geralmente, essa soma diminui à medida que o número de clusters aumenta. O objetivo é encontrar o número de clusters acima do qual ocorre pouca ou nenhuma redução na soma dentro dos quadrados total.

É isso que faço com os dados de RFM. Cada ponto de dados (correspondendo a um cliente) aparece como uma pontuação de Recente, uma pontuação de Frequência e uma pontuação de Monetário.

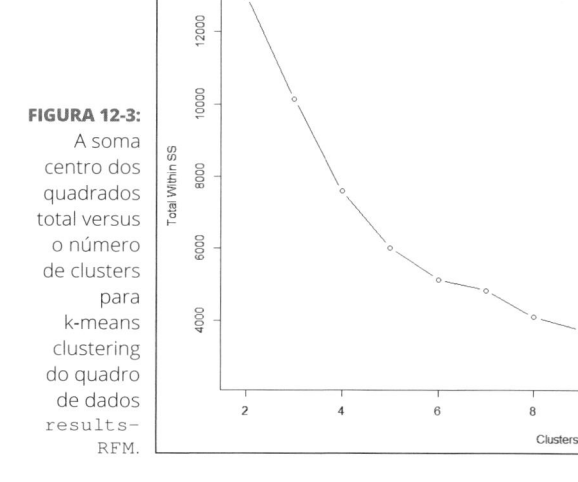

Sigo este procedimento no Capítulo 10. Começo mostrando como inicializar um vetor chamado `totwss`, que manterá os valores da soma dentro dos quadrados total:

```
totwss <- NULL
```

Um loop `for` executa o procedimento de clustering para as quantidades de cluster de 2 a 15 e acrescenta a soma dentro dos quadrados total resultante a `totwss`. A função `kmeans()` faz o clustering:

```
for (i in 2:15){
  totwss <- append(totwss,kmeans(resultsRFM[,8:10],centers=i)$tot.
    withinss)
}
```

As colunas 8–10 em `resultsRFM` contêm as variáveis que interessam. O argumento `centers = i` define o número de clusters e `$totwithinss` contém a soma dentro dos quadrados total de uma solução de clustering. Depois que cada procedimento de k-means termina, `append()` coloca a soma dentro dos quadrados total no final do vetor `totwss`.

Finalmente, você plota a soma dentro dos quadrados total em relação ao número de clusters:

```
plot(x=2:15, y=totwss, type="b", xlab="Clusters", ylab= "Total Within
  SS")
```

A função `plot()` produz a Figura 12-3. Após 11 clusters, a soma dentro dos quadrados total parece não diminuir sensivelmente, sugerindo que 11 é um bom número de clusters para esse conjunto de dados. É juízo de valor, mas você pode ver isso de forma diferente. Aliás, um site de análise de negócios (`www.Putler.com/rfm-analysis` — conteúdo em inglês) defende os mesmos segmentos de clientes.

FIGURA 12-3: A soma centro dos quadrados total versus o número de clusters para k-means clustering do quadro de dados results-RFM.

Trabalhando com `Rattle`

`Rattle` fornece uma GUI para a função `kmeans()`. Se você trabalhou nos capítulos da Parte 2, baixou esse pacote, e tudo o que precisa fazer é clicar na caixa de seleção na aba Packages. Se não, clique em Install na aba Packages para abrir a caixa de diálogo Install Packages. Digite **rattle** nela e clique no botão Install. Após o download do pacote, marque sua caixa de seleção na aba Packages e você estará pronto para começar.

Este comando abre a aba Data da GUI do `Rattle`:

```
rattle()
```

Clique no botão de seleção R Dataset, em seguida, selecione `resultsRFM` no menu suspenso na caixa Data Name. Você clica em Execute para ler o quadro de dados. Quando os nomes das variáveis aparecerem na aba Data, deixe o botão de seleção para `CustomerID` como está, mas marque o botão de seleção Ignore para todas as outras variáveis, exceto `MonetoryScore`, `FrequencyScore` e `RecencyScore`. Se a caixa Partition estiver selecionada, desmarque-a. Como você clicou nesses botões de seleção, clique em Execute novamente. Depois de tudo isso, a tela se parecerá com a Figura 12-4.

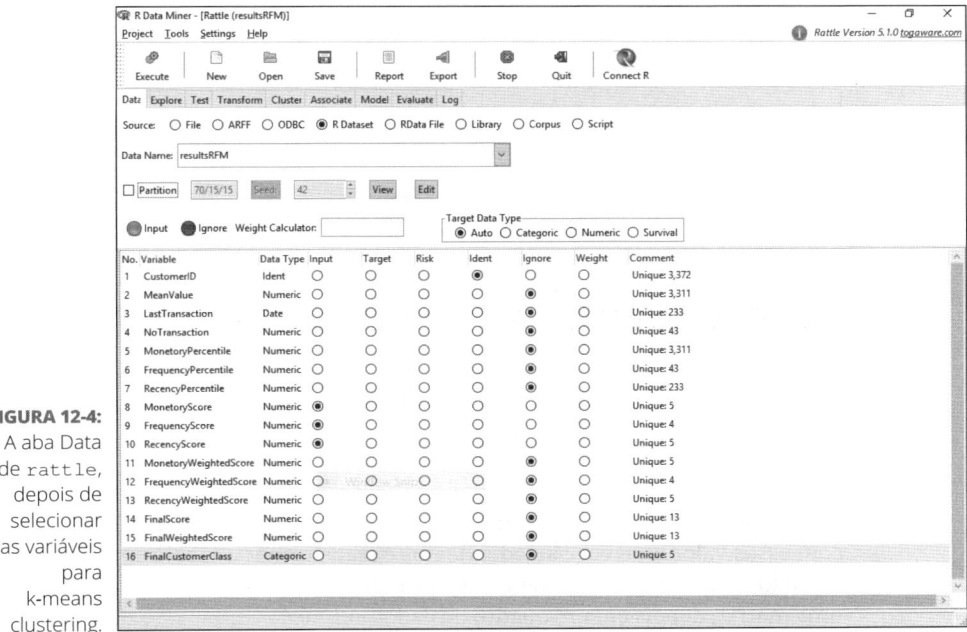

FIGURA 12-4: A aba Data de rattle, depois de selecionar as variáveis para k-means clustering.

Em seguida, abra a aba Cluster e, com o botão de seleção KMeans marcado, use a seta na caixa Clusters para definir 11 como o número de clusters. Verifique se a caixa Rescale está desmarcada. Então, clique em Execute. A Figura 12-5 mostra a aparência da aba Data após todas essas ações.

O primeiro par de linhas exibe o número de pontos de dados em cada um dos 11 clusters. As próximas linhas apresentam a média de cada variável. A tabela mostra os centroides de cada cluster.

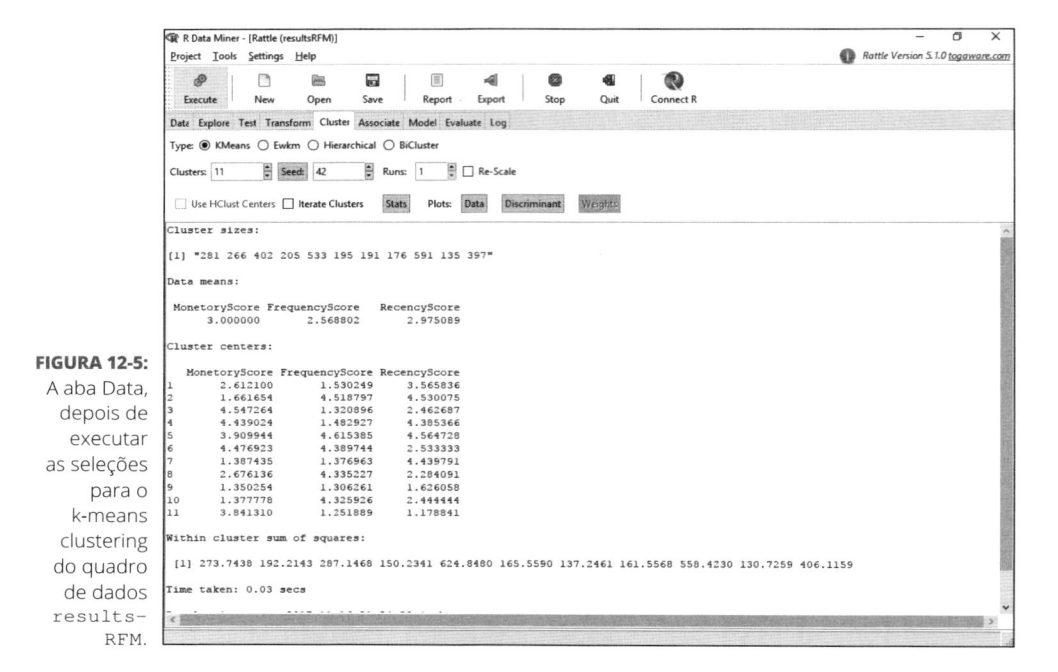

FIGURA 12-5: A aba Data, depois de executar as seleções para o k-means clustering do quadro de dados results-RFM.

Aprofundando-se nos clusters

A aba Log revela que `Rattle` armazena os resultados do k-means clustering em um objeto chamado `crs$kmeans`. Trabalhar com atributos desse objeto permite que você vá além dos resultados de `Rattle`.

Por exemplo, você pode tratar a tabela de centroides como os valores R, F e M de cada cluster. Essa tabela está em `crs$kmeans$centers`. Será mais fácil trabalhar com esses valores se você arredondá-los e transformar a tabela em um quadro de dados. Estritamente falando, você primeiro precisa transformar a tabela em uma matriz, depois em um quadro de dados. A função `as.data.frame.matrix()` faz tudo isso de uma só vez:

```
rounded.clusters <- as.data.frame.matrix(round(crs$kmeans$centers))
> rounded.clusters
   MonetoryScore FrequencyScore RecencyScore
1              3              2            4
2              2              5            5
3              5              1            2
4              4              1            4
5              4              5            5
6              4              4            3
7              1              1            4
8              3              4            2
9              1              1            2
10             1              4            2
11             4              1            1
```

Com os números em um quadro de dados, posso manipulá-los e ter uma noção do que os clusters significam. Os números do cluster são arbitrários: os clientes no cluster 1 não são necessariamente mais valiosos do que os clientes no cluster 11. Assim, você pode usar algumas regras básicas para reorganizá-las e ver o que acontece.

Como mencionei anteriormente, a experiência indica que o aspecto recente é mais importante (é mais provável que um cliente mais recente repita a compra), seguido pela frequência (é mais provável que um cliente frequente repita a compra), seguida por monetário.

Veja como classificar os clusters pelo aspecto recente, depois por frequência, seguido por dinheiro:

```
with(rounded.clusters, rounded.clusters[order(-RecencyScore,-
   FrequencyScore,    -MonetoryScore),])
```

Sugiro usar `with()` para que na função `order()` você não precise usar argumentos como `rounded.clusters$RecencyScore`. A função `order()` especifica a ordem das linhas. O sinal de menos (−) na frente de cada argumento significa "em ordem decrescente". A execução desse código produz:

```
  MonetoryScore FrequencyScore RecencyScore
5             4              5            5
2             2              5            5
1             3              2            4
4             4              1            4
7             1              1            4
6             4              4            3
8             3              4            2
```

CAPÍTULO 12 **Explorando o Marketing**

10	1	4	2
3	5	1	2
9	1	1	2
11	4	1	1

Com essa ordem, os clientes mais valiosos ficam no Cluster 5 e os menos valiosos no Cluster 11. Os clientes do Cluster 5 são aparentemente frequentes e suas compras recentes têm gastos no segundo nível mais alto. Os clientes do Cluster 11 gastam tanto quanto os clientes do Cluster 5, mas não tão recentemente nem com tanta frequência. Como os profissionais de marketing se comunicariam com cada grupo?

Agora é sua vez de interpretar os outros clusters.

Clusters e classes

Estou curioso para saber como a análise RFM se compara com o clustering. Como os clusters se alinham com as classes?

O cluster designado de cada cliente está em `crs$kmeans$cluster` e a classe atribuída está em `resultsRFM$FinalCustomerClass`. Então, esta tabela conta a história:

```
> table(Cluster=crs$kmeans$cluster,Class=resultsRFM$Final
   CustomerClass)
       Class
Cluster Class-1 Class-2 Class-3 Class-4 Class-5
     1       0     214      67       0       0
     2       0       0     205      61       0
     3       0     239     163       0       0
     4       0       0     185      20       0
     5       0       0      47     430      56
     6       0       0     103      92       0
     7       0     169      22       0       0
     8       0      52     124       0       0
     9     528      63       0       0       0
    10       0      78      57       0       0
    11      83     314       0       0       0
```

A tabela mostra todos os clientes Classe 5 no Cluster 5, com a classificação mais alta entre os clusters. (Ambos serem "5" é uma coincidência.) O Cluster 11 (com classificação mais baixa) consiste inteiramente de clientes Classe 1 e Classe 2.

Então parece que os dois esquemas de segmentação estão relacionados. Para ter uma resposta definitiva (em vez de "conjecturar"), você precisaria de uma análise estatística.

Este é um bom momento para a análise estatística? É *sempre* um bom momento para a análise estatística! Para uma tabela como essa, mostro como usar um teste estatístico para ver se os clusters e as classes são independentes uns dos outros. Os estatísticos chamam isso de *hipótese nula*. Um teste estatístico informa a probabilidade de que a "independência" possa explicar os dados na tabela. Se essa probabilidade for muito pequena (menos de 0,05, por convenção), você deve rejeitar a explicação da independência.

Esta pode ser outra forma de ver isso: se os clusters e as classes fossem independentes entre ai, os números na tabela seriam diferentes. Eles ainda somariam o mesmo número de clientes e os mesmos totais de linhas e colunas, mas os números dentro da tabela seriam distribuídos de forma diferente. A questão é: a organização que temos difere muito da organização baseada em independência?

O teste estatístico apropriado é chamado de *qui-quadrado*. Veja como usar:

```
> chisq.test(table(Cluster=crs$kmeans$cluster,
    Class=resultsRFM$FinalCustomerClass))

            Pearson's Chi-squared test

data:  table(Cluster = crs$kmeans$cluster, Class =
    resultsRFM$FinalCustomerClass)
X-squared = 6261.6, df = 40, p-value < 2.2e-16
```

O `p-value` excepcionalmente baixo indica que você pode rejeitar a ideia de que `Cluster` e `Class` são independentes entre si. A independência é altamente improvável. (Propaganda descarada: para obter informações sobre testes estatísticos, veja *Análise Estatística com R Para Leigos*, escrito por mim e publicado pela Alta Books.)

Projeto Rápido Sugerido

Se quiser explorar um pouco mais Clusters versus tabela Classes, faça o download e instale o pacote `vcd` (*v*isualizing *c*ategorical *d*ata). Uma função, `assocstats()`, fornece algumas estatísticas extras que você pode aplicar. Outra função, `assoc()`, produz um belo gráfico que destaca os desvios da independência na tabela.

Projeto Sugerido: Outro Conjunto de Dados

Se você estiver interessado em testar suas habilidades de análise RFM em outro conjunto de dados, este é o projeto certo.

O conjunto de dados CDNOW consiste de quase 70.000 linhas. É um registro de vendas no CDNOW desde o início de janeiro de 1997 até o final de junho de 1998.

Você o encontrará em: `https://raw.githubusercontent.com/rtheman/CLV/master/1_Input/CDNOW/CDNOW_master.txt` (conteúdo em inglês).

Pressione Ctrl+A para selecionar todos os dados e pressione Ctrl+C para copiar para a área de transferência. Em seguida, use a função `read.csv()` para ler os dados em R:

```
cdNOW <- read.csv("clipboard", header=FALSE, sep = "")
```

Veja como nomear as colunas:

```
colnames(cdNOW) <- c("CustomerID","InvoiceDate","Quantity","Amount")
```

Os dados devem ficar assim:

```
> head(cdNOW)
  CustomerID InvoiceDate Quantity Amount
1          1    19970101        1  11.77
2          2    19970112        1  12.00
3          2    19970112        5  77.00
4          3    19970102        2  20.76
5          3    19970330        2  20.76
6          3    19970402        2  19.54
```

É menos complicado que o projeto Online Retail, porque `Amount` é o valor total da transação. Portanto, cada linha é uma transação e a agregação não é necessária. A coluna `Quantity` é irrelevante para nossos objetivos.

DICA Aqui temos uma sugestão sobre como reformatar `InvoiceDate`: a maneira mais fácil de colocar no formato de data de R é fazer o download, instalar o pacote `lubridate` e usar sua função `ymd()`:

```
cdNOW$InvoiceDate <-ymd(cdNOW$InvoiceDate)
```

Depois dessa alteração, veja como ficam as primeiras seis linhas:

```
> head(cdNOW)
  CustomerID InvoiceDate Quantity Amount
1          1  1997-01-01        1  11.77
2          2  1997-01-12        1  12.00
3          2  1997-01-12        5  77.00
4          3  1997-01-02        2  20.76
5          3  1997-03-30        2  20.76
6          3  1997-04-02        2  19.54
```

Estamos quase lá. O que está faltando para `findRFM()`? Um número de fatura. Logo, você precisa usar um pequeno truque para criar um. O truque é usar cada identificador de linha na coluna identificadora de linha como o número da fatura. Para transformar a coluna identificadora de linha em uma coluna do quadro de dados, faça o download do pacote `tibble`, instale-o e use sua função `rownames_to_column()`:

```
cdNOW <- rownames_to_column(cdNOW, "InvoiceNumber")
```

Aqui temos os dados:

```
> head(cdNOW)
  InvoiceNumber CustomerID InvoiceDate Quantity Amount
1             1          1  1997-01-01        1  11.77
2             2          2  1997-01-12        1  12.00
3             3          3  1997-01-12        5  77.00
4             4          4  1997-01-02        2  20.76
5             5          5  1997-03-30        2  20.76
6             6          6  1997-04-02        2  19.54
```

Agora crie um quadro de dados com tudo, exceto a coluna `Quantity`, e pronto.

Veja quanto do projeto Online Retail você pode realizar aqui.

Boa análise!

> **NESTE CAPÍTULO**
>
> » Trabalhando com o quadro de dados `flights`
>
> » Usando funções `tidyverse`
>
> » Unindo quadros de dados
>
> » Explorando atrasos de voos

Capítulo **13**
Da Cidade que Nunca Dorme

Um voo de uma companhia aérea gera muitos dados. Os dados incluem a identificação do avião (companhia aérea, prefixo), identificação do voo (número do voo, data, hora, origem, destino), características do voo (distância, tempo no ar, atraso de partida, atraso de chegada) e outros. Para um analista de dados em formação, um conjunto de dados de voos de companhias aéreas apresenta um tesouro de oportunidades. E, neste capítulo, mostro como trabalhar com isso.

Examinando o Conjunto de Dados

O conjunto de dados chama-se `flights` e vem em um pacote chamado `nyc-flights13`. Contém os dados de todos os voos domésticos saídos da cidade de Nova York em 2013. Na aba Packages, clique em Install para abrir a caixa de diálogo Install Packages. Na caixa de diálogo, digite **nycflights13** e clique no botão Install. Após o download, marque sua caixa de seleção na aba Packages. Outros conjuntos de dados estão nesse pacote e mostro como trabalhar com eles também.

Vários outros pacotes são importantes para a manipulação dos dados e fazem parte de um pacote maior chamado `tidyverse` (veja o Capítulo 2). Se você ainda não fez o download, siga o procedimento do parágrafo anterior (e digite **tidyverse** na caixa de diálogo). Clique na caixa de seleção tidyverse na aba Packages e estará pronto para começar.

Aquecendo

Antes de começar a trabalhar no projeto, mostrarei algumas habilidades fundamentais. Deixe-me começar vendo os dados.

Olhando rapidamente e visualizando

O conjunto de dados `flights` tem 19 colunas, então `head(flights)` não será de muita ajuda. Em vez disso, uma função chamada `glimpse()` de `tidyverse` muda o script, mostrando os nomes das colunas em uma coluna e os primeiros valores de cada coluna em uma linha:

```
> glimpse(flights,width=50)
Observations: 336,776
Variables: 19
$ year           <int> 2013, 2013, 2013, 2013...
$ month          <int> 1, 1, 1, 1, 1, 1, 1, 1...
$ day            <int> 1, 1, 1, 1, 1, 1, 1, 1...
$ dep_time       <int> 517, 533, 542, 544, 55...
$ sched_dep_time <int> 515, 529, 540, 545, 60...
$ dep_delay      <dbl> 2, 4, 2, -1, -6, -4, -...
$ arr_time       <int> 830, 850, 923, 1004, 8...
$ sched_arr_time <int> 819, 830, 850, 1022, 8...
$ arr_delay      <dbl> 11, 20, 33, -18, -25, ...
$ carrier        <chr> "UA", "UA", "AA", "B6"...
$ flight         <int> 1545, 1714, 1141, 725,...
$ tailnum        <chr> "N14228", "N24211", "N...
$ origin         <chr> "EWR", "LGA", "JFK", "...
$ dest           <chr> "IAH", "IAH", "MIA", "...
$ air_time       <dbl> 227, 227, 160, 183, 11...
$ distance       <dbl> 1400, 1416, 1089, 1576...
$ hour           <dbl> 5, 5, 5, 5, 6, 5, 6, 6...
$ minute         <dbl> 15, 29, 40, 45, 0, 58,...
$ time_hour      <dttm> 2013-01-01 05:00:00, ...
```

O argumento `width` controla quanto de cada linha é mostrado. Se você omitir isso, a saída preencherá toda a tela (e não seria bem convertida nesta página).

Outra função, chamada `View()`, apresenta os dados em planilha (uma forma de planilha?) na janela Script do RStudio:

```
View(flights)
```

Isso produz o que você vê na Figura 13-1.

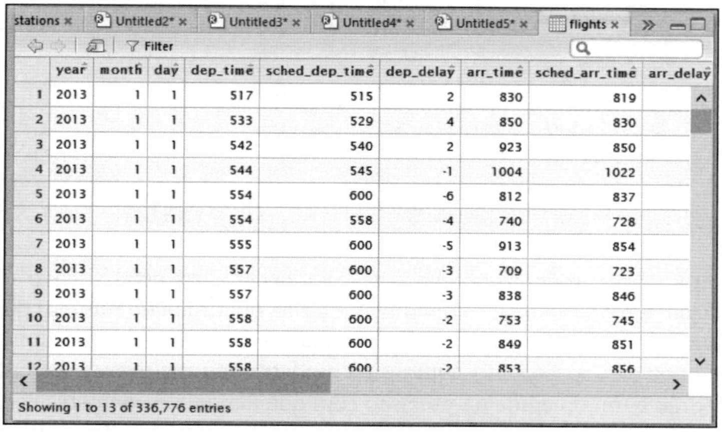

	year	month	day	dep_time	sched_dep_time	dep_delay	arr_time	sched_arr_time	arr_delay
1	2013	1	1	517	515	2	830	819	
2	2013	1	1	533	529	4	850	830	
3	2013	1	1	542	540	2	923	850	
4	2013	1	1	544	545	-1	1004	1022	
5	2013	1	1	554	600	-6	812	837	
6	2013	1	1	554	558	-4	740	728	
7	2013	1	1	555	600	-5	913	854	
8	2013	1	1	557	600	-3	709	723	
9	2013	1	1	557	600	-3	838	846	
10	2013	1	1	558	600	-2	753	745	
11	2013	1	1	558	600	-2	849	851	
12	2013	1	1	558	600	-2	853	856	

Showing 1 to 13 of 336,776 entries

FIGURA 13-1: `View(flights)` coloca esta visualização na janela Script do RStudio.

Conectando, filtrando e agrupando

Lidar com um quadro de dados geralmente exige juntar vários comandos e funções. Para facilitar, R fornece o operador `pipe`, que se parece com: `%>%`. Você o usa para conectar uma função à outra.

Suponhamos que eu esteja interessado na média e no desvio padrão do tempo de duração dos voos de Newark (`air_time`) nos primeiros cinco dias de janeiro. Temos

```
Newark_January <- flights %>%
  filter(origin == "EWR" & month == 1 & day <= 5) %>%
  group_by(day)%>%
  summarize(mean=mean(air_time,na.rm=TRUE),
            std_dev=sd(air_time, na.rm=TRUE))
```

A primeira linha, claro, atribui `flights` a `Newark_January`. Leia o operador `%>%` como "então".

Então, a segunda linha usa `filter()` para extrair apenas os voos saídos de Newark (`"EWR"`), somente em janeiro (`month == 1`) e apenas os primeiros cinco dias (`day <= 5`).

Então, a terceira linha usa `group_by()` para agrupar os dados por `dia`.

Então, a quarta linha fornece as estatísticas, omitindo os dados ausentes.

> **DICA** O operador `%>%` funciona de forma muito similar a + em `ggplot`.

Para renderizar bem essa pequena estrutura na tela, você usa a função `kable()` (que vem com o pacote `knitr`):

```
> kable(Newark_January,digits=2)


| day|    mean| std_dev|
|---:|-------:|-------:|
|   1|  166.89|   97.46|
|   2|  159.20|   93.47|
|   3|  151.36|   83.44|
|   4|  143.39|   84.37|
|   5|  157.10|   95.34|
```

Antes de seguir em frente, você deve conhecer outra estatística: o *erro padrão da média*. É o desvio padrão dividido pela raiz quadrada do número de pontuações que entram no cálculo da média. Por que o erro padrão é importante? Pense nos tempos de voo no Dia 1 como uma amostra de uma grande população. O erro padrão é uma medida da precisão com que a média da amostra estima a média populacional: quanto maior a amostra, mais precisa a estimativa.

Dada a importância do erro padrão da média, é de se pensar que o R básico forneceria uma função para calculá-lo. Mas não é assim. Uma função chamada `std.error()` vem com o pacote `plotrix`. Siga as etapas habituais para baixar e instalar o pacote. Com `plotrix` instalado, você pode obter o erro padrão da média adicionando uma linha a `summarize()`:

```
Newark_January <- flights %>%
  filter(origin == "EWR" & month == 1 & day <= 5) %>%
  group_by(day)%>%
  summarize(mean=mean(air_time,na.rm=TRUE),
            std_dev=sd(air_time, na.rm=TRUE),
            std_err=std.error(air_time, na.rm=TRUE))
```

depois usar `kable()` mais uma vez:

```
> kable(Newark_January,digits=2)


| day|    mean| std_dev| std_err|
|---:|-------:|-------:|-------:|
|   1|  166.89|   97.46|    5.63|
|   2|  159.20|   93.47|    5.06|
|   3|  151.36|   83.44|    4.59|
|   4|  143.39|   84.37|    4.60|
|   5|  157.10|   95.34|    6.19|
```

Visualizando

A seguir, você coloca os dados no gráfico, o que é sempre uma boa ideia. A Figura 13-2 mostra o gráfico de `Newark_January` completo, com barras para os erros padrão.

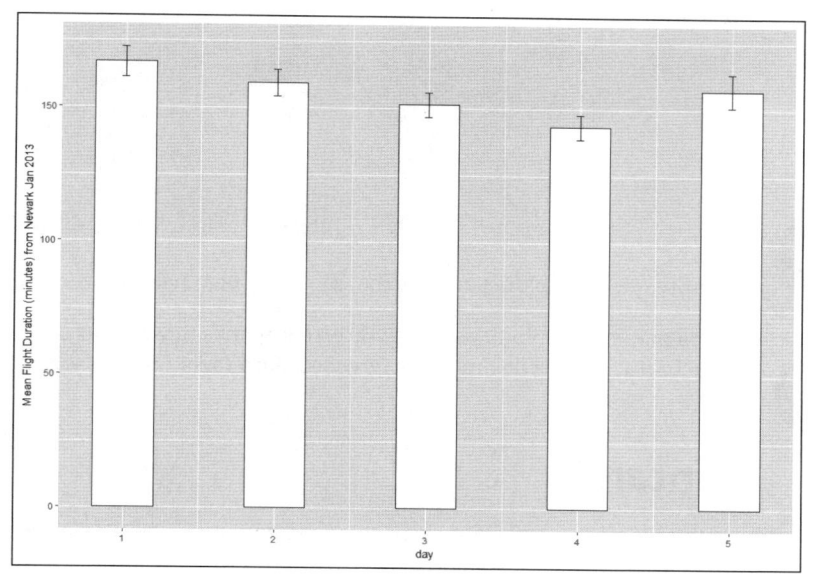

FIGURA 13-2: A duração média do voo versus o dia em `Newark_January`.

Usamos `ggplot()` para desenhar esse gráfico. A primeira linha especifica de onde os dados vêm e mapeia `day` para o eixo x e `mean` para o eixo y:

```
ggplot(Newark_January, aes(x=day, y=mean)) +
```

Em seguida, você adiciona as barras ao gráfico:

```
geom_bar(stat="identity", color="black", fill =
   "gray100",width=0.4)+
```

A função `geom_bar()` normalmente representa as contagens de frequência. Ela tenta contar as frequências nos dados, a menos que você diga o contrário. Aqui, o primeiro argumento ordena que `geom_bar()` não conte as frequências, em vez disso, use a estatística na tabela (mapeada para y) para plotar as barras. O argumento `color` define a borda e `fill="gray100"` preenche cada barra com branco. O último argumento, sem nenhuma surpresa, define a largura de cada barra.

Em seguida, você adiciona as barras que representam o erro padrão da média:

```
geom_errorbar(aes(ymax = mean + std_err, ymin = mean - std_err),
   width=.05)+
```

CAPÍTULO 13 **Da Cidade que Nunca Dorme**

Os mapeamentos estéticos mostram até que altura cada barra de erro sobe e até onde descem.

Finalmente, você dá ao eixo y um rótulo informativo:

```
labs(y="Mean Flight Duration (minutes) from Newark Jan 2013")
```

O código completo fica assim:

```
ggplot(Newark_January, aes(x=day, y=mean)) +
  geom_bar(stat="identity", color="black", fill =
  "gray100",width=0.4)+
  geom_errorbar(aes(ymax = mean + std_err, ymin = mean - std_err),
  width=.05)+
  labs(y="Mean Flight Duration (minutes) from Newark Jan 2013")
```

LEMBRE-SE Sempre que você plotar uma média, plote seu erro padrão.

DICA Outra maneira de plotar as barras de erro é apenas mostrá-las saindo do topo de cada barra, em vez de ambas as direções. Para fazer isso nesse exemplo, defina `ymin = mean`.

Juntando

Se você já voou nos EUA e despachou sua bagagem, viu uma abreviação estranha em sua etiqueta. Voando para o Aeroporto Internacional O'Hare de Chicago, por exemplo, a etiqueta informa *ORD* (que pode confundi-lo se já viajou para Fort Ord, na Califórnia).

Atribuídas pela Agência Federal de Aviação (FAA) e outras, algumas abreviações são fáceis de entender, como JAX, para Jacksonville, Flórida, ou JFK, para o Aeroporto Internacional John F. Kennedy, de Nova York. Mas você saberia que PDL significa Hartford, Connecticut? Ou que INT é Winston-Salem, Carolina do Norte? Nem eu.

As abreviações do aeroporto estão nas colunas `origin` e `dest` de `flights`. Com apenas três origens — EWR (Newark), LGA (LaGuardia) e o já mencionado JFK — essas são fáceis de lembrar. E os destinos?

```
> glimpse(flights$dest, 60)
 chr [1:336776] "IAH" "IAH" "MIA" "BQN" "ATL" "ORD" ..
```

IAH? BQN? Se eu precisasse procurar abreviações de aeroportos sempre que quisesse explorar dados sobre origens e destinos, perderia muito tempo.

Em vez disso, posso deixar R fazer o trabalho. Um dos quadros de dados em `nycflights13` é chamado de `airports` e contém as abreviações junto com outras informações sobre os aeroportos:

```
> glimpse(airports,60)
Observations: 1,458
Variables: 8
$ faa   <chr> "04G", "06A", "06C", "06N", "09J", "0A9",...
$ name  <chr> "Lansdowne Airport", "Moton Field Municip...
$ lat   <dbl> 41.13047, 32.46057, 41.98934, 41.43191, 3...
$ lon   <dbl> -80.61958, -85.68003, -88.10124, -74.3915...
$ alt   <int> 1044, 264, 801, 523, 11, 1593, 730, 492, ...
$ tz    <dbl> -5, -6, -6, -5, -5, -5, -5, -5, -8, -...
$ dst   <chr> "A", "A", "A", "A", "A", "A", "A", "A", "...
$ tzone <chr> "America/New_York", "America/Chicago", "A...
```

As abreviações estão na coluna `faa` e os nomes correspondentes estão na coluna `name`. Não sei você, mas eu nunca imaginei que 04G se referisse ao Aeroporto de Lansdowne (Youngstown, Ohio).

Mas estou fugindo do assunto. Para permitir que R faça o trabalho de descobrir quais aeroportos correspondem a quais abreviações, você pode *juntar* o quadro de dados `flights` ao quadro de dados `airports`. A junção ocorre combinando uma variável-*chave* em um quadro de dados com a variável-*chave* correspondente em outro. (É algo como `merge()`, que descrevo como usar no Capítulo 12.) Nesse caso, as variáveis-chave têm nomes diferentes (`dest` em `flights`, `faa` em `airports`).

Veja como associar o quadro de dados `flights` ao quadro de dados `airports`. Sem insistir muito no assunto, vários tipos de operações de *junção* são possíveis, mas a *junção interna* é mais adequada aos nossos propósitos:

```
flites_dest_names <- flights %>%
  inner_join(airports, by = c("dest" = "faa")) %>%
  rename(dest_airport=name)
```

O argumento `by` em `inner_join()` configura a equivalência entre `dest` e `faa`. A função `rename()` substitui `name` por um rótulo mais informativo.

Para ver o novo quadro de dados, use a função `View()`:

```
View(flites_dest_names)
```

Executar esse código produz a Figura 13-3. Rolei para a direita para poder ver as informações relevantes que `join` adiciona.

Usei o novo quadro de dados para responder à pergunta: "Quantos voos partiram de JFK para Miami ou Orlando em fevereiro?". Veja o código:

```
JFK_Miami_Orlando <- flites_dest_names %>%
  filter(origin == "JFK" &
         (dest_airport == "Miami Intl" | dest_airport == "Orlando Intl")
```

```
            & month == 2) %>%
    group_by(carrier) %>%
    summarize(number_of_flights = n())
```

FIGURA 13-3:
O resultado da junção de flights com airports: flites_dest_names.

A função `filter()` é um pouco mais complicada do que a mostrada anteriormente neste capítulo. É devido à parte "Miami ou Orlando". A linha vertical entre parênteses (dentro de `filter()`, para ser mais específico) significa *ou*. Agrupo os resultados por `carrier`. A função `summarize()` usa `n()` para a contagem do número de voos.

Aqui estão os resultados:

```
> kable(JFK_Miami_Orlando)


|carrier | number_of_flights|
|:-------|-----------------:|
|AA      |               228|
|B6      |               252|
|DL      |               196|
```

Projeto Rápido Sugerido: Nomes das companhias aéreas

Seria mais útil mostrar os nomes das companhias aéreas em vez das abreviações na coluna `carrier`. O conjunto de dados `nycflights13` possui outro quadro de dados chamado `airlines`, que exibe cada abreviação junto com o nome completo da empresa. Junte esse quadro de dados com `flites_dest_names` e refaça o que acabei de fazer, mostrando os nomes das empresas no lugar das abreviações.

Projeto: Atrasos na Partida

Não sei você, mas não sou muito fã de ir ao aeroporto para pegar um voo e, chegando lá, descobrir que ele está atrasado. Então, neste projeto, abordo minha irritação (e talvez a sua também) dando uma olhada nos dados de atraso da partida.

Adicionando uma variável: Dia da semana

Em qual dia da semana os atrasos são maiores? Para descobrir, você precisa adicionar uma variável que indique o dia da semana de uma partida. A coluna `time_hour` tem a data e a hora de cada voo no quadro de dados. Para extrair o dia da semana, use a função `wday()` do pacote `lubridate`.

Aqui temos um exemplo de como funciona em uma entrada de `time_hour`:

```
> wday("2013-01-01 05:00:00")
[1] 3
```

Essa função considera domingo como o Dia da Semana 1, então o dia 1º de janeiro de 2013 foi uma terça-feira.

Você cria um novo quadro de dados adicionando uma variável chamada `weekday` a `flites_dest_names`. Para adicionar a variável, a função `mutate()`, com nome intrigante:

```
flites_day <- flites_dest_names %>%
  mutate(weekday = wday(time_hour))
```

Isso resulta em uma coluna de números com `1 = Sunday, 2 = Monday` e assim por diante. Para transformar esses números nos dias da semana apropriados, você trata os números dos dias da semana como níveis de um fator e fornece rótulos substitutos para os números:

```
flites_day$weekday <- factor(flites_day$weekday,
                    labels = c("Sunday", "Monday", "Tuesday",
       "Wednesday", "Thursday", "Friday", "Saturday"))
```

> **DICA**
>
> A função `wday()` tem um argumento chamado `label`. Se definir `label=TRUE`, a função fornecerá os nomes dos dias da semana e você não precisará concluir essa última etapa. Não consegui fazer isso. Talvez você consiga.

Apenas para verificar:

```
flites_per_weekday <- flites_day %>%
  group_by(weekday) %>%
  summarize(number_of_flights = n())
```

```
> kable(flites_per_weekday)

|weekday   | number_of_flights|
|:---------|-----------------:|
|Sunday    |             45240|
|Monday    |             49626|
|Tuesday   |             49362|
|Wednesday |             49016|
|Thursday  |             49147|
|Friday    |             49221|
|Saturday  |             37562|
```

Projeto Rápido Sugerido: Analise as diferenças do dia da semana

Parece que temos muito menos voos para escolher no sábado e no domingo do que em qualquer outro dia. As diferenças entre os dias são significativas? Outra maneira de fazer essa pergunta: `number_of_flights` é independente de `weekday`? Vendo de outra forma: se os dois fossem independentes, esperaríamos um número igual de voos para cada dia da semana. Os dados diferem muito desse padrão?

No Capítulo 12, uso `chisq.test()` para ajudá-lo a responder a uma pergunta parecida. Use essa função aqui. Lembre-se que o que você está analisando é `flites_per_weekday$number_of_flights`. Qual seria sua conclusão?

Atraso, dia de semana e aeroporto

Qual dia da semana tem os maiores atrasos médios? Isso varia de acordo com o aeroporto de origem? Para descobrir, você cria um quadro de dados chamado `summary_dep_delay`:

```
summary_dep_delay <- flites_day %>%
  group_by(origin, weekday) %>%
  summarize(mean = mean(dep_delay, na.rm = TRUE),
            std_dev = sd(dep_delay, na.rm = TRUE),
            std_err = std.error(dep_delay,na.rm=TRUE))
```

A aplicação de `kable()` fornece uma tabela com um bom visual (experimente!), mas um gráfico mostra os resultados com mais clareza. A Figura 13-4 mostra o que quero dizer.

Esse gráfico de barras mostra que os menores atrasos (em 2013) saíram de LaGuardia (LGA) e os menores aos sábados.

Veja como usar `ggplot()` para fazer o gráfico. Você começa, como sempre, especificando a origem dos dados e os mapeamentos estéticos:

```
ggplot(summary_dep_delay, aes(x=weekday, y=mean, fill=origin)) +
```

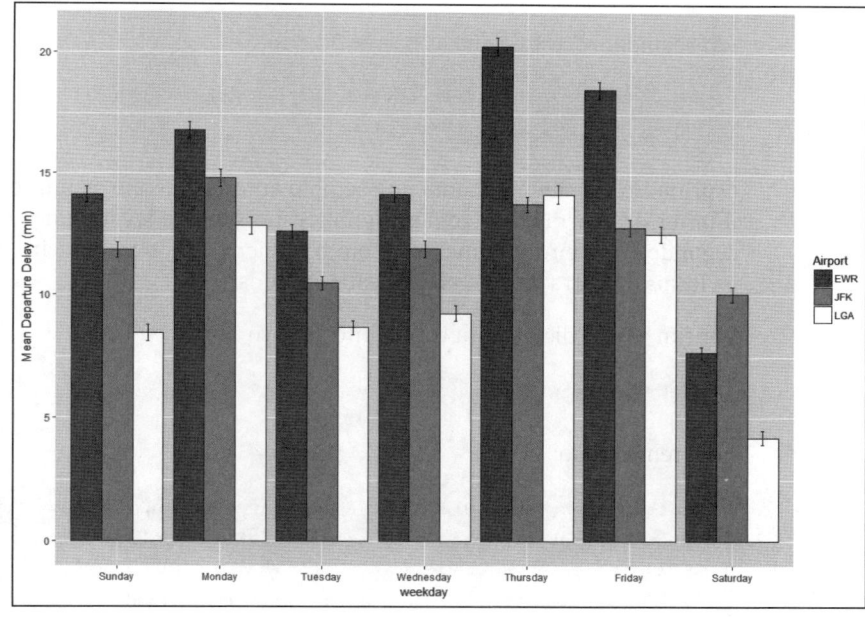

FIGURA 13-4: Atraso médio de partida (min) versus dia da semana e origem do aeroporto.

Em seguida, adicione as barras:

```
geom_bar(position="dodge", stat="identity", color="black")+
```

`position = "dodge"` significa que as barras não estão empilhadas umas sobre as outras. Em vez disso, elas "se esquivam" e alinham lado a lado. Como já mencionei neste capítulo, `stat = "identity"` ordena que `geom_bar()` use os números na tabela para plotar as barras e não tentar contar as frequências nos dados. O argumento `color` define a cor da borda de cada barra.

Agora, você deve adicionar alguns efeitos artísticos às barras:

```
scale_fill_
   manual(name="Airport",values=c("grey40","grey65","grey100"))+
```

O primeiro argumento anexa um título à legenda. O segundo é um vetor de cores que se associam a cada origem.

Em seguida, você adiciona as barras de erro:

```
geom_errorbar(aes(ymax=mean+std_err,ymin=mean-std_err), width=.1,
   position=position_dodge(.9))+
```

O primeiro argumento, como no exemplo anterior, define os limites superior e inferior das barras de erro. Fiz alguns testes que me levaram aos números do segundo e terceiro argumentos. Com o número errado no terceiro argumento, os locais da barra de erro podem estar errados.

Por fim, você adiciona um rótulo informativo ao eixo y:

```
labs(y="Mean Departure Delay (min)")
```

Aqui temos tudo:

```
ggplot(summary_dep_delay, aes(x=weekday, y=mean, fill=origin)) +
  geom_bar(position="dodge", stat="identity",color="black")+
  scale_fill_
   manual(name="Airport",values=c("grey40","grey65","grey100"))+
  geom_errorbar(aes(ymax=mean+std_err,ymin=mean-std_err), width=.1,
   position=position_dodge(.9))+
  labs(y="Mean Departure Delay (min)")
```

Outra maneira de visualizar os dados é criar um gráfico separado para cada aeroporto de origem e mostrá-los um acima do outro. Nesse tipo de arranjo, cada gráfico é chamado de *faceta*. A Figura 13-5 é um excelente exemplo.

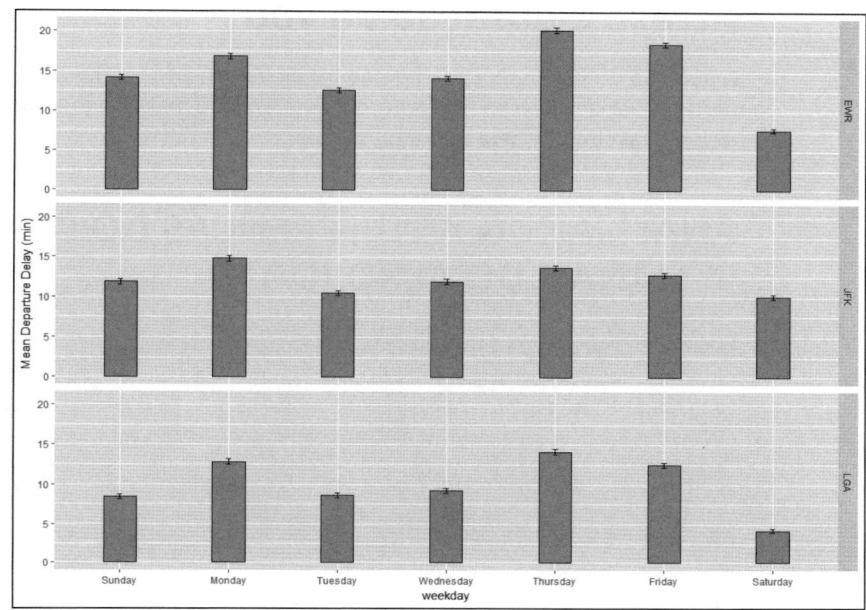

FIGURA 13-5:
Um gráfico de facetas do atraso médio de partida (min) versus dia da semana e aeroporto de origem.

Sem novas conclusões, apenas uma maneira diferente de plotar os dados. O código é

```
ggplot(summary_dep_delay, aes(x=weekday, y=mean)) +
  geom_bar(stat="identity", color="black", fill =
  "gray65",width=0.3)+
  geom_errorbar(aes(ymax=mean+std_err,ymin=mean-std_err), width=.05)+
  facet_grid(origin ~ .)+
  labs(y="Mean Departure Delay (min)")
```

O código é um pouco diferente do gráfico anterior. A cor não diferencia as origens nessa plotagem (a faceta sim), portanto, a função `ggplot()` não precisa de um mapeamento estético para `color`. A função `geom_bar()` é praticamente igual, exceto pela adição de `fill` e uma pequena alteração em `width`. Sinta-se à vontade para modificar, se quiser. `geom_errorbar()` é como antes, mas, neste gráfico, você não precisa usar o argumento `position` e muda `width`.

Adicionei a função `facet_grid()`. Seu argumento organiza as facetas na vertical. Para organizá-las na horizontal, o argumento seria . ~origin, mas teria uma aparência terrível. Experimente, se não acredita em mim. Como antes, a linha final adiciona o rótulo para o eixo y.

CAPÍTULO 13 **Da Cidade que Nunca Dorme**

Atraso e duração do voo

A duração do voo (`air_time` no quadro de dados) pode influenciar o atraso da partida? Por que isso pode acontecer? Com um voo mais longo, o atraso na partida provavelmente será maior ou menor?

> ### ANALISANDO AS DIFERENÇAS DO DIA DA SEMANA E DO AEROPORTO
>
> Essas diferenças entre os dias da semana são significativas? E as diferenças entre os aeroportos de origem? E a combinação das duas? Isso tem algum efeito?
> Uma maneira de responder a essas perguntas é usando *uma análise de variância (ANOVA)*. A função que executa a ANOVA é chamada `aov()`. Veja como aplicá-la:
>
> ```
> wkdyorgin <- aov(dep_delay ~ weekday * origin, data=flites_day)
> ```
>
> Para ver os resultados, use `summary()`:
>
> ```
> > summary(wkdyorgin)
>                  Df    Sum Sq   Mean Sq F value   Pr(>F)
> weekday           6   2268319    378053  233.26   <2e-16 ***
> origin            2   1310239    655120  404.21   <2e-16 ***
> weekday:origin   12    405916     33826   20.87   <2e-16 ***
> Residuals    320939 520164045      1621
> ---
> Signif. codes:  0 '***' 0.001 '**' 0.01 '*' 0.05 '.' 0.1 ' ' 1
> 8214 observations deleted due to missingness
> ```
>
> As colunas relevantes aqui são `F value` e `Pr(>F)`. Se fosse o caso em que as médias do dia da semana são quase iguais, o valor de `F` para `weekday` seria em torno de `1,00`. Como você pode ver, o valor de `F` é muito maior. Sempre existe a chance de que, na realidade, todas as médias do dia da semana sejam quase iguais e esse conjunto de dados seja um acaso. O valor `Pr(>F)` indica essa probabilidade e ela é microscópica. O mesmo vale para `origin`.
>
> As Figuras 13-4 e 13-5 sugerem que o padrão de médias nos dias da semana é diferente entre EWR, JFK e LGA. A linha `weekday.origin` na tabela de resumo verifica isso. O valor F grande e o `Pr(>F)` pequeno nessa linha informam que `weekday` e `origin` não são independentes entre si. Essa dependência é uma caracterização estatística da diferença de aparência entre as facetas da Figura 13-5.
>
> Há muito mais coisas em ANOVA do que consigo mencionar aqui. Para saber tudo, dê uma olhada em um livro que estou descaradamente divulgando. (Certo, só porque você pediu, é *Análise Estatística com R Para Leigos,* publicado pela Alta Books.)

Primeiro, veja algumas estatísticas de síntese para `dep_delay` e `air_time`:

```
> summary(flites_day$dep_delay)
   Min. 1st Qu.  Median    Mean 3rd Qu.    Max.    NA's
 -43.00   -5.00   -2.00   12.71   11.00 1301.00    8214

> summary(flites_day$air_time)
   Min. 1st Qu.  Median    Mean 3rd Qu.    Max.    NA's
   20.0    81.0   127.0   149.6   184.0   695.0    9365
```

Parece que estão em duas condições muito diferentes. Uma maneira de reduzir a discrepância é subtrair a média de `dep_delay` de cada `dep_delay`, então, dividir pelo desvio padrão de `dep_delay`. Depois, siga o mesmo procedimento para cada `air_time`. Isso é chamado de *dimensionamento* dos dados. (Se você estudou Estatística, deve se lembrar dos valores z, também conhecidos como pontuações padrão.)

A função `scale()` manipula o dimensionamento. Já usaremos essa função.

Para resolver as questões sobre `air_time` e `dep_delay`, você cria uma linha de regressão que resume a relação entre elas (ou, mais precisamente, entre suas versões dimensionadas). A análise de regressão tem muitas ramificações que não mencionarei aqui. Isso exigiria um capítulo inteiro separado.

Apenas para fins descritivos, minha preocupação é a inclinação da linha de regressão. Se tal linha tiver um declive positivo, o atraso da partida aumentará à medida que o tempo de voo aumentar. Se tiver um declive negativo, o atraso da partida diminuirá à medida que o tempo de voo aumentar.

Veja como construir a linha de regressão entre `scale(air_time)` e `scale(dep_delay)`:

```
dlyat <-lm(scale(dep_delay) ~ scale(air_time), data=flites_day)
```

E aqui temos como recuperar a inclinação da linha:

```
> dlyat$coefficients[2]
scale(air_time)
    -0.02165165
```

Sim, é um número pequeno, mas a inclinação negativa sugere que as durações de voo maiores estão associadas a atrasos da partida menores.

Por que isso acontece?

Projeto Sugerido: Atraso e Clima

É possível que as condições meteorológicas influenciem os atrasos dos voos. Como você incorpora informações sobre o clima na avaliação do atraso?

Outro quadro de dados de `nycflights13` chamado `weather` fornece os dados meteorológicos para cada dia e hora em cada um dos três aeroportos de origem. Aqui temos uma amostra do que ele mostra exatamente:

```
> glimpse(weather,60)
Observations: 26,130
Variables: 15
$ origin     <chr> "EWR", "EWR", "EWR", "EWR", "EWR", "...
$ year       <dbl> 2013, 2013, 2013, 2013, 2013, 2013, ...
$ month      <dbl> 1, 1, 1, 1, 1, 1, 1, 1, 1, 1, 1, 1, ...
$ day        <int> 1, 1, 1, 1, 1, 1, 1, 1, 1, 1, 1, 1, ...
$ hour       <int> 0, 1, 2, 3, 4, 6, 7, 8, 9, 10, 11, 1...
$ temp       <dbl> 37.04, 37.04, 37.94, 37.94, 37.94, 3...
$ dewp       <dbl> 21.92, 21.92, 21.92, 23.00, 24.08, 2...
$ humid      <dbl> 53.97, 53.97, 52.09, 54.51, 57.04, 5...
$ wind_dir   <dbl> 230, 230, 230, 230, 240, 270, 250, 2...
$ wind_speed <dbl> 10.35702, 13.80936, 12.65858, 13.809...
$ wind_gust  <dbl> 11.918651, 15.891535, 14.567241, 15....
$ precip     <dbl> 0, 0, 0, 0, 0, 0, 0, 0, 0, 0, 0, ...
$ pressure   <dbl> 1013.9, 1013.0, 1012.6, 1012.7, 1012...
$ visib      <dbl> 10, 10, 10, 10, 10, 10, 10, 10, ...
$ time_hour  <dttm> 2012-12-31 19:00:00, 2012-12-31 20:...
```

Portanto, as variáveis em comum com `flites_name_day` são as seis primeiras e a última. Para juntar os dois quadros de dados, use este código:

```
flites_day_weather <- flites_day %>%
  inner_join(weather, by =
    c("origin","year","month","day","hour","time_hour"))
```

Agora você pode usar `flites_day_weather` para começar a responder perguntas sobre o atraso da partida e o clima.

Quais perguntas fará? Como irá respondê-las? Quais gráficos você desenhará? Quais linhas de regressão criará? `scale()` ajudará?

E, quando tudo estiver pronto, dê uma olhada no atraso de chegada (`arr_delay`).

5 Mapas e Imagens

NESTA PARTE . . .

Entenda os dados geográficos.

Mapeie os aeroportos em um estado.

Mapeie as capitais dos estados americanos.

Use o pacote `magick`.

Transforme as imagens.

Combine imagens estáticas e animadas.

NESTE CAPÍTULO

» Usando dados geográficos

» Mapeando um estado

» Mapeando o país

Capítulo 14
Por Toda Parte

Como você pode ter percebido olhando o sumário deste livro, um dos principais cartões de visita de R é sua ênfase na visualização. Começando com gráficos de resultados analíticos, os recursos gráficos de R evoluíram para o desenvolvimento de mapas.

Os gráficos de R criaram várias formas de desenhar mapas. Neste capítulo, mostro o que considero mais simples e que levará você até a Rtografia. (Viu o que eu fiz?)

Projeto: Os Aeroportos de Wisconsin

O mapa que mostro como desenhar neste projeto aparece na Figura 14-1. Ele mostra as localizações dos principais aeroportos em Wisconsin e inclui as cidades atendidas, as abreviaturas da FAA e o número de *embarques* (comerciais de passageiros) em 2013.

Dispensando as preliminares

Este projeto requer um pacote chamado `maps`, que permite desenhar todos os tipos de representações geográficas. Outro pacote necessário é o `ggmap`, que permite recuperar informações geográficas do Google Maps. Você também precisa do `ggplot2` para plotar.

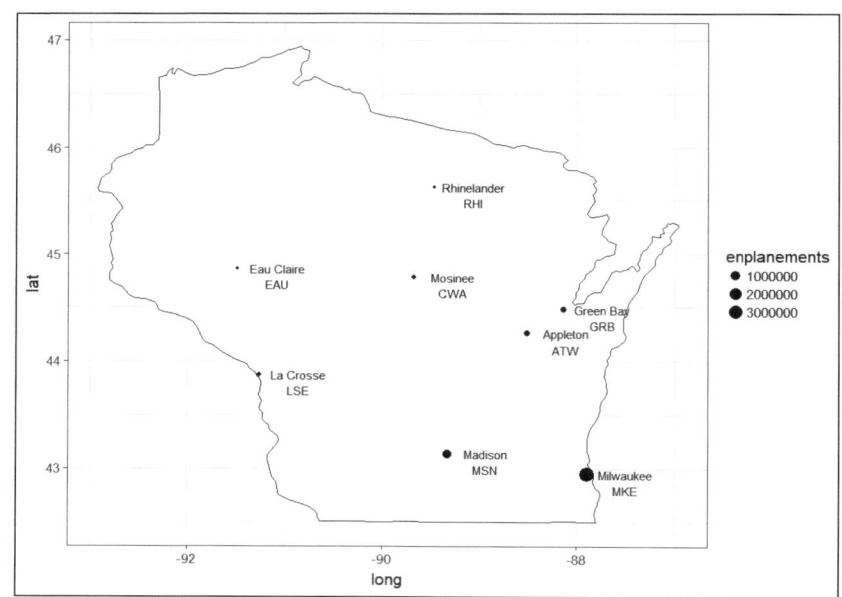

FIGURA 14-1: Os principais aeroportos de Wisconsin.

Na aba Packages, clique em Install para abrir a caixa de diálogo Install Packages. Nela, digite **maps** e clique no botão Install. Após o download do pacote, marque sua caixa de seleção na aba Packages. Siga as etapas necessárias para os outros dois pacotes.

Obtendo os dados geográficos do estado

Primeiro, você precisa recuperar os dados geográficos de Wisconsin. É um conjunto de latitudes e longitudes do mapa do estado. Isso acontece em duas etapas. A primeira é recuperar todos os dados para os Estados Unidos. As informações vêm do pacote `maps`. Uma função de ggplot2 chamada `map_data()` as coloca em um quadro de dados que `ggplot()` pode usar para criar um mapa:

```
states <- map_data("state")
```

Veja o quadro de dados:

```
> head(states)
       long      lat group order   region subregion
1 -87.46201 30.38968     1     1  alabama      <NA>
2 -87.48493 30.37249     1     2  alabama      <NA>
3 -87.52503 30.37249     1     3  alabama      <NA>
4 -87.53076 30.33239     1     4  alabama      <NA>
5 -87.57087 30.32665     1     5  alabama      <NA>
6 -87.58806 30.32665     1     6  alabama      <NA>
```

É possível usar o quadro de dados para desenhar um mapa contíguo dos Estados Unidos (como no Projeto Sugerido 2, mais adiante neste capítulo), mas agora você deve se preocupar apenas com Wisconsin, e esta é a segunda etapa:

```
Wisconsin <- subset(states, region == "wisconsin")
```

Obtendo os dados geográficos do aeroporto

Para recuperar os dados geográficos do aeroporto, você começa com uma lista dos aeroportos. A Wikipédia faz as honras (conteúdo em inglês):

```
https://en.wikipedia.org/wiki/List_of_airports_in_Wisconsin
```

Role a página da Wikipédia até a lista de aeroportos, como mostra a Figura 14-2. Ela também mostra as linhas e colunas selecionadas (a parte da tabela com os aeroportos principais). Pressione Ctrl+C para copiar as informações para a área de transferência.

City served	FAA	IATA	ICAO	Airport name	Role	Enpl.
				Commercial Service – Primary airports		
Appleton	ATW	ATW	KATW	Appleton International Airport	P-N	270,633
Eau Claire	EAU	EAU	KEAU	Chippewa Valley Regional Airport	P-N	21,304
Green Bay	GRB	GRB	KGRB	Green Bay–Austin Straubel International Airport	P-N	292,868
La Crosse	LSE	LSE	KLSE	La Crosse Regional Airport	P-N	94,047
Madison	MSN	MSN	KMSN	Dane County Regional Airport (Truax Field)	P-S	903,155
Milwaukee	MKE	MKE	KMKE	General Mitchell International Airport	P-M	3,327,536
Mosinee	CWA	CWA	KCWA	Central Wisconsin Airport	P-N	119,222
Rhinelander	RHI	RHI	KRHI	Rhinelander-Oneida County Airport	P-N	20,414

FIGURA 14-2: A página da Wikipédia dos aeroportos de Wisconsin, com os principais aeroportos selecionados.

Então, leia os dados em R:

```
wisc.airports <- read.csv("clipboard", header=FALSE, sep = "\t")
```

Em seguida, mantenha as colunas para City, FAA Abbreviation, Airport Name e Enplanements:

```
wisc.airports <- wisc.airports[,c(1,2,5,7)]
```

depois, nomeie-as assim:

```
colnames(wisc.airports) <- c("city","faa","airport","enplanements")
```

Aqui temos uma prévia dos dados:

```
> glimpse(wisc.airports,60)
Observations: 8
Variables: 4
$ city         <fctr> Appleton, Eau Claire, Green Bay, ...
$ faa          <fctr> ATW, EAU, GRB, LSE, MSN, MKE, CWA...
$ airport      <fctr> Appleton International Airport, C...
$ enplanements <fctr> 270,633, 21,304, 292,868, 94,047,...
```

Cada coluna é um fator. Para o que mostro como fazer depois, você precisa transformar os três primeiros em colunas de caracteres e o último em um número. Os três primeiros são fáceis:

```
wisc.airports$city <- as.character(wisc.airports$city)
wisc.airports$faa <- as.character(wisc.airports$faa)
wisc.airports$airport <- as.character(wisc.airports$airport)
```

O último é um pouco mais complicado. Primeiro, você precisa usar a função `gsub()` para remover a vírgula de cada entrada (sem substituir por nada), depois, transformar a entrada em um número:

```
wisc.airports$enplanements <- as.numeric(gsub(",","",wisc.
   airports$enplanements))
```

Para plotar os aeroportos, você precisa obter a latitude e a longitude de cada um. Uma função de `ggmaps` chamada `geocode()` faz isso. Nomeie o local e ele retornará a latitude e a longitude: Por exemplo,

```
> geocode("Statue of Liberty")
      lon      lat
1 -74.0445 40.68925
```

Muito legal, não é? (A função também responde com a URL da página da web de onde vem a informação; deixei isso fora do exemplo.)

Então, para aplicar essa função a `wisc.airports$airport`:

```
airport.info <-geocode(wisc.airports$airport)
```

Uma mensagem de erro indica que a função falhou no nome do aeroporto de Green Bay ("Aeroporto Internacional Austin Straubel – Green Bay") e `airport.info` fica assim:

```
> airport.info
        lon      lat
1 -88.51119 44.26029
2 -91.48222 44.86223
3        NA       NA
4 -91.26390 43.87526
5 -89.33641 43.13907
6 -87.89665 42.94755
7 -89.67268 44.78420
8 -89.46387 45.62621
```

Para preencher as lacunas, tente um nome diferente para o Aeroporto de Green Bay:

```
GB <- geocode("Green Bay Airport")
```

```
> GB
        lon      lat
1 -88.13439 44.48336
```

E, agora, o código preenche as lacunas:

```
airport.info[3,] <- GB[1,]
```

A etapa final é vincular `airport.info` a `wisc.airports`:

```
wisc.airports <- cbind(wisc.airports, airport.info)
```

Aqui está o resultado (sem a coluna 3, para que caiba perfeitamente na página):

```
> wisc.airports[,-3]
         city faa enplanements       lon      lat
1    Appleton ATW        270633 -88.51119 44.26029
2  Eau Claire EAU         21304 -91.48222 44.86223
3   Green Bay GRB        292868 -88.13439 44.48336
4   La Crosse LSE         94047 -91.26390 43.87526
5     Madison MSN        903155 -89.33641 43.13907
6   Milwaukee MKE       3327536 -87.89665 42.94755
7     Mosinee CWA        119222 -89.67268 44.78420
8  Rhinelander RHI        20414 -89.46387 45.62621
```

Plotando os aeroportos no mapa estadual

Agora você pode usar `Wisconsin` e `wisc.airports` para plotar o mapa na Figura 14-1.

Comece com `ggplot()`:

```
ggplot(data = Wisconsin, aes(x=long,y=lat)) +
```

O primeiro argumento são os dados geográficos que permitem plotar o mapa de Wisconsin e o segundo são os mapeamentos estéticos de longitude para o eixo *x* e latitude para o eixo *y*.

A próxima linha traça o mapa como um polígono com borda preta e preenchimento branco:

```
geom_polygon(color = "black", fill="white") +
```

As próximas três linhas adicionam os pontos, os nomes das cidades e as abreviaturas dos aeroportos da FAA. A fonte de dados para cada um deles é o quadro de dados `wisc.airports`. Para estes pontos

```
geom_point(data=wisc.airports,aes(x=lon, y=lat, size=enplanements))
   +
```

você deve observar que a longitude no quadro de dados é `lon`, e não `long` como no quadro de dados `Wisconsin`.

Para os nomes das cidades e as abreviaturas da FAA:

```
geom_text(data=wisc.airports, aes(x=lon +.40, y=lat, label=city))+
geom_text(data=wisc.airports, aes(x=lon +.40, y=lat-.15,
  label=faa))
```

LEMBRE-SE Os números de posicionamento são resultado de testes com valores diferentes. Seus números ideais podem ser diferentes, dependendo da resolução de sua tela.

Aqui está todo o fragmento de código que produz a Figura 14-1:

```
ggplot(data = Wisconsin, aes(x=long,y=lat)) +
  geom_polygon(color = "black", fill="white") +
  geom_point(data=wisc.airports,aes(x=lon, y=lat, size=enplanements)) +
  geom_text(data=wisc.airports, aes(x=lon +.40, y=lat, label=city)) +
  geom_text(data=wisc.airports, aes(x=lon +.40, y=lat-.15, label=faa))
```

Projeto Rápido Sugerido: Outra fonte de informações geográficas do aeroporto

Você usa a função `geocode()` para encontrar a latitude e a longitude de cada aeroporto. Consegue pensar em outra maneira de obter essas informações? Talvez em um quadro de dados que você possa ter lido no Capítulo 13? Talvez usando `merge()`?

Projeto Sugerido 1: Mapeie Outros Estados

Quais outros estados você conhece? Que tal um mapa dos aeroportos em outros estados dos EUA, como aquele que ensinei a fazer para Wisconsin?

DICA

Esse quadro de dados do pacote `maps` não tem latitudes nem longitudes para o 49º e o 50º estados. Então, se gostaria de fazer para o Alasca ou o Havaí, terá que escolher outro estado.

Use a função `map_data()` junto com `subset()` para mapear seu estado escolhido. Você precisará das informações da Wikipédia sobre aeroportos do estado e `geocode()` para obter as latitudes e longitudes do aeroporto. Então, teste a sorte com `ggplot()`.

Se escolher em Nova York, Virgínia, Michigan, Massachusetts, Carolina do Norte ou o estado de Washington, leia o próximo Projeto Sugerido antes de começar.

Projeto Sugerido 2: Mapeie o País

Anteriormente, mencionei que este código

```
states <- map_data("state")
```

é a base para o mapeamento contíguo dos EUA. O projeto faz exatamente isso.

Primeiro, o mapa dos EUA. Com base no que já mostrei, deve ser bem simples, certo? Este código produz a Figura 14-3:

```
ggplot(data = states, aes(long,y=lat)) +
   geom_polygon(color = "black", fill="white")
```

Embora seja verdade que essa terra foi feita para todos nós, o que são todas aquelas linhas cruzadas da Califórnia até a ilha de Nova York e da Floresta de Redwood até as águas do Golfo? E além?

A função `geom_polygon()` usa todas as informações de latitude e longitude para desenhar um grande polígono.

Mas os EUA não são apenas uma grande forma com uma única borda ao redor. Os nova-iorquinos sabem que a cidade de Nova York (com exceção do Bronx) não está conectada por terra ao resto do Estado. Os cidadãos de Virgínia, Michigan, Massachusetts, Carolina do Norte e Washington sabem que a geografia de seus Estados não pode ser capturada usando uma única linha de demarcação; caso contrário, a pobre ilha Martha's Vineyard ficaria de fora.

FIGURA 14-3: Os 48 Estados contíguos, com alguns extras indesejados.

Assim, um estado (e, claro, o país) pode consistir em mais de um grupo. A coluna `group` em `states` captura isso. Nova York tem quatro. Quantos existem nos Estados Unidos contíguos?

```
> length(unique(states$group))
[1] 63
```

Certo, 63 então. Quantos existem no seu estado escolhido?

As linhas extras mostradas na Figura 14-3 conectam todos os pontos em um grande polígono, independentemente do grupo no qual estão. Para desenhar todos os 63 grupos como grupos separados, você deve fornecer uma estética group a geom_polygon():

```
geom_polygon(color = "black", fill="white",group=states$group)
```

Este código desenha o mapa corretamente, como mostra a Figura 14-4:

```
ggplot(data = states, aes(long,y=lat)) +
   geom_polygon(color = "black", fill="white",group=states$group)
```

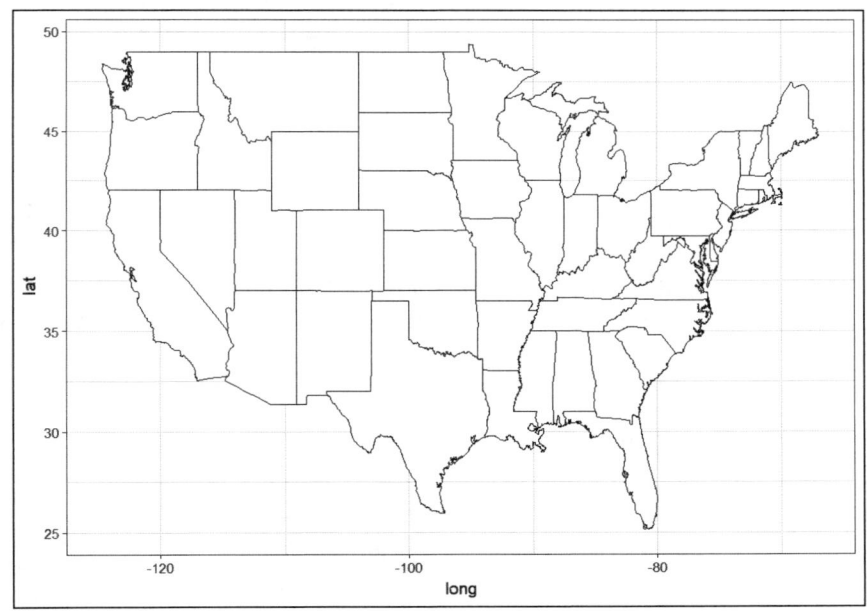

FIGURA 14-4: Os 48 estados contíguos dos EUA.

Plotando as capitais do estado

O produto final deste mapa se parece com a Figura 14-5. Os pontos mostram as localizações das capitais e o tamanho de cada ponto representa a população.

Na resolução de tela que uso para criar imagens, fica bem espremido. Para diminuir esse efeito, removi a legenda que explica o tamanho dos pontos. Você não precisará fazer isso porque a imagem provavelmente ficará melhor em sua tela.

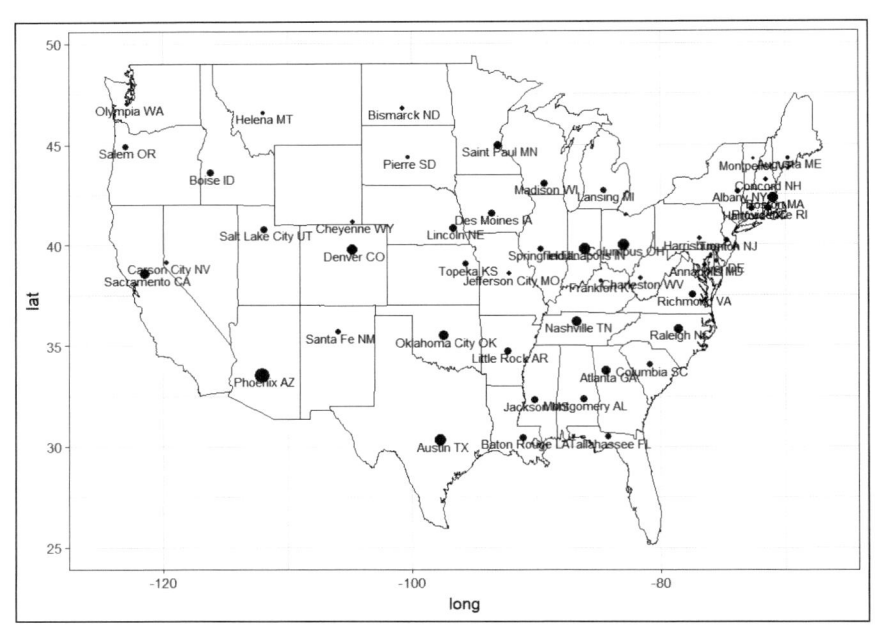

FIGURA 14-5:
As capitais dos estados americanos.

De onde vêm as latitudes e longitudes? O pacote `maps` tem um conjunto de dados chamado `us.cities`. Para começar a usá-lo, utilize a função `data()`.

```
data(us.cities)
```

O quadro de dados fica assim:

```
> head(us.cities)
       name country.etc    pop   lat    long capital
1 Abilene TX          TX 113888 32.45  -99.74       0
2   Akron OH          OH 206634 41.08  -81.52       0
3 Alameda CA          CA  70069 37.77 -122.26       0
4  Albany GA          GA  75510 31.58  -84.18       0
5  Albany NY          NY  93576 42.67  -73.80       2
6  Albany OR          OR  45535 44.62 -123.09       0
```

Um valor 2 na coluna `capital` representa uma capital do estado, como é o caso de Albany, Nova York. Use esse indicador para criar um subconjunto de capitais do estado. Quando fizer isso, elimine os dois que não estão nos 48 estados contíguos.

Agora é com você.

Plotando os aeroportos

A Figura 14-6 mostra o mapa final para este caso. Ele plota os locais dos aeroportos nos 48 estados contíguos. Adicionar abreviações da FAA e outras informações apenas ficaria desorganizado, mas você pode experimentar, se quiser. (Não se incomode com os embarques.)

Onde você conseguirá as latitudes e as longitudes? Se já viu o Projeto Rápido Sugerido anterior, sabe que a resposta vem do Capítulo 13.

Além disso, é preciso criar um subconjunto dos dados que estão nos 48 estados contíguos. Os limites de latitude e longitude farão isso por você. Quais são esses limites? A Figura 14-6 ajuda-o a encontrá-los. Use a borda inferior da imagem para determinar as longitudes mais a Leste e a Oeste. Em seguida, use a borda esquerda para determinar as latitudes mais ao Norte e ao Sul.

Boa sorte!

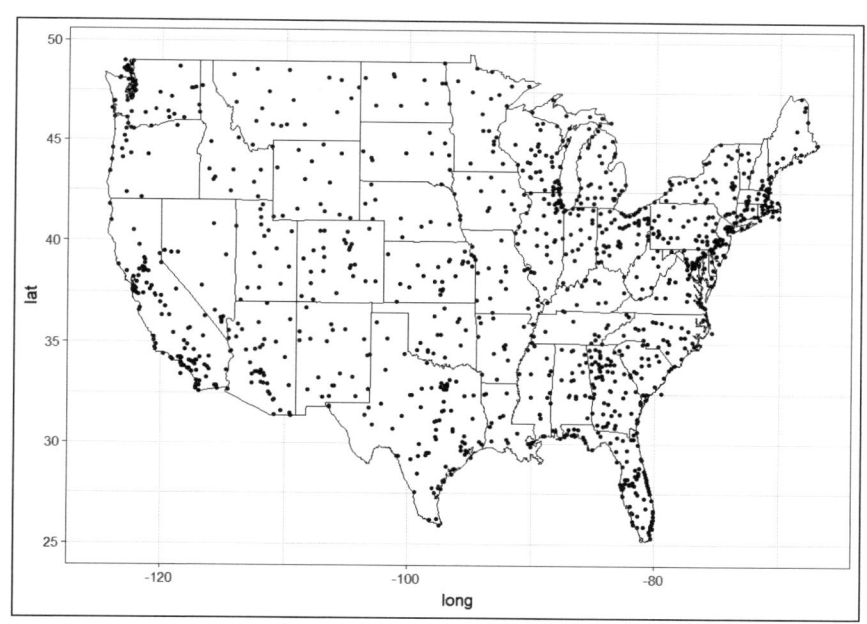

FIGURA 14-6: Os locais dos aeroportos nos Estados Unidos contínuos.

> **NESTE CAPÍTULO**
>
> » Explorando o pacote magick
>
> » Transformando imagens
>
> » Trabalhando com imagens animadas
>
> » Combinando imagens estáticas e animações

Capítulo **15**

Diversão com Imagens

R não é conhecido como uma linguagem de processamento de imagens, mas suas funções nesse campo, como em outros, estão sendo ampliadas o tempo todo. Para começar com o processamento de imagens, mostrarei o pacote magick, para manipular, modificar e combinar imagens.

Dando Acabamento a uma Imagem: É magick!

O pacote magick é um desenvolvimento recente em R, projetado para facilitar a vida de quem deseja processar imagens. Na aba Packages, clique em Install para abrir a caixa de diálogo Install Packages. Nela, digite **magick** e clique no botão Install. Quando o download do pacote terminar, marque sua caixa de seleção na aba Packages.

Veja um bom lugar para encontrar uma imagem para trabalhar: www.connectmyapps.com/Dummies (conteúdo em inglês). Essa URL tem um link para a página da web que se parece com a Figura 15-1.

Eu digo "parece" porque a resolução da sua tela é, sem dúvida, melhor do que a resolução que preciso usar para criar as capturas de tela. A página da web ficará melhor em sua tela.

De qualquer forma, esse logotipo da Para Leigos é a imagem com a qual trabalho, portanto, veja como fazer o download. Clique com o botão direito do mouse no logotipo (não na foto do livro) e selecione Salvar Imagem Como no menu exibido. Salvo na minha pasta `Documentos`, que também é meu diretório de trabalho para R. A imagem se chama `dummiesman02` e está no formato PNG (Portable Network Graphics).

FIGURA 15-1: Parte de www. connect myapps. com/ Dummies.

Lendo a imagem

Você começa lendo a imagem em R e transformando-a em um objeto de `magick` chamado `dummy`:

```
dummy <- image_read("dummiesman02.png")
```

O que existe no objeto?

```
> print(dummy)
  format width height colorspace filesize
1    PNG   827   1097       sRGB    46040
```

A Figura 15-2 mostra que, além dessas informações da imagem, ela aparece na aba Viewer.

Obviamente, é muito grande para qualquer uso. Para redimensioná-la, use `image_resize()`:

```
dummy <-image_resize(dummy, "206x274")
```

A função `print(dummy)` agora produz o que você vê na Figura 15-3:

FIGURA 15-2:
O objeto `dummy` de `magick` na aba Viewer do RStudio.

FIGURA 15-3:
O dummy redimensionado.

Girando, virando e mexendo

Agora que você tem um objeto de `magick`, pode transformá-lo de várias maneiras.

A Figura 15-4 mostra o resultado de girar a imagem em 45 graus:

```
image_rotate(dummy, 45)
```

girar em um eixo horizontal (também conhecido como *inverter*):

```
image_flip(dummy)
```

e girar em um eixo vertical (também conhecido como *mudar de lado*):

```
image_flop(dummy)
```

FIGURA 15-4: Girando, invertendo e mudando de lado uma imagem.

Girar em 45° Inverter Mudar de lado

Adicionando notas

Você pode adicionar texto a uma imagem de algumas formas. O código a seguir resulta no que você vê no lado esquerdo da Figura 15-5:

```
image_annotate(dummy, "I'm smart", size = 50, gravity = "southwest",
    color = "gray80")
```

O lado direito dela mostra o produto deste código:

```
image_annotate(dummy, "The magick of R", size = 20, color = "gray40",
            boxcolor = "gray90", degrees = 40, location =
    "+40+150")
```

Observe que as coordenadas de location (o ponto inicial da caixa de texto) estão em uma string. Isso é chamado de *string de geometria*.

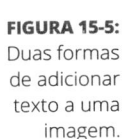

FIGURA 15-5: Duas formas de adicionar texto a uma imagem.

Sou esperto Magick do R

Combinando transformações

Nesta seção, mudo de lado, giro, coloco um plano de fundo cinza claro e uma borda cinza mais escura na imagem. O `magick` fornece duas maneiras de combinar essas transformações.

A primeira (encadeada com chained) funciona assim:

```
chained.dummy <- image_flop(dummy)
chained.dummy <- image_rotate(chained.dummy, 90)
chained.dummy <- image_background(chained.dummy, "gray90", flatten =
   TRUE)
chained.dummy <- image_border(chained.dummy, "gray50", "10x10")
```

A segunda (conectada com piped) usa `%>%` (o operador *pipe*), que descrevo como usar no Capítulo 13. Com o pacote `tidyverse` carregado, veja como fica o código:

```
piped.dummy <- image_flop(dummy) %>%
   image_rotate(90) %>%
   image_background("gray90", flatten = TRUE) %>%
   image_border("gray50", "10x10")
```

A segunda forma parece um pouco mais fácil de seguir.

Nos dois casos, usamos `flatten = TRUE`. E o que é isso? Cada imagem, o boneco da série Para Leigos e o fundo, está em uma camada. O achatamento combina-os em uma única imagem que tem o tamanho da primeira imagem.

De qualquer maneira que você codificá-lo, o resultado é mostrado na Figura 15-6.

FIGURA 15-6: Combinando as transformações de imagem.

Projeto Rápido Sugerido: Três modos

É preciso amar a terminologia: primeiro você mudou de lado e agora, achatou. Como ficará se inverter, mudar de lado e achatar? Tente imaginar, depois, verifique.

Combinando imagens

Além de combinar transformações, o `magick` pode combinar imagens. A Figura 15-7 mostra o boneco apontando para o conjunto de dados `iris` que descrevo como usar em muitos capítulos anteriores.

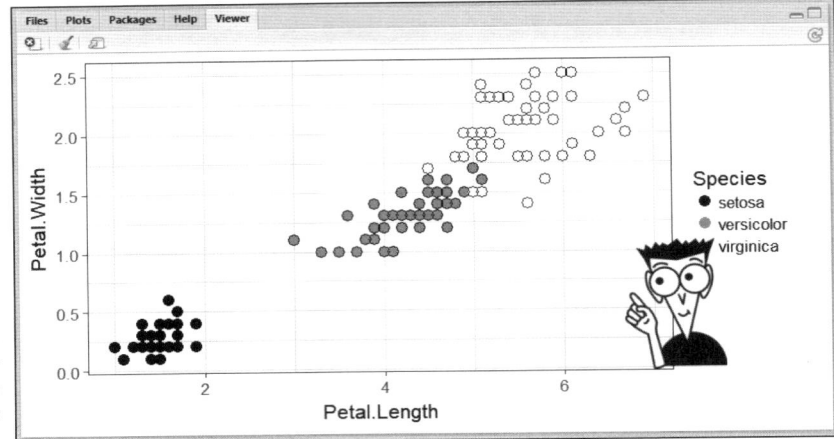

FIGURA 15-7:
O boneco da Para Leigos, apontando para o conjunto de dados `iris`.

Para que isso aconteça, você precisa de uma imagem menor do boneco:

```
little.dummy <- image_resize(dummy, "103x186")
```

Em seguida, precisa de uma imagem do gráfico do conjunto de dados iris. Apenas a título de recordação, são quatro medições de 150 íris, com 50 para cada uma das três espécies. As medidas são o comprimento e a largura das sépalas e das pétalas, e o gráfico na Figura 15-7 mostra a largura e o comprimento da pétala.

Veja como salvar uma imagem do gráfico:

```
ggplot(iris, aes(x=Petal.Length,y=Petal.Width, color=Species))+
    geom_point(size=4)+
    scale_color_manual(values=c("grey0","grey65","grey100"))+
    geom_point(shape=1,size=4,color="black")+
    ggsave("irisplot",device="png",scale=.8)
```

Em um box no Capítulo 10 ("Plotando as íris"), explico as quatro primeiras linhas. A única nova linha que temos aqui é a quinta: a função `ggsave()` salva o gráfico em um arquivo PNG chamado `iris.plot`, com 80% do tamanho original do gráfico.

Você se refere ao gráfico como `background` e usa `image_backgroud()` para fazer isso:

```
background <- image_background(iris_plot, "white")
```

Usa a função `image.composite()` de `magick` para juntar `background` com `little.dummy` e produzir a Figura 15-7:

```
image_composite(image=background, composite_image=image_flop(little.
    dummy),    offset = "+615+200")
```

O argumento `offset` muda de lado a imagem `little.dummy`. As informações de posicionamento estão em uma string geométrica. Pense no canto superior esquerdo como a origem (0,0). Para a direita (a primeira coordenada) é positivo e para baixo é positivo também. Então, são 615 pixels para a direita e 200 pixels para baixo a partir do canto superior esquerdo.

Animando

`magick` não trabalha só com imagens estáticas. A animação, na verdade, é uma grande parte deste pacote. A Figura 15-8 mostra um giroscópio. Ao abrirmos no visor, ele está girando.

FIGURA 15-8: Este GIF de giroscópio gira sempre que é aberto na aba Viewer.

A imagem vem desta URL (conteúdo em inglês):

```
https://commons.wikimedia.org/wiki/File:Gyroscope_precession.
    gif - /media/File:Gyroscope_precession.gif
```

CAPÍTULO 15 **Diversão com Imagens** 309

Clique com o botão direito do mouse na imagem, selecione Salvar Imagem Como no menu exibido e salve na pasta Documentos sob o nome determinado: Gyroscopic_precession. Este código o torna um objeto de magick:

```
gyroscope <- image_read("Gyroscope_precession.gif")
```

Este comando

```
print(gyroscope)
```

coloca-o no visor e imprime 30 linhas na janela Console, indicando que o gif consiste de 30 quadros. Cada quadro, claro, é uma imagem .gif com uma visão ligeiramente diferente do giroscópio. Colocar cada quadro na tela em uma rápida sucessão dá a ilusão de animação.

Este comando

```
rev(gyroscope)
```

inverte a direção da rotação.

Fazendo suas próprias transformações

Você pode criar suas próprias animações. Uma possibilidade é fazer com que uma imagem pareça gradualmente se tornar outra. Isso é chamado de *transformação* e a função de magick que faz isso é chamada image_morph().

Um bom exemplo é um boneco da Para Leigos que encolhe:

```
shrinking.dummy <- image_morph(c(dummy,little.dummy), frames=20)
```

O primeiro argumento é um vetor de duas imagens. A primeira se transformará na segunda. O segundo argumento é o número de quadros entre duas imagens. A função cria esses quadros para você. (Como acontece? Bem... é Magick.)

A função image_animate() coloca a animação na janela Viewer:

```
image_animate(shrinking.dummy, loop = 10)
```

O argumento loop especifica quantas vezes mostrar a animação. Sem esse argumento, fica mostrando continuamente.

Eu não posso mostrar a transformação em uma imagem, claro. Você precisa tentar sozinho!

Projeto: Duas Lendas em Busca de uma Legenda

Mostrei a você imagens paradas, imagens animadas e imagens estáticas combinadas. Este projeto guia você na próxima etapa: combinar uma imagem com uma imagem animada.

A Figura 15-9 mostra o produto final, ou seja, o gráfico do conjunto de dados `iris` com os ícones dos comediantes o Gordo e o Magro posicionados em frente à legenda. Quando você abre essa imagem combinada no Viewer, vê o Gordo e o Magro dançando como loucos. (Eles não estão bem loucos, mas acho que você entendeu.)

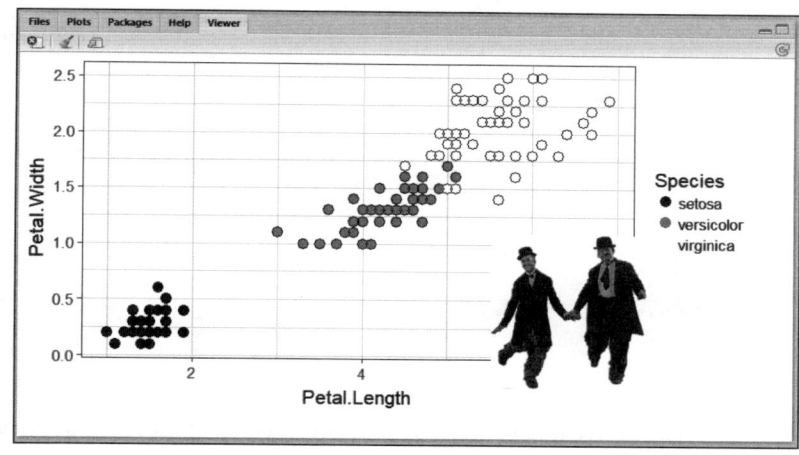

FIGURA 15-9: O Gordo e o Magro, dançando na frente da lenda no gráfico `iris`.

Pegando o Gordo e o Magro

O GIF de o Gordo e o Magro está em `www.animatedimages.org/img-animated-dancing-image-0243-79244.htm` (conteúdo em inglês). Clique com o botão direito na imagem e selecione Salvar Imagem Como no menu exibido. Salve como `animated-dancing-image-0243` na pasta `Documentos`.

Então, leia em R:

```
l_and_h <- image_read("animated-dancing-image-0243.gif")
```

Aplicar a função `length()` em `l_and_h`

```
> length(l_and_h)
[1] 10
```

indica que o GIF consiste em dez quadros.

> **DICA**
>
> Para dar um toque diferente, deixe o fundo do GIF transparente antes que `image_read()` faça seu trabalho. O editor de imagem online gratuito em `www.online-image-editor.com` (conteúdo em inglês) faz isso muito bem.

Combinando os rapazes com o fundo

Se você usar a técnica de combinação de imagens da seção anterior, o código ficará assim:

```
image_composite(image=background, composite_image=l_and_h, offset =
   "+510+200")
```

A imagem produzida se parece com a Figura 15-9, mas com um problema: os rapazes não estão dançando. Por quê?

A razão é que `image_composite()` combinou o `blackground` com apenas o primeiro quadro de `l_and_h`, não com todos os dez. É exatamente como se você tivesse executado

```
image_composite(image=background, composite_image=l_and_h[1],
         offset = "+510+200")
```

A função `length()` verifica isso:

```
> length(image_composite(image=background, composite_image=l_and_h,
         offset = "+510+200"))
[1] 1
```

Se todos os dez quadros estivessem envolvidos, a função `length()` teria retornado 10.

Para fazer de forma correta, você precisa de uma função de `magick` chamada `image_apply()`, da qual falarei a seguir.

Explicando image_apply()

Para que você compreenda completamente como essa importante função opera, vou fugir um pouco do assunto e descrever uma função análoga chamada `lapply()`.

Se quiser aplicar uma função (como `mean()`) às variáveis de um quadro de dados, como `iris`, uma maneira de fazer isso é com um loop `for`: comece com a primeira coluna e calcule sua média, vá para a próxima coluna e calcule sua média, e assim por diante até calcular todas as médias das colunas.

Por motivos técnicos, é mais rápido e eficiente usar `lapply()` para aplicar `mean()` a todas as variáveis:

```
> lapply(iris, mean)
$Sepal.Length
[1] 5.843333

$Sepal.Width
[1] 3.057333

$Petal.Length
[1] 3.758

$Petal.Width
[1] 1.199333

$Species
[1] NA
```

Uma mensagem de aviso aparece com essa última, mas tudo bem.

Outra forma de escrever `lapply(iris, mean)` é `lapply(iris, function(x) {mean(x)})`.

Essa segunda forma vem a calhar quando a função fica mais complicada. Se, por algum motivo, você quiser o quadrado do valor de cada pontuação no conjunto de dados, multiplicar o resultado por três, em seguida, calcular a média de cada coluna, veja como codificar:

```
lapply(iris, function(x){mean(3*(x^2))})
```

De maneira semelhante, `image_apply()` aplica uma função a cada quadro em um GIF animado. Neste projeto, a função aplicada a cada quadro é `image_composite()`:

```
function(frame){image_composite(image=background, composite_
   image=frame, offset = "+510+200")}
```

Então, dentro de `image_apply()`, seria

```
frames <- image_apply(image=l_and_h, function(frame) {
  image_composite(image=background, composite_image=frame, offset =
  "+510+200")
})
```

Depois de executar o código, `length(frames)` verifica os dez quadros:

```
> length(frames)
[1] 10
```

Voltando para a animação

A função `image_animate()` coloca tudo em movimento a dez quadros por segundo:

```
animation <- image_animate(frames, fps = 10)
```

Para colocar a exibição na tela, usamos

```
print(animation)
```

Tudo junto agora:

```
l_and_h <- image_read("animated-dancing-image-0243.gif")
background <- image_background(iris_plot, "white)

frames <- image_apply(image=l_and_h, function(frame) {
  image_composite(image=background, composite_image=frame, offset =
    "+510+200")
})

animation <- image_animate(frames, fps = 10)
print(animation)
```

E esse é o código da Figura 15-9.

Mais uma coisa. A função `image_write()` salva a animação como um pequeno GIF reutilizável:

```
image_write(animation, "LHirises.gif")
```

Projeto Sugerido: Combinando uma Animação com um Gráfico

Este Projeto Sugerido consiste em replicar o projeto anterior, mas com um plano de fundo e um GIF animado diferentes. Qual gráfico? Qual GIF? Você decide.

Uma possibilidade é usar um mapa do Capítulo 14 como plano de fundo. (Talvez seja um mapa que você desenvolveu na seção "Projeto Sugerido" do Capítulo 14.) Em seguida, pesquise na web por um GIF animado. Como a maioria dos mapas do Capítulo 14 lida com aeroportos, você pode procurar um GIF de um avião e colocá-lo em seu mapa. Você encontrará muitos aviões animados aqui (role até o final da página — conteúdo em inglês):

```
http://bestanimations.com/Transport/Aircraft/Aircraft.html
```

Finalmente, use as funções de `magick` para juntar seu plano de fundo e animação, em seguida, use `image_write()` para salvar como um GIF.

Se você decidir usar o mapa do aeroporto de Wisconsin como fundo e `Jumbo-05-june.gif` em `bestanimations.com`, e então salvar seu trabalho como um GIF, ele ficará como a Figura 15-10.

Boa sorte!

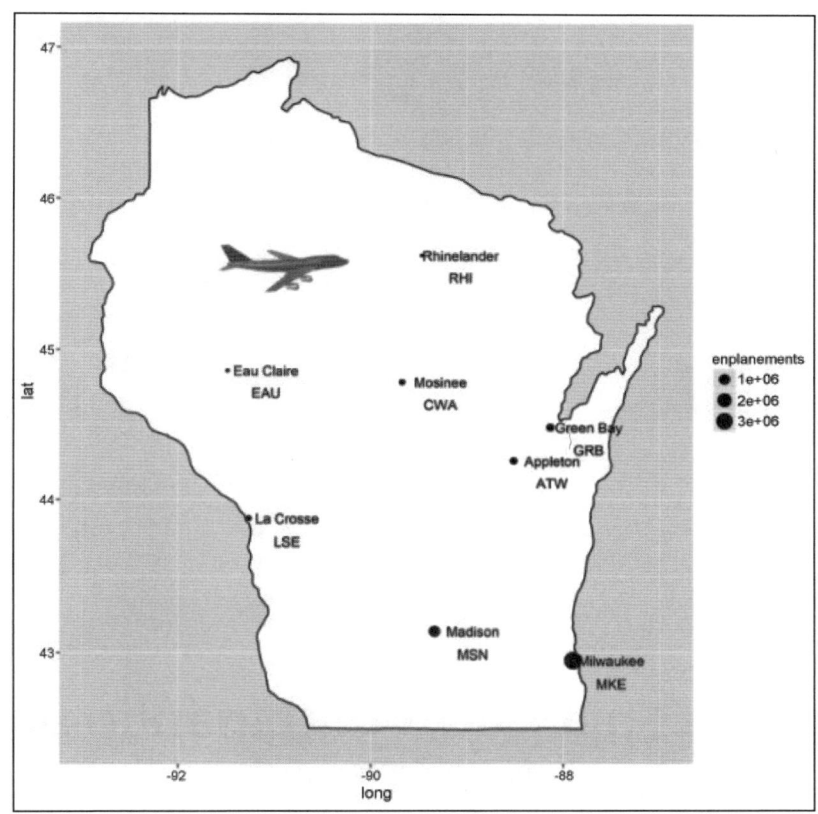

FIGURA 15-10: Os aeroportos de Wisconsin, com um plane. PE e fundo: apagamos isso depois da legenda, certo?

PARTE 5 **Mapas e Imagens**

6
A Parte dos Dez

NESTA PARTE . . .

Descubra pacotes de R úteis para seus projetos.

Conheça livros e sites para obter mais informações.

> **NESTE CAPÍTULO**
> » Pacotes de aprendizado de máquina
> » Pacotes da base de dados
> » Pacotes para mapas e imagens
> » Pacotes de análise de texto

Capítulo **16**

Mais de Dez Pacotes para Projetos em R

Os projetos mencionados neste livro são veículos para aprimorar seu conjunto de habilidades. Esses projetos dependem de pacotes em R especializados para os tópicos analisados. Neste capítulo, veremos alguns pacotes que podem servir como base para projetos adicionais e aprimorar ainda mais suas habilidades em R.

Esses pacotes abordam as áreas de assunto vistas neste livro e uma área que eu não mencionei.

Aprendizado de Máquina

O objetivo do pacote caret é facilitar o trabalho com o aprendizado de máquina. Consistente com a notação de fórmula R, sua sintaxe simples está relacionada a diversos métodos de aprendizado de máquina. Além disso, o pacote oferece muitos conjuntos de dados para teste. Se este livro fosse sobre a variedade de aprendizados de máquina, eu incluiria esse pacote. (Na verdade, poderia cobrir *apenas* este pacote.)

Como o próprio nome indica, o pacote `neuralnet` tem tudo a ver com redes neurais. Ele vai além do `nnet` (o pacote com o qual o `Rattle` faz interface) ao permitir mais de uma camada oculta e fornecer uma função integrada para a visualização da rede treinada.

Por falar em `Rattle`, vale a pena ver de novo um dos pacotes com os quais ele faz interface. O pacote `e1071`, que o `rattle` usa para as máquinas de vetores de suporte (veja o Capítulo 9), fornece várias funções para outros tipos de aprendizado de máquina, incluindo vários tipos de análise de cluster.

Bases de Dados

Se você trabalha com grandes conjuntos de dados (por exemplo, cerca de 100 GB em RAM), o pacote `data.table` é o ideal. Sua sintaxe é projetada para minimizar o tempo de codificação para operações como subconjuntos, seleção, junção e muito mais.

O pacote `gdata` tem várias funções para a manipulação de dados, desde a conversão de unidades médicas até a retirada de componentes de objetos de data e hora. Você também encontrará funções para manipular strings de texto, trabalhar com planilhas do Excel e unir quadros de dados. E isso é só uma pincelada.

Mapas

Se você for além do mapeamento mencionado no Capítulo 14, considere o pacote `GEOmap`. As funções dele executam mapeamentos topográficos e geológicos bastante avançados. Você também pode testar suas habilidades de manipulação de dados grandes (e talvez usar `data.table`) em seu quadro de dados `EHB.LLZ`, que fornece latitude, longitude e profundidade de 119.000 terremotos.

Como o `GEOmap` funciona? Muito bem, obrigado. Embora seu tema seja avançado, a sintaxe é direta. Para ver um mapa, sei lá, do mundo inteiro, você deve usar:

```
data(worldmap)
plotworldmap(worldmap)
```

O resultado é o exibido na Figura 16-1. Esses números na parte inferior provavelmente ficarão melhores em sua tela.

Para sobrepor topografia e geologia, as funções do `GEOmap` trabalham com dados do pacote `geomapdata`.

Tudo bem, topografia e geologia podem não ser sua praia. Em vez disso, você tem interesse em plotar mapas que mostram a distribuição geográfica de um atributo específico, como chuva, atendimento odontológico ou propriedade de carros. Então, considere o pacote `tmap`. Com operação semelhante ao `ggplot`, suas funções permitem criar mapas temáticos coloridos e informativos. Apenas para começar, a Figura 16-2 mostra como a função `qtm()` de `tmap` mapeia o mundo:

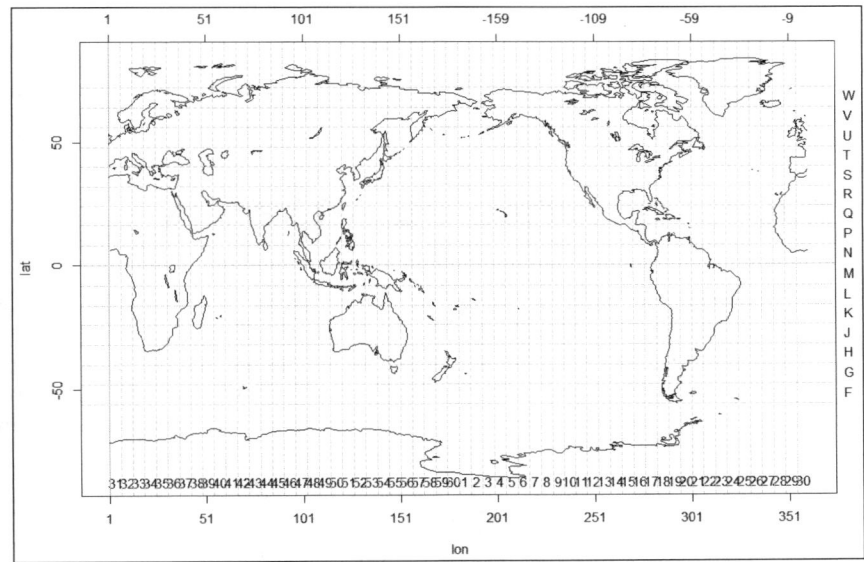

```
data(World)
qtm(World)
```

FIGURA 16-1: O mundo, conforme mapeado pela função plot-world-map() de GEOmap.

Se estiver procurando dados relacionados ao mapa para plotar, encontrará um pouco disso no pacote `maps`. Um conjunto de dados tem latitude, longitude e população das cidades canadenses. No Capítulo 14, como você deve lembrar, uso o conjunto de dados `maps` análogo para as cidades dos EUA. Outro conjunto de dados nesse pacote contém informações sobre cidades em todo o mundo. Outros conjuntos de dados ainda fornecem informações sobre a concentração de ozônio em 41 cidades dos EUA e o desemprego nos municípios americanos.

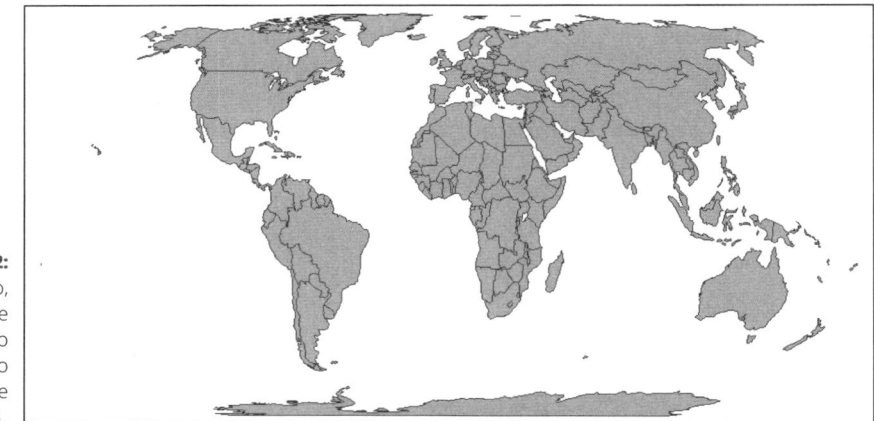

FIGURA 16-2: O mundo, conforme mapeado pela função `tmap` de `qtm()`.

Processamento de Imagens

Se gostou de todas as coisas que o `magick` faz com imagens, dê uma olhada no que o `imager` faz com fotografias. Esse pacote dá aos programadores R acesso a uma biblioteca de processamento de imagem baseada em C ++ chamada CImage. O alcance das funções do `imager` é extenso. Uma página em preto e branco realmente não faz justiça a tudo isso, portanto, terá que acreditar em mim.

Análise de Texto

Análise de texto, um tópico que não abordo neste livro, é o processo de extrair informações do texto que um computador pode processar. É meio como tentar encontrar a ordem no caos da linguagem escrita. Em outras palavras, esse processo transforma documentos não estruturados em conjuntos de dados estruturados.

Como mapas e processamento de imagens, R não é conhecido como uma linguagem para a análise de texto. Mas como essas duas áreas, as capacidades de R nesse campo estão em constante desenvolvimento. Aqui temos dois pacotes que promovem essa expansão:

» `koRpus`: Esse pacote pode analisar a legibilidade de um texto, suas *frequências* de palavras (quantas vezes cada palavra aparece no texto) e sua diversidade *lexical* (quantas palavras únicas existem nele). A primeira coisa que um analisador de texto precisa fazer é chamada *tokenização* do texto. É o processo de identificar cada palavra e sua parte do discurso (substantivo, verbo etc.), possibilitando a análise estatística do texto. Para tokenizar corretamente, é preciso instalar outro software (não R). Se quiser apenas distinguir palavras e números, o `koRplus` tem uma função `tokenize()` incorporada.

» `SentimentAnalysis`: A *análise de sentimentos* eleva a análise de texto a outro nível: esse tipo de análise extrai atitudes e emoções do texto. O pacote apropriadamente chamado `SentimentAnalysis` fornece funções para fazer exatamente isso. Suas funções usam dicionários internos para decidir se um texto é positivo ou negativo.

Temos aqui um exemplo para mostrar como a análise de texto funciona:

> As pessoas estão conhecendo cada dia mais o R, pois grandes instituições estão adotando-o como padrão. Parte de seu apelo é que é uma ferramenta gratuita que toma o lugar de pacotes de software estatísticos caros que, por vezes, levam muito tempo para serem aprendidos. Além disso, o R permite que o usuário realize análises estatísticas complexas simplesmente digitando alguns comandos, tornando análises sofisticadas disponíveis e compreensíveis para um público amplo.

Esta passagem foi retirada do material promocional de um livro. Se bem me lembro, o livro é intitulado *Análise Estatística com R Para Leigos*, mas posso estar enganado.

Armazeno as frases como um vetor de três strings em um objeto chamado `statrfd`. A seguir, uso a função `analyzeSentiment()` para analisar:

```
sentiment <- analyzeSentiment(statrfd)
```

O resultado é uma lista com várias propriedades. A propriedade `$SentimentGI` mostra isso:

```
> sentiment$SentimentGI
[1] 0.3333333 0.1176471 0.1764706
```

Os três números positivos indicam que cada frase expressa um sentimento positivo. Só para confirmar:

```
> convertToDirection(sentiment$SentimentGI)
[1] positive positive positive
Levels: negative neutral positive
```

Experimente isso em algumas frases suas!

> **DICA**
>
> Os desenvolvedores continuam adicionando novos pacotes à CRAN (Comprehensive R Archive Network). Para pesquisar pacotes que podem ser de seu interesse na CRAN, acesse www.rdocumentation.org/ (conteúdo em inglês).

PARTE 6 **A Parte dos Dez**

> **NESTE CAPÍTULO**
> » Recursos relacionados ao shiny
> » Livros e sites sobre aprendizado de máquina
> » Recursos para bases de dados, mapas e imagens

Capítulo **17**

Mais de Dez Recursos Úteis

Neste capítulo, indico livros e sites que ajudam a aprender mais sobre as áreas que cubro neste livro. Ao invés de dividir a informação entre sites e livros, achei que seria melhor organizar por tópicos:

Sem mais delongas...

Interagindo com Usuários

Se você quiser se aprofundar nos aplicativos R que interagem com os usuários, comece com este tutorial do `shiny`, de Garrett Grolemund (conteúdo em inglês):

```
https://shiny.rstudio.com/tutorial
```

Para ver um livro útil sobre o assunto, considere a leitura de *Web Application Development with R Using Shiny*, 2ª Edition, de Chris Beeley.

Aprendizado de Máquina

Para saber tudo sobre as coisas relacionadas a `Rattle`, vá diretamente à fonte: o criador do `Rattle`, Graham Williams, escreveu *Data Mining with Rattle and R: The Art of Excavating Data for Knowledge Discovery*. Este é o site de consulta (conteúdo em inglês):

```
https://rattle.togaware.com
```

O Machine Learning Repository da Universidade da Califórnia Irvine desempenha um papel tão importante no livro que você está lendo (consulte os Capítulos 6–12) que achei que mencioná-lo novamente seria uma boa ideia. Veja como os criadores preferem que eu lhe mostre:

> Lichman, M. (2013). Machine Learning Repository da UCI [`http://archive.ics.uci.edu/ml` — conteúdo em inglês]. Irvine, CA: Universidade da Califórnia, Escola de Informação e Ciência da Computação.

Obrigado, Tamanduás da UCI!

Se você está interessado no aprendizado de máquina, dê uma boa olhada no campo (sob seu outro nome, "aprendizado estatístico"): *An Introduction to Statistical Learning with Applications in R*, de Gareth James, Daniela Witten, Trevor Hastie e Robert Tibshirani.

O livro *An Introduction to Neural Networks*, de Ben Krose e Patrick van der Smagt, está um pouco defasado, mas você pode adquiri-lo pelo custo irrisório de nada (conteúdo em inglês):

```
www.infor.uva.es/~teodoro/neuro-intro.pdf
```

DICA: Depois de fazer o download de um arquivo de PDF grande, é uma boa ideia enviá-lo para um aplicativo de e-book, como o Google Play Books. Isso transforma o PDF em um e-book e facilita a navegação em um tablet.

Bases de Dados

O site R-bloggers tem um ótimo artigo sobre o trabalho com bases de dados. Dê uma conferida aqui (conteúdo em inglês):

```
www.r-bloggers.com/working-with-databases-in-r
```

Claro, o R-bloggers tem ótimos artigos sobre vários tópicos ligados a R.

Aprendi um pouco sobre análise RFM (Recente Frequência Monetário) e segmentação de consumidor em `www.putler.com/rfm-analysis` (conteúdo em inglês).

Acho que você também aprenderá.

Mapas e Imagens

A área dos mapas é fascinante. No Capítulo 14, mostro a forma mais fácil de começar. Talvez você se interesse em algo mais avançado. Neste caso, leia *Introduction to visualising spatial data in R*, de Robin Lovelace, James Cheshire, Rachel Oldroyd (e outros). Acesse (conteúdo em inglês):

```
https://cran.r-project.org/doc/contrib/intro-spatial-rl.pdf
```

O *ggmap: Spatial Visualization with ggplot2*, de David Kahle e Hadley Wickham, também leva o conteúdo do Capítulo 14 deste livro a outro nível. Aponte seu navegador aqui (conteúdo em inglês):

```
https://journal.r-project.org/archive/2013-1/kahle-wickham.pdf
```

Fascinado por `magick`? O melhor lugar é a fonte principal (conteúdo em inglês):

```
https://cran.r-project.org/web/packages/magick/vignettes/intro.html - drawing_and_graphics
```

Índice

SÍMBOLOS
%>% (operador), 275
:, dois pontos, 19

A
abas
    caixa de painel, 118–122
adicionar texto a imagem, 306
Administração, 165
agregar, 256
alvo, 191
análise de dados, 41
análise de sentimentos, 323
análise de texto, 322
análise de variância, 221
    ANOVA, 286
análise estatística, 35
análise RFM, 253–263
    frequência, 253–254
    monetário, 253–254
    recente, 253–254
anexar o pacote, 32
animação, 309–310
aparência do gráfico, 56
append, 225
app.R, 79
aprendizado de máquina
    AM, 143–164
aprendizado não
  supervisionado, 144
aprendizado supervisionado, 144
argumento, 15
    nomear, 16
aritmética modular, 28
arrastar
    gráfico, 132
árvore de classificação, 166
árvore de decisão, 165–182
árvore de regressão, 166
assimetria, 122
    skewness, 122
avaliação, 174–175

B
barra deslizante, 130–131
barra lateral, 123–131
biblioteca, 31–32

bigodes, 55
bloco
    gráficos, 58
breaks, 44
brush, 132

C
caixas, 108–114
caixas de estatísticas, 115
camada de entrada, 237
camada de saída, 237–239
camada oculta, 237–238
camadas de salto, 249
caractere de escape, 12
    \, 12
caractere do gráfico, 52
caret
    pacote, 319
categorias, 25
catools, 207
cédula, 244–249
    fraudulenta, 244
    real, 244
centroide, 220
cerquilha, 18
    #, 18
chained, 307
cifrão, 24
    $, 24
classificação, 144
classificação de imagens,
  243–249
classificação de margem
  flexível, 204
click, 132
cliente de alta frequência, 254
Climage, 322
cluster, 160–164
    hierarquia, 161
coeficiente de correlação, 71
coluna nomeada, 38
colunas, 115–118
combinar imagens, 308–309
combinar transformações,
  308–309
comentário, 18
componentes, 18

conhecimento da área de
  conteúdo, 227
conjunto de testes, 159
conjunto de treinamento, 159
conjunto de validação, 159
conjuntos de dados, 144–146
Console, 10–12
    painel, 10
contexto reativo, 85
    parênteses, 86
cores
    gráfico, 59
    status, 110–111
correlações, 154
correspondência de palavras-
  -chave, 16
CRAN, 7
CSV
    formato, 144
curtose, 122
    kurtosis, 122
CustomerID, 259
Cylinders, 48

D
dados, 33–34
Data Name, 157
data.table
    pacote, 320
dblclick, 132
definir, 148
dendrograma, 161
desempenho, 174
desenhar o gráfico, 59
desenvolvedor gráfico, 56
desvio padrão, 86–87
diagrama de caixa, 54–55
diagrama de caixa e bigodes, 55
didrooRFM
    pacote, 255
dimensão de aleatoriedade, 185
dimensionamento dos dados,
  287
diretório de trabalho, 11
    working directory, 11
distância euclidiana, 221
distribuição normal padrão, 128

distribuição uniforme, 128
Distributions, 159
divisão restritiva, 180
download do R, 8
Draw, 178

E
e1071, 206–218
    pacote, 320
ênfase na visualização, 291
entradas, 143
entropia, 243
erro, 175
erro padrão da média, 276
erro padrão de estimativa, 103
erro quadrático médio
    EQM, 249–250
erros de classificação, 205
espaço de trabalho, 11
    workspace, 11
estatística, 143
Execute
    ícone, 157
extremidades, 54

F
faceta, 284
ferramentas gráficas, 55
float, 193
floresta aleatória, 183–198
folhas, 166–167
forças de conexão, 236
formato largo, 40
formato longo, 38
fórmula, 35–36
fotografias, 322
Foundation for Statistical Computing
    suporte ao R, 7
frequências, 62
função, 15–17
função barplot(), 46
função beside=T, 49
função brushedPoints(), 137
função c(), 15
função data.frame(), 25
função de ativação, 237
função dim(), 21
função drop_na(), 96
função factor(), 25
função filter(), 40
função findRFM(), 255
função ggplot(), 56
função head(), 33
função hypotenuse(), 17
função kmeans(), 221
função lines(), 45
função list(), 24
função lm(), 35
função ls(), 15
função mapvalues(), 147
função matrix(), 22
função nearPoints(), 135
função nnet(), 240
função pairs(), 54
função par(), 148–152
função predict(), 242
função renderPlot(), 83
função rownames_to_column(), 38
função sample(), 186
função scale(), 287
função seq(), 16
função server(), 82
função spread(), 40
função subset(), 34
função sum(), 15
função summary(), 35
função t(), 22
função table(), 46
função tail(), 33
função var(), 15
função which(), 99

G
gdata
    pacote, 320
GEOmap
    pacote, 320
geom (objeto geométrico), 56
GGally, 154
ggmap
    pacote, 291
ggplot2, 55–74
gif, 310
GIF animado, 314
GIMP
    editor de imagens, 156
girar imagem
    rotate, 305
gráfico de barras, 45–59
gráfico de barras agrupadas, 48–62
gráfico de densidade, 44–45
gráfico de dispersão, 51–66
gráficos de dispersão tridimensionais, 69
gráficos de pizza, 51
Graham Williams, 155
gramática de gráficos, 55–56
gramática de Wilkinson, 56
GUI
    árvore de decisão, 171

H
Hadley Wickham, 36
hiperplano, 203
hipotenusa, 17
hipótese nula, 269
histograma, 42–44
hover, 132
HTML, 82

I
IDE, 8
    Integrated Development Environment, 8
identificador, 181
identificador de linha, 271
image_apply(), 313
imagem estática, 309
imager
    pacote, 322
importance, 188
importância relativa, 188
índice de gini, 188
índice de refração, 193
informações da imagem, 304
informações demográficas
    marketing comercial, 260–263
instrução if, 28–30
inteligência artificial, 143
interface de usuário, 80
interface gráfica de usuário
    GUI, 155
inverter imagem
    flip, 306
iris, 157–164

J
John Tukey, 54
junção
  quadro de dados, 279
junção interna, 279

K
kernel, 205
kerneling, 205
kernlab, 206–218
k-means clustering, 219–234
koRplus, 323
koRpus
  pacote, 322

L
label, 97
langley, 96
lapply(), 312
largura, 116
layout, 106–123
legenda, 152
Leland Wilkinson, 55
LifeCycleSavings, 65
limite de separação, 201–202
linearmente separáveis
  dados, 201
linha, 189
linha de regressão, 95
Linux, 8
lista, 24–25
log, 163
loop for, 28–30
loss, 169

M
Mac, 8–15
Machine Learning Repository, 184–198
  Universidade da Califórnia em Irvine, 144
magick
  pacote, 303–310
mapas, 291–302
mapeamento estético, 56
  estética, 56
mapeamento posicional, 16
maps
  pacote, 291

máquina de vetores de suporte, 203
  SVM, 199–218
margem, 202
marketing, 253–272
MASS
  pacote, 132
matriz, 21–23
matriz de confusão, 187
matriz de erro, 174
matriz de gráficos, 70–71
mecanismo antecipatório, 238
média, 86–87
mediana, 86–87
Medicina, 165
mfrow, 148
modelo linear, 35–36
módulo, 28
  mod, 28
mudar imagem de lado
  flop, 306

N
neuralnet
  pacote, 320
NeuralNetTools, 247
neurônios, 235
New Shiny Web Application, 78
nnet
  pacote, 239
nó interno, 166
non-float, 193
nó raiz, 170
nós e ramificações
  árvore de decisão, 166
  filho, 166
  pai, 166
nycflights13
  pacote, 273

O
objeto
  em R, 9
objeto rpart, 168
OOB, 187
operador de atribuição, 13–27
operador lógico, 26
ordem decrescente, 267

P
pacote, 31–40
  base para projetos adicionais, 319–324
  datasets, 31
padrões, 219–234
página da web, 82
painel, 105–140
parâmetro de complexidade, 173–179
parâmetros de ajuste, 173
particionamento, 184
particionamento recursivo, 167
Partition, 159
pesos, 237
pipe
  operador, 275
piped, 307
Pitágoras, 17
plano de fundo, 314
plotagem, 102
plotar mapa, 296
plotz, 169
PNG (Portable Network Graphics)
  formato, 304
poda, 180
Polygon, 211
ponto de dados, 209
pontuações de RFM, 254
previsão, 143
probabilidades, 44
processamento de imagens, 303–316
projeto Online Retail, 270
prompt, 12
prompt de continuação, 17
propriedade física, 192
propriedades químicas, 192

Q
quadro de dados, 25–27
  airquality, 33
quantidade de erro, 238
quartis inferior e superior, 55
qui-quadrado, 269

R
Radial, 211
raiz, 166–167

randomForest
    pacote, 185–192
Rattle
    pacote, 155–164
razão, 220
R-bloggers
    site, 326
reatividade, 94
reconhecimento de voz, 235
recursos, 132
redes neurais, 235–250
    artificiais, 236–239
    R, 239–243
redimensionar, 305
reformular dados, 38
região de recorte, 152–153
regra de classificação, 166
regras de decisão, 192
regressão, 144
relação direta, 71
relação inversa, 71
renderizar, 83
replacement, 186
representações geográficas, 291–302
retropropagação, 239
RFM
    pontuações, 259
Robert Gentleman, 7
Ross Ihaka, 7
rpart
    pacote, 167–168
RStudio, 8–11
Rtografia, 291
runif(), 83

S
saídas, 143
scatterplot3d
    pacote, 69
Scripts, 10
    painel, 10
seed, 186
seleção de linha aleatória, 184
SentimentAnalysis
    pacote, 323
separabilidade, 203–206
separabilidade não linear, 203–206
servidor, 80–83

código, 128–130
shiny
    pacote, 77–87
shinydashboard
    pacote, 105–106
sidebarMenu, 126
sigmoide, 238
sinal de menos, 267
    -, 267
sinapses, 235
sistema nervoso
    comparação, 235
skip, 249
sobreposição, 204
soma dentro dos quadrados, 220
soma dentro dos quadrados total, 263
soma entre os quadrados, 220
Soma Residual dos Quadrados, 246
soma total dos quadrados, 220
status, 110
string de geometria, 306

T
tabBox, 118
tabItems, 126
tangente hiperbólica, 237
taxa de erro, 175
tela, 154
tendência, 238
terceira dimensão, 205
testes estatísticos, 157
Testing, 180
tidyverse
    pacote, 36–40
til, 35
    ~, 35
titanic, 180–181
tmap
    pacote, 321
tokenização, 322
tomada de decisão, 165
total.withinss, 225
totwss, 225
transações individuais, 254
    dados, 254
transformação, 310

transformações de ondaleta, 243
transpor, 49
transposição, 22

U
unidade de medida, 116
unidade linear retificada (ReLU), 238
unidades ou nós
    AM, 236
unique(), 256

V
valores atípicos, 55
valor inicial, 186
value, 97
variância, 14
variável-alvo, 193
variável-chave, 279
variável de categoria, 191
variável dependente, 35
variável independente, 35
variável numérica, 191
vcd
    pacote, 269
vers.virg, 206
vetor, 13–19
vetor de caractere, 18
vetor de previsões, 210
vetor de suporte, 203–218
vetor lógico, 19
vidro, 193–198
visualização de dados, 41
voos, 273–288
voto da maioria, 183

W
Wickham, 56
Windows, 7–14

Y
yval, 169